Stephen McQuoid

Die Gute Nachricht GUT weitergeben

Evangelisation.heute

W0190168

STEPHEN MCQUOID

Die Gute Nachricht
GUT weitergeben

EVANGELISATION.HEUTE

Stephen McQuoid
Die Gute Nachricht GUT weitergeben
Evangelisation.heute

Best.-Nr. 271 731
ISBN 978-3-86353- 731-9
Christliche Verlagsgesellschaft Dillenburg

Titel des englischen Originals:
Learning to share the good news
Evangelism and the Local Church
© Stephen McQuoid 2019
First published 2019 by Partnership (UK) Ltd and OPAL Trust

Es wurde folgende Bibelübersetzung verwendet:
Elberfelder Bibel 2006, © 2006 by SCM R.Brockhaus in der
SCM Verlagsgruppe GmbH Witten/Holzgerlingen.

1. Auflage
© 2021 Christliche Verlagsgesellschaft Dillenburg
www.cv-dillenburg.de

Übersetzung: Svenja Tröps
Zitate, wo nicht anders angegeben, aus dem Englischen übersetzt.

Satz und Umschlaggestaltung: Christliche Verlagsgesellschaft Dillenburg
Umschlagmotive: © Shutterstock.com/JOJOSTUDIO (Icon Personen);
© freepik.com (Hintergrund Stadtplan); 3ab2ou (Icons Haus, Bar, Kirche)

Druck: CPI Books GmbH, Leck
Printed in Germany

Inhalt

Vorwort

Als ich im Jahr 2002 *Sharing the Good News in C21: Evange-lism in a local church context*[1] schrieb, begann ich das Buch mit dem Eingeständnis, kein Experte für Evangelisation zu sein, obwohl ich einen Bibelschulkurs zu diesem Thema unterrichte. Es macht mir große Freude, mit Menschen über meinen Glau-ben zu reden, und ich habe die große Freude erlebt, einige zum persönlichen Glauben an Jesus Christus führen zu dürfen. Ich wünschte mir jedoch, ich wäre kreativer und erfinderischer; ich wünschte, ich hätte mehr Mut, und ich wünschte mir ganz si-cher, ich hätte mehr Menschen zum Glauben geführt, denn das ist das Wichtigste im Leben. Auch dieses stark erweiterte und aktualisierte Buch habe ich nicht geschrieben, weil ich ein Ex-perte bin, sondern einfach, weil mir das Thema Evangelisation so wichtig ist.

Evangelisation war nie einfach, aber ich habe den Eindruck, dass sie immer schwieriger wird. Im Allgemeinen stehen die Menschen in der westlichen Gesellschaft heute dem Christen-tum skeptischer gegenüber, sind in ihren eigenen Weltanschau-ungen tiefer verwurzelt und haben immer mehr Gründe, nicht zu glauben, als je davor. Das Evangelium muss in einer Welt

---

1   A. d. Ü.: Titel zu Dt. etwa: *Die Gute Nachricht im 21. Jh. weitergeben: Evan-gelisation im Kontext der Ortsgemeinde.*

konkurrieren, die von Meinungen und Ideen nur so wimmelt. Und obwohl wir überzeugt sind, dass diese Botschaft wahr ist und die anderen Ansichten falsch sind, macht es die Aufgabe der Evangelisation nicht leichter.

Ich habe mein früheres Buch erweitert, weil mir wichtig ist, dass wir und unsere Gemeinden neu motiviert werden, um einer sterbenden Welt das Evangelium zu verkünden, und dass wir alle Mittel einsetzen, um sicherzustellen, dass diese Arbeit getan wird. Gemeinden erleben oft, dass Evangelisation unbequem ist oder problematisch sein kann. Häufig werden wir entmutigt und würden am liebsten aufgeben. Wir und unsere Gemeinden müssen neu daran erinnert werden, dass Jesus uns befohlen hat, das Evangelium in die Welt zu tragen. Wachstum war Gottes Plan für die Gemeinde. Und oft neigen Gemeindeleitungen dazu, sich fast ausschließlich auf die vorhandenen Gläubigen zu konzentrieren, insbesondere im Bereich der Lehre und des Hirtendienstes. Das ist natürlich gut, aber oft vernachlässigen sie die Evangelisation, haben niemanden in ihrem Team, der die Gabe der Evangelisation hat, oder ermutigen diejenigen in ihren Gemeinden nicht, die diese Gabe haben.

Nur rückblickend werden wir sehen können, ob wir gehorsam gewesen sind, denn der Fortbestand unserer Gemeinden hängt davon ab, inwieweit wir dem Gebot Christi im Missionsbefehl gehorchen. Aber es reicht nicht aus, nur den Wunsch zu haben, zu evangelisieren; in einer sich verändernden Welt müssen wir auf eine Weise evangelisieren, die für unsere Gesellschaft relevant ist.

Mein Gebet ist erstens, dass die Menschen sich beim Lesen dieses Buches herausfordern lassen, im Bereich der Evangelisation aktiver zu werden. Zweitens bete ich darum, dass die Leser dieses Buches etwas lernen, das ihnen hilft, das Evangelium in ihrem Umfeld besser zu vermitteln. Ich fühle mich noch immer wie ein Amateur, wenn ich selbst evangelisiere. Vielleicht ist dies aber auch eine Stärke dieses Buches. Es ist keine perfekte Methodik für Evangelisation; es wurde von einem ganz durchschnittlichen Christen geschrieben, der sehr gerne über Jesus spricht.

Und wenn diese Gedanken einer so laienhaften Person wie mir geholfen haben, werden sie vielleicht auch dir helfen.

Wie immer bin ich sehr vielen Menschen für ihre Hilfe bei der Herstellung dieses Buches zu Dank verpflichtet. Ich beginne mit meiner Frau Debbie und meinen drei Kindern Karis, Taylor und Jamie, die es ertragen, dass ich lange Abende am Laptop verbringe und nur wenig Zeit für sie habe. Danke auch an Allison Hill, meine Assistentin, die mir fleißig den Rücken stärkt, damit ich für diese Art von Arbeit Zeit finde. Ich danke auch Simon Marshall, seinem Vorgänger Mark Davies und den Mitarbeitern am *Tilsley College,* die mir immer noch erlauben, zu unterrichten und dieses Material weiterzuentwickeln. Außerdem bin ich allen meinen Kollegen bei *Gospel Literature Outreach (GLO)* in Großbritannien und in ganz Europa zu großem Dank verpflichtet. Sie inspirieren mich immer wieder durch ihr großes Engagement für das Evangelium. Einen besonderen Dank möchte ich auch meinem lieben Freund Dr. Neil Summerton aussprechen. Er hat mich ermutigt, mein früheres Buch zu überarbeiten. Und mehr noch: Er ist ein Mann, der Gott liebt, an die Kraft des Evangeliums glaubt, sich der Gemeinde zutiefst verpflichtet fühlt und die Art von Weisheit, Geistlichkeit, Freundlichkeit und Selbstaufopferung verkörpert, die ich gerne bei mir sehen würde. Er hat dieses Buch redigiert und kommentiert, um alle Fehler zu beseitigen, die er entdeckt hat; und das ist nur eine der vielen Aufgaben, die er für das Reich Gottes tut, was viele nie mitbekommen werden.

Über den Autor

Stephen McQuoid wuchs in Äthiopien auf, wo seine Eltern als Missionare tätig waren. Danach lebte er in Irland und absolvierte dort eine Ausbildung zum Krankenpfleger, bevor er Theologie studierte und in den vollzeitlichen Dienst eintrat. Er hat einen Master- und einen Doktortitel und schrieb mehr als ein Dutzend Bücher. Stephen ist Generaldirektor von *Gospel Literature Outreach,* einer Missionarsgesellschaft mit Sitz in Motherwell, Schottland. Er ist mit Debbie verheiratet. Stephen, Debbie und ihre drei Kinder gehören zur *Liberty Community Church* in Belshill, wo die Eltern im Leitungsteam mitarbeiten.

KAPITEL 1

Vier Geschichten aus der großen Geschichte

Eine kultivierte Muslimin

Es war ein heißer, langer Sommertag in Straßburg. Ich befand mich in der berühmten französischen Stadt, weil ich die IBCM, einen internationalen Missionskongress der Brüderbewegung, besuchte. Diese Konferenz findet alle vier Jahre statt und bringt Gemeindeleiter aus der ganzen Welt zusammen. Man redet über Themen wie Evangelisation, Kultur und den Zustand der Gemeinden. Ich sollte ein Seminar über die sogenannten „Neuen Atheisten" leiten und die Abschlusspredigt am Ende der Gesamtkonferenz halten.

Ich nehme sehr gerne an solchen Veranstaltungen teil. Nicht nur wegen der vielen positiven und ermutigenden Inhalte, die vermittelt werden, sondern weil man immer sehr interessante Menschen kennenlernt. Männer und Frauen, die mutig in verschiedenen herausfordernden Situationen in ihren Gemeinden dienen. An jenem Tag wurde ich jedoch von drei Faktoren abgelenkt. Erstens waren die Stühle furchtbar unbequem; zweitens gab es im Konferenzsaal keine Klimaanlage, was an diesem heißen Sommertag fast unerträglich war. Drittens sehnte ich mich danach, durch die Stadt zu bummeln, um diesen berühmten Ort zu erkunden. Es fiel mir schwer, mich auf die Konferenz zu konzentrieren.

Ich löste dieses Dilemma, indem ich mich kurz vor dem Mittagessen davonstahl und mit der Straßenbahn in die Straßburger Innenstadt fuhr. Die Stadt war genauso beeindruckend, wie die Reiseprospekte verheißen hatten. Die Ill, die mitten durch Straßburg fließt, umschließt die Altstadt von allen Seiten, was sie wie eine Insel erscheinen lässt. Der Stolz dieser UNESCO-Weltkulturerbestätte ist die Kathedrale, die mit ihrem 142 Meter hohen Nordturm seit 800 Jahren das Stadtbild dominiert. Das Straßburger Münster ist die sechsthöchste Kirche der Welt.

Da ich langsam hungrig wurde, suchte ich mir ein Restaurant in der Nähe des Münsters, wo ich satt werden konnte, ohne dass sich mein Geldbeutel allzu sehr leerte. Ich fand schließlich eins, das zwar beiden Kriterien nicht gerecht wurde, aber während der Haupt-Touristensaison die einzige Option war. Es war ein Bistro direkt an einem kleinen Platz um die Ecke des Münsters. Die Tische standen dicht zusammen, und so befand sich mein Tischchen direkt neben dem einer eleganten Dame, die ich auf Ende Fünfzig schätzte. Nachdem ich mein Mittagessen bestellt hatte, beschloss ich, mich der Dame kurz vorzustellen, allein schon deshalb, weil wir aufgrund der Enge quasi Tischnachbarn waren. Es entwickelte sich sehr schnell ein faszinierendes Gespräch.

Ich erfuhr, dass die Dame einen Tagesausflug machte. Eigentlich wohnte sie im benachbarten Deutschland. Sie war die Ehefrau eines türkischen Diplomaten. In wunderschönem Englisch erläuterte sie, dass sie zwar türkische Staatsbürgerin sei, aber fast ihr ganzes Leben in Deutschland verbracht habe. Deshalb sah sie sich eher als Europäerin und weniger als Asiatin, wie sich manche Türken selbst lieber verorten. Sie war schon in ganz Europa herumgekommen und fühlte sich in einem westlichen kulturellen Umfeld am wohlsten. Drei Monate vor dieser Begegnung hatte ich ein Wochenende in Istanbul verbracht und erzählte ihr von meinem Besuch. Sie fragte mich nach dem Grund meines Besuches, und ich erzählte ihr, dass ich Christ sei und dort andere Christen getroffen hätte. Ich lag mit meiner Vermutung richtig, dass sie Muslimin war, und war gespannt darauf, wie sie auf meinen Glauben reagieren würde. Zu meiner Überraschung freute sie sich, einen Christen kennenzulernen, und wollte gerne weiter über unsere unterschiedlichen Glaubensauffassungen sprechen.

Diese interessante Unterhaltung dauerte eine ganze Weile. Ich erzählte ihr, wie wichtig Jesus und seine Auferstehung sind und wie man Christ wird und Vergebung erlangt. Sie erzählte mir, dass es im Islam darum geht, dass man sich dem Willen Allahs unterordnet, und dass er die segnet, die ihm gehorchen und rein sind. Sie wollte gerne mehr darüber wissen, wie wir Christen den Islam wahrnehmen, und erwähnte in diesem Zug selbstverständlich auch die Kreuzzüge. Ich erklärte ihr, dass die Kreuzzüge überhaupt nicht das widerspiegeln, was Jesus lehrte, und er uns sogar gebot, unsere Feinde zu lieben. Sie äußerte Verständnis und sagte mir, dass sie großen Respekt vor Christen habe, und entschuldigte sich für den Mord an den drei christlichen Märtyrern vor einigen Monaten in der Türkei.

Das Gespräch ging noch weiter, und mir wurde bewusst, dass diese Dame ein Teil des Europas ist, in dem auch ich lebe. Sie war jemand, der Freiheit und Demokratie genauso liebte wie ich. Jemand, der wie ich an Religionsfreiheit glaubt, sich aber bewusst für den muslimischen Glauben entschieden hatte. Sie war alles andere als eine Extremistin; sie hörte gut zu, hatte einen scharfen Verstand und war eine gebildete Vertreterin des Islams. Sie war auch eine Person, die aufgrund ihres eigenen Glaubens das Evangelium ablehnte, weil sie glaubte, dass diese Lehre falsch sei. Diese Ablehnung war in keiner Weise aggressiv, feindselig oder unfreundlich – jedoch lehnte sie den christlichen Glauben ganz bewusst ab. Sie glaubte einfach nicht, dass Jesus der Sohn Gottes oder der Retter der Welt ist. Sie war eine moderne und kultivierte Europäerin, deren religiöse Weltanschauung genau das Gegenteil von dem vertrat, was ich als Christ glaubte. Ich bete heute noch für ihre Errettung, bin mir aber bewusst, dass der Heilige Geist an ihr wirken muss, damit sie versteht, dass sie Christus braucht.

Zwei moderne Dänen

Ich kann mich auch noch gut an ein Gespräch erinnern, das ich mit einem jungen Pärchen in Kopenhagen führte. Damals leitete ich ein Team von *Gospel Literature Outreach (GLO)*[2], und an jenem Abend führten wir eine Open-Air-Veranstaltung auf einer der belebtesten Straßen der Stadt durch.

Das Team bestand aus begabten und hochmotivierten Leuten. Sie konnten hervorragend singen und hatten einige richtig gute, niveauvolle Anspiele einstudiert. Wir hatten außerdem ein paar kurze Präsentationen vorbereitet, die jeweils mit einem persönlichen Zeugnis oder einer kurzen evangelistischen Botschaft endeten. Danach mischten wir uns unter die Zuhörer und versuchten, mit ihnen ins Gespräch zu kommen. Während dieses Missionseinsatzes lernte ich ein junges Pärchen kennen. Ich nenne sie Jacob und Hilda, wobei ich mir nicht sicher bin, ob ich mir ihre Namen richtig gemerkt habe. Sie sind repräsentativ für viele junge Dänen und junge Europäer allgemein. Ungefähr Mitte 20, gerade mit dem Studium fertig und am Anfang einer Karriere in der großen weiten Welt. Beide waren klug und hofften, schnell auf der Karriereleiter nach oben klettern zu können. Sie nahmen mit Sorge wahr, welche Auswirkungen der Kapitalismus auf die Welt hat, und blickten mit Mitgefühl auf die Ärmsten der Gesellschaft. Doch gleichzeitig genossen sie das Leben mit all den Vorzügen, die sie sich aufgrund ihres großzügigen Gehaltes leisten konnten, und setzten als selbstverständlich voraus, dass sie ein bequemes Leben im Wohlstand führen würden.

Das Pärchen war unverheiratet und hatte keine Heiratsabsichten, aber sie lebten zusammen und nahmen ihre Partnerschaft ernst. Sie gehörten zur dänischen Staatskirche, aber wie bei den meisten Dänen hatten das keine praktischen Auswirkungen auf ihr Leben. Sie hatten überhaupt keine Ahnung von der Bibel. Das Christentum unterschied sich in ihren Augen kein bisschen von

---

2   A. d. Ü.: Eine Missionsgesellschaft, die in Europa ihren Sitz in Motherwell (GB) hat.

anderen Religionen. Es war einfach eine der vielen religiösen Optionen für die Menschen unserer gegenwärtigen Gesellschaft. Sie hatten grundsätzliche Zweifel an der Existenz Gottes und meinten, dass Gott, falls er überhaupt existiert, sehr schwer zu finden sei. Aber sie lehnten auch den Atheismus ab: Ein Atheist sei sich bei etwas zu sicher, bei dem man sich nicht sicher sein könne. Sie interessierten sich für spirituelle Dinge und vertraten einige quasi-religiöse Sichten, die schon fast an Aberglauben grenzten. Sie glaubten, dass sowohl gute als auch böse Mächte in der Welt am Werk seien und dass es wahrscheinlich eine Form des Lebens nach dem Tod gebe.

Ich sprach sie an, weil sie während eines unserer Anspiele gelächelt hatten und es ihnen offensichtlich gefallen hatte. Zunächst fragte ich sie, ob sie verstanden hätten, was wir mit dem Anspiel hatten aussagen wollen, und so begann eine interessante Unterhaltung.

Da ich aus Nordirland stamme, fällt es mir nicht schwer, direkt zum Kern einer Sache vorzustoßen. Schon nach Sekunden befand ich mich in einer Beschreibung der Sündhaftigkeit der Menschen und der Tatsache, wie sehr unser eigenwilliges Verhalten Gottes Ehre verletzt. Dann redete ich über Jesus und über seinen Tod am Kreuz, der, wie ich sehr deutlich machte, die einzige Lösung für unser Sündenproblem darstellte. Als Nächstes erklärte ich, wie das Werk Jesu am Kreuz alle unsere Sünde hinwegnehmen kann und uns so wieder mit Gott versöhnt. Zum Schluss erklärte ich, wie wunderbar es im Himmel sein wird und wie sehr ich mich darauf freue. Doch plötzlich wurde mir bewusst, wie einseitig das Gespräch bisher verlaufen war und dass ich den beiden gar nicht Gelegenheit gegeben hatte, auf das zu reagieren, was ich gesagt hatte. Aber ich war sehr froh, dass ich genug gesagt hatte, um sie von der Wahrheit des Evangeliums zu überzeugen. Leider war ich im Irrtum.

Jacob und Hilda ließen sich nicht von meiner Evangelisationsweise abschrecken, aber überzeugt hatte ich sie auch nicht. Sie waren eher amüsiert, dass ein relativ junger Mann so leidenschaftlich an etwas so Altmodischem und Kuriosem wie Glauben interessiert war. Aber meine Aussagen waren für sie nicht nachvollziehbar. Meine Beschreibung des Werks Christi und dessen Auswirkungen war für sie zu hoch und theologisch, weil sie gar nicht begriffen, dass sie unter einer geistlichen Not litten. Wenn man überhaupt etwas Sünde nennen könne, dann so etwas Furchtbares wie Kindesmissbrauch oder Mord. Ihre Ehe ohne Trauschein hätten sie niemals als sündhaft empfunden und sie konnten sich auch nicht vorstellen, dass ein vermeintlich liebender Gott so kleinlich sein könnte und irgendetwas in ihrem Leben als falsch bewerten würde.

Ihr Glaube und ihre Sicht von Gott waren sehr diffus. Sie wussten, dass viele Dänen der Meinung waren, dass die Wissenschaft die Notwendigkeit eines Glaubens an Gott abgelöst hat und dass man sich allgemein der Evolutionstheorie und dem philosophischen Naturalismus verschrieben hat. Jacob und Hilda legten eine gesunde Skepsis gegenüber diesen Denkrichtungen an den Tag und zogen es vor, nicht auf alle Fragen Antworten finden zu müssen. Da sie in einer durch und durch pluralistischen Gesellschaft aufgewachsen waren, meinten sie, dass jede Religion gleich richtig und wahr sei und dass nur Fanatiker etwas anderes vertreten würden. Aber es gab noch einen anderen Punkt. Es ging ihnen gut und sie lebten in einem Land, das ihnen ein soziales Netz zur Verfügung stellte, sollten sie mal in schwere Zeiten geraten. Zusammenfassend könnte man sagen: Sie hatten ein schönes, bequemes Leben, was zu einer großen geistlichen Gleichgültigkeit geführt hatte. Dass ich so eindringlich mit ihnen sprach, schien sie wenig zu beeindrucken.

Es war ein bizarrer Augenblick, als plötzlich ein Wolkenbruch herniederging und uns drei völlig durchnässte. Jacob und Hilda schien es nichts auszumachen, keinen trockenen Faden mehr am Körper zu tragen, also führte ich das Gespräch weiter. Ich erzählte ihnen, wie ich Christ geworden war und wie wunderbar es ist, eine Beziehung zum Schöpfer des Universums zu haben. Sie hörten auch wirklich interessiert zu, und Jacob sagte sogar:

„Ich freue mich sehr für dich, dass du für dich die Antworten auf deine Lebensfragen gefunden hast." Und er meinte das nicht als Scherz oder gar sarkastisch; es war ganz ehrlich. Aber als der Regen weiter niederprasselte, wusste ich, dass ich nicht nur mehr Zeit brauchen würde, um diesem Paar, das wirklich offen war, das Evangelium zu erklären, sondern dass ich auch eine ganz andere Herangehensweise brauchte. Die Botschaft des Evangeliums ändert sich nicht, aber die Art und Weise, wie wir diese Botschaft präsentieren, muss sich wie ein Zahnrad in die Fugen des kulturellen Weltbildes unserer Zuhörer einpassen.

Der engagierte Katholik

Eine dritte Begebenheit fällt mir ein, die in einem Fußballstadion stattfand. Ich habe einen Freund, der ein großer Fan der *Glasgow Rangers* ist. Er lud mich zu einem Spiel ein, und da ich selbst ein großer Fußballfan bin, nahm ich die Einladung begeistert an. Als wir auf unseren Plätzen saßen und auf den Einlauf der Spieler warteten, stellte mir Alan einen Studenten vor, der genau hinter uns saß. Alan ist engagierter Christ und hatte während der gesamten Fußballsaison samstags mit seinem Sitznachbarn über den Glauben geredet. Um nun ins Gespräch zu kommen, fragte er Gary, so hieß der Student, was er am letzten Abend gemacht habe. Gary antwortete etwas verlegen, dass er die Messe besucht habe. Was mich wiederum überraschte, weil die meisten *Ranger*-Fans zumindest auf dem Papier Protestanten sind, während die Fans des Erzrivalen *Celtic Glasgow* meistens römisch-katholisch sind. Einen Katholiken zu finden, der lauthals die *Rangers* anfeuert, ist in West-Schottland schon ein seltener Anblick.

Ich beruhigte Gary, indem ich ihm schnell erzählte, dass ich Christ bin. Es war offensichtlich, dass er sich von der ausgesprochen säkularen Gesellschaft unter Druck gesetzt fühlte, weil hier Glaube und Religion oft verachtet werden. Ich fragte ihn dann, warum er Katholik sei, und nahm an, dass er antworten würde, dass seine Eltern ebenfalls katholisch seien und er den Glauben seiner Eltern übernommen habe. Seine Eltern waren auch katholisch, aber er erklärte mir, dass er bewusst Katholik sei, weil er glaube, dass das, was die katholische Kirche verkündigt, wahr ist. Ihm war dieser Glaube wichtig. Er interessierte sich für Geschichte und ihm war klar, dass es die katholische Kirche schon sehr lange gab, was die Glaubwürdigkeit dieser Kirche in seinen Augen erhöhte. Für ihn war sie die offizielle Stimme des Christentums. Er hatte großen Respekt evangelikalen Christen gegenüber, aber letzten Endes waren sie für ihn nur eine Abspaltung von der wahren Kirche. Gary gehört zu der schwindenden Gruppe von Menschen in Schottland und dem Vereinigten Königreich, die am katholischen Glauben festhalten. Aber auch wenn ihre Zahl abnimmt, bleiben sie doch bedeutend, genauso wie die Anhänger der orthodoxen Kirche in allen ihren Varianten. Diese historischen Kirchen halten an Glaubensbekenntnissen und Traditionen fest, die nicht immer mit der Schrift übereinstimmen. Ob es das Messopfer ist, die Beichte beim Priester oder die Marienverehrung – es gibt Bereiche, die die Kirchenmitglieder vom einfachen Glauben an Christus und seinem Tod am Kreuz weglenken. Und selbst wenn man sie mit biblischen Aussagen konfrontiert, verweigern sie den einfachen Glauben und halten an den historischen Überlieferungen der katholischen oder orthodoxen Kirche fest. Die Lehre der Kirche muss stimmen, weil sie historisch verbürgt ist.

Der überzeugte Atheist

Das letzte Gespräch fand während der Olympischen Spiele im Jahr 2012 auf den Straßen Londons statt. Ich war wieder einmal mit einem Team von GLO unterwegs. Wir wollten den Abertausenden von Besuchern dieses Mega-Events das Evangelium verkünden. Einmal führte ich die Gruppe zum *Ealing Broadway*. Wir wollten dort mit einem Freund von mir zusammenarbeiten, der Evangelist und Straßenprediger ist. Unsere Methode war simpel: Wir trugen eine Kiste an eine belebte Straßenecke ganz in der

Nähe des Bahnhofs und stellten uns abwechselnd auf die Kiste und predigten vor den an uns vorbeieilenden Menschenmassen. Nach jeder Kurzpredigt versuchten wir, mit den Menschen ins Gespräch zu kommen.

Eines unserer Teammitglieder war eine 16-jährige junge Dame, die sehr überzeugend und einnehmend reden konnte. Ich stand ein paar Meter von ihr entfernt, um die Situation im Auge zu behalten. Ein Mann ganz in meiner Nähe machte zunächst einen interessierten Eindruck, fing dann aber an, sie wüst zu beschimpfen, als sie anfing, über Gottes Gericht zu sprechen. Ich ging schnell zu ihm herüber und fragte ihn, warum er so unhöflich sei. Er antwortete mit weiteren fantasievollen Beleidigungen und erklärte mir dann, dass er Atheist sei und alle religiösen Menschen hasse, weil sie alle ein Haufen Heuchler seien. Ich beschloss, mich nicht auf seine Wahrnehmung religiöser Menschen einzulassen, sondern erklärte ihm, dass ich einfach nicht genug Glauben hätte, um Atheist zu sein.

Das brachte ihn völlig aus dem Konzept, war er doch bisher davon ausgegangen, dass Atheisten die rationalen Menschen seien, während religiöse Menschen nur glaubten. Also fragte er mich, was ich mit dieser Aussage meinte. Ich antwortete ihm, dass es doch wohl einen Grund für die Existenz des Universums geben müsse und dass es, wenn man Gott aus der Gleichung herausstreicht, keine glaubwürdige Erklärung mehr gebe. Alles, was einem bleibt, wenn man sich dem Atheismus verschrieben hat, ist blinder Glaube. Dies führte zu einer langen Diskussion, von Evolution über *Intelligent Design* und menschliche Moralität bis hin zu religiösen Erfahrungen.

Mir wurde klar, dass dieser Mann, er hieß Charles, ein gebildeter und nachdenklicher Mann war. Er war äußerst belesen und interessierte sich besonders für Naturwissenschaften. Sein Denken war stark von bekannten Atheisten wie Richard Dawkins und dem verstorbenen Christopher Hitchens geprägt. Charles war gläubigen Menschen gegenüber weniger feindselig gesinnt, als es zunächst schien. Er glaubte jedoch an die Überlegenheit der Wissenschaft. Religion habe mit Wunschdenken, Aberglaube und Glaube zu tun, während es in der Wissenschaft um Wahrheit und Fakten gehe. Diese Weltanschauung machte ihn dem Evangelium gegenüber verschlossen, denn alles, was man ihm sagte, wurde mit einer tiefsitzenden Skepsis betrachtet.

Konsequenzen für die Evangelisation

Diese vier Gespräche hätten in jeder Stadt Großbritanniens stattfinden können oder in jeder anderen europäischen Stadt. Wir leben in einer sehr komplexen Kultur mit vielen Weltanschauungen und Glaubenssystemen, in der jeder anders denkt. Deshalb müssen wir gründlich über das Thema Evangelisation und Evangelisationsmethoden nachdenken. Bevor wir das tun, möchte ich noch einige wichtige Vorbemerkungen machen.

Erstens geht es beim Thema Evangelisation nicht nur darum, was und wie wir etwas weitersagen, sondern es geht um das Wirken des Heiligen Geistes im Leben der Menschen, die unser Zeugnis hören. Wir sollten niemals denken, dass wir die letzte Verantwortung dafür tragen, dass andere diese Botschaft verstehen oder dass wir es „vermasselt" haben, wenn ein Gespräch nicht so verläuft, wie wir es uns wünschen. Der Heilige Geist ist souverän, und wir können darauf vertrauen, dass er unsere schwachen Worte benutzen kann, um Menschen von ihrer Sündhaftigkeit zu überzeugen.

Zweitens verstehen zwar manche Leute das Evangelium nicht, wenn wir es ihnen weitersagen, aber die Verkündigung ist trotzdem sehr wichtig und genau das, was sie brauchen. Jedes Mal, wenn ich anderen von meinem Glauben erzähle, werde ich selbst eindringlich daran erinnert, dass nur diese Botschaft das Leben von Menschen verändern kann und ihre einzige Hoffnung auf Rettung ist. Alle Schwierigkeiten bei der Verkündigung meines Glaubens haben mich nicht entmutigt oder denken lassen, dass ich den Menschen nichts zu sagen habe. Im Gegenteil, nach jeder schwierigen Erfahrung bin ich umso entschlossener, mich beim nächsten Mal noch mehr zu bemühen, weil ich mehr denn je von der Wahrheit und Notwendigkeit des Evangeliums überzeugt bin.

Drittens macht es mich demütig, wenn ich darüber nachdenke, dass Gott diese großartige Botschaft so einfachen Menschen wie mir anvertraut. Es gehört zu den erstaunlichen Tatsachen des Christentums, dass Gott diese Botschaft von gewöhnlichen Frauen und Männern verkündigen lässt. Somit haben wir die bedeutende Aufgabe, wenn auch nicht die letzte Verantwortung, alles zu tun, was wir können, weil Gott sich entschieden hat, durch uns zu wirken.

Schließlich werde ich daran erinnert, dass sich die Botschaft des Evangeliums nicht verändert und für jede Generation kraftvoll bleibt, dass sich jedoch die Art und Weise, wie wir diese Botschaft verkündigen, den unterschiedlichen Orten und Zeiten anpasst. Wir leben nicht mehr im Gestern. Wir leben im Heute, in einer sich rasant verändernden Welt, die sich immer schneller neu erfindet und damit den Evangelisten ständig vor neue Herausforderungen stellt. Wir müssen intensiv darüber nachdenken, was wir sagen wollen und wie wir es sagen. Darum geht es im Rest dieses Buches, und ich hoffe, dass es dir weiterhelfen wird.

----
❷ ZUM NACHDENKEN
----

1. Denke über Gespräche nach, die du mit Nichtchristen geführt hast. Welche Wahrheiten waren besonders schwer zu vermitteln und warum?
2. Wenn du von deinem Glauben erzählst, welche Fragen oder Einwände findest du am schwierigsten zu beantworten und warum?
3. Beschreibe die Weltanschauung deiner nichtchristlichen Kontakte und erkläre, wie man diesen Menschen klarmachen kann, dass das Evangelium wichtig für sie ist.

KAPITEL 2

Fußabdrücke der Menschheitsgeschichte

Als Jesus den Missionsbefehl gab und seine Nachfolger auffor-
derte: „Macht alle Nationen zu Jüngern" (Mt 28,19), stellte er
sie vor die größte Herausforderung ihres Lebens. Ihre Berufung
(und folglich auch unsere) bestand in der Mammutaufgabe, jede
Nation mit dem Evangelium zu erreichen. Sie sollten der Welt
verkünden, dass das Heil völlig frei und aufgrund des Todes und
der Auferstehung Jesu Christi für jeden zu erlangen ist. Sogar
damals, als die Weltbevölkerung noch viel kleiner war als heute,
muss diese Aufgabe überwältigend geklungen haben. In unserer
Zeit, mit einer Weltbevölkerung von sieben Milliarden Menschen, 6909 Sprachen und einer komplexen geopolitischen Land-
schaft, erscheint diese Aufgabe sogar noch gewaltiger zu sein.

Das Ausmaß der Aufgabe ist so enorm, dass viele Christen
und Gemeinden sich vor ihrer Verantwortung drücken. Sie mo-
nieren, dass die Aufgabe einfach zu gewaltig sei. Vielleicht sagen
sie das nicht so offen, aber in der Praxis verstecken sie sich lieber
hinter den Mauern ihrer Gemeinde, anstatt sich auf die feind-
selige Welt da draußen einzulassen. Sie nehmen einfach an, dass
die Menschheit zu sündig, zu fremd und zu schwer zu erreichen
sei, also versuchen sie es erst gar nicht. Oder sie fühlen sich in ihrem Gemeindemilieu zu wohl und wollen nicht von anderen ge-
stört werden. Doch dieses Pflichtversäumnis nagt an ihrem Gewissen. Deshalb organisieren sie manchmal völlig wirkungslose

Evangelisations-Veranstaltungen, damit ihnen niemand vorwerfen kann, sie würden ja nichts machen. Diese Evangelisationen beruhigen das Gewissen, aber erreichen sie damit die Verlorenen?

Der Missionsbefehl ist jedoch kein Zusatzangebot für ein paar Übereifrige unter uns. Wir können uns den Luxus nicht erlauben, uns auszuklinken und so zu tun, als ob die Verantwortung für Evangelisation auf anderen Schultern läge. Jesus sagte: „Ihr seid das Salz der Erde … Ihr seid das Licht der Welt" (Mt 5,13-14). Es ist nicht die Frage, ob wir uns dafür entscheiden – wir sind es! Das einzige Salz und das einzige Licht, das die Welt bekommt, ist die Gemeinde – und du und ich gehören dazu. Wir sind Teil von Gottes Plan zur Evangelisierung der Welt, ob wir das wollen oder nicht. Wer den Missionsbefehl ignoriert, lebt im klaren Ungehorsam gegenüber Jesus Christus.

Aber es wird noch komplizierter, denn Jesus fordert uns ebenfalls auf, dass wir andere zu Jüngern machen sollen. Es reicht nicht, wenn man anderen nur das Evangelium weitersagt und sie bei den Babyschritten im Glauben begleitet, wenn sie sich für Christus entschieden haben. Wenn das unser Ziel ist, werden wir viele geistliche Babys verlieren, wenn sie allein im feindlichen Dschungel unserer Gesellschaft überleben sollen. Wir sollen keine geistlichen Skalpjäger sein. Unsere Aufgabe des Zeugeseins ist erst dann erledigt, wenn die Menschen, die wir zu Christus geführt haben, auch geistlich gereift und in der Lage sind, ein selbstständiges geistliches Leben zu führen. Sie sollen zu Menschen werden, die Jesus ähnlich sind, die wie Jesus denken, mit anderen umgehen, wie Jesus es tat, die sich wie Jesus verhalten, denn das sollte das Ziel eines jeden Jüngers Jesu sein. Deshalb muss sich unser Fokus bei der Evangelisation verändern. Wir müssen langfristiger denken und nicht nur kurzfristige Ziele verfolgen. Wir müssen sorgfältig darauf achten, Menschen bis zu einem gewissen Punkt zu begleiten, damit sie als reife Christen Verantwortung für ihr eigenes geistliches Leben übernehmen können. Es geht nicht nur um eine schnelle Entscheidung, es geht um mehr. Erst dann sind wir unserem Auftrag des Missionsbefehls gerecht geworden.

Aber wo soll man beginnen, unsere Welt ist doch so riesig? Der einzige Ort, an dem man anfangen kann, ist der Ort, an dem man sich befindet. Jeder Christ sollte die ganze Welt im Blick haben, aber man darf dabei nie vergessen, dass es an jedem Ort verlorene Menschen gibt. Bevor Gott uns in fremde Länder ruft, sollten wir aktive Zeugen in der eigenen Nachbarschaft sein. Als einzelne Christen und als Gemeinden sollte unsere Sorge für die Welt mit der eigenen Umgebung beginnen, indem man die Menschen dort erreicht und zu Jüngern macht. Jeder von uns steht in Kontakt zu Menschen, die keine Beziehung zu Jesus haben. Wir treffen sie an unserer Arbeitsstelle, in unserer Freizeit oder auch in der eigenen Familie. Unser Gehorsam gegenüber dem Missionsbefehl fängt bei genau diesen Menschen an.

Kultur

Als die ersten Jünger den Missionsbefehl hörten, war ihnen bewusst, dass sie das Evangelium in einem bestimmten kulturellen Kontext verkündigen mussten. Die Botschaft vom Reich Gottes verlangte eine Kommunikationsform, die den Menschen ihrer Generation angemessen war. Das ist das eigentliche Wesen der Evangelisation: geistliche Wahrheiten so weiterzugeben, dass ungeistliche Menschen sie verstehen können. Dazu musste man die Sprache des religiösen Juden, des frommen Heiden, des Götzenanbeters, des Anhängers der Mysterienkulte und des Machthabers Roms sprechen. In der Apostelgeschichte können wir praktisch sehen, wie dies umgesetzt wurde. Man muss nur einmal darauf achten, wie unterschiedlich Paulus das Evangelium verkündigt: in den Synagogen (z. B. Apg 13,16-41), vor den schlichten Heiden in Lystra (14,15-17), vor den gebildeten Bürgern Athens (17,22-31) und vor den römischen Prokuratoren und Fürsten (26,2-29).

In ähnlicher Weise müssen wir das Evangelium unserem eigenen kulturellen Kontext vermitteln. Unsere Kultur heute hat eine völlig andere Weltanschauung, sie ist nicht nur chronologisch weit von der Kultur biblischer Zeiten entfernt. Heute denkt man ganz anders. Und unsere Welt hat seit den biblischen Zeiten nicht nur eine, sondern viele Kulturrevolutionen durchlaufen. Deshalb müssen wir das Wesen unserer heutigen Kultur verstehen, damit unsere Botschaft für unsere Zeitgenossen heute genauso relevant ist, wie es die Verkündigung der Jünger damals war.

Die Notwendigkeit, dass unsere Verkündigung relevant ist und wir mit unserer Kultur Schritt halten, gilt nach wie vor. Der kulturelle Wandel ist heute viel rasanter als im 1. Jahrhundert. Wissenschaft, Technik und das Aufkommen der Massenmedien hatten einen enormen Einfluss auf das Denken und Verhalten der westlichen Gesellschaft. Während es in früheren Zeiten durchaus Monate oder auch Jahre dauern konnte, bis sich ein Trend durchsetzte, sind es heute manchmal nur noch Tage, bis sich neue Ideen und Modetrends verbreiten. Wenn ein Bürger Roms in biblischen Zeiten ein neues Produkt oder eine Idee in einer anderen Stadt wie z. B. Alexandria einführen wollte, dann dauerte es einige Wochen, bis er vor Ort war und es seiner Zielgruppe präsentieren konnte. Heute wird eine Idee durch das Internet in Sekunden in Sekunden um die ganze Welt verbreitet.

In welche Richtung entwickelt sich unsere Gesellschaft? Welche Weltanschauungen dominieren das Denken der westlichen Kultur? Das sind große Fragen, die nicht leicht zu beantworten sind. Jedoch habe ich mittlerweile einige Erfahrungen darin, mit Menschen über den christlichen Glauben zu sprechen. Dabei habe ich gelernt, dass es eine ganze Reihe kultureller Vorstellungen und Grundannahmen gibt, die sich auf die Verkündigung des Evangeliums auswirken.

Es ist hilfreich, wenn man sich diese Vorstellungen einmal wie Fußabdrücke vorstellt. Wir alle sind schon einmal über einen Strand gelaufen und haben entdeckt, dass schon andere vor uns die gleiche Idee hatten. Ihre Fußabdrücke zeugen davon und zeigen, dass es unterschiedliche Personen waren. Einige sind tief, andere flach und manche kaum noch zu erkennen. Aber man sieht an diesem Mosaik von Beweisen, dass Menschen dort gewesen sind.

Die Kultur unserer westlichen Gesellschaft wurde ganz ähnlich geprägt. In unserer Gesellschaft erkennt man nicht nur den Abdruck einer einzigen Weltanschauung oder kulturellen Norm oder auch nur einer Sichtweise von Realität und Glauben. Vielmehr hat die Geschichte unsere Gesellschaft immer wieder aufs Neue geprägt. Jedes Mal entstand ein neuer Fußabdruck. Auch in unserer Umgebung wird es Menschen geben, die den Stempel ganz verschiedener kultureller Einflüsse tragen. Keiner dieser Einflüsse wird allgemeingültig sein, es wird viele Überschneidungen geben. Außerdem sind nicht alle Einflüsse gleich stark in ihrer Wirkung, besonders in bestimmten Gesellschaftsschichten. Als Evangelisten brauchen wir einen Überblick über diese Einflüsse, damit wir die Menschen, die wir erreichen wollen, auch wirklich erreichen. Zunächst sollte man sich die Einflüsse anschauen, die Europa als Ganzes geprägt haben, besonders in der Zeit, die man als Geburtsstunde der Gemeinde bezeichnen kann.

Das Aufkommen des Papsttums

Die christliche Gemeinde entstand nicht in einem Vakuum, sondern in einer Welt, die von einer enormen religiösen Vielfalt geprägt war. All diese Religionen kämpften um die Vormachtstellung. Als Folge dieses Wettbewerbs mussten die ersten Christen unvorstellbares Leid ertragen, wenn sie ihren Glauben weitergaben, was den Ausspruch prägte, dass „das Blut der Märtyrer der Same der Gemeinde ist"[3]. Das konnte sie jedoch nicht aufhalten und im Laufe der Zeit gewannen sie immer mehr Zulauf, sodass das Christentum zur am schnellsten wachsenden Religion der Antike wurde.

---

3 Frei nach Tertullian, der lakonisch schrieb: „Das Blut der Christen ist ein Same" („… semen est sanguinis Christianorum", *Apologeticus*, L. 13).

Auf lange Sicht war die Bekehrung des römischen Kaisers Konstantin wohl das wichtigste Ereignis. Bei der entscheidenden Schlacht an der Milvischen Brücke hatte Konstantin eine Vision des Gottes der Christen, der ihm den Sieg versprach. Er befahl seinen Soldaten, das *Chi-Rho*-Zeichen (das griechische Christusmonogramm) auf ihre Schilde zu malen. Sie konnten den Sieg erringen und das Imperium für Konstantin sichern. Im folgenden Jahr erließ er das Toleranzedikt von Mailand, das das Ende der Christenverfolgung markierte und den Anhängern dieser Religion die gleichen Rechte wie den Anhängern anderer Religionen verschaffte.

Die Auswirkungen dieses Erlasses waren enorm: Es verhalf dem Christentum nicht nur zu großem Wachstum, es wurde sogar schließlich zur offiziellen Staatsreligion des Römischen Reiches. Leider verflachte das Christentum dabei sehr schnell; man legte großen Wert auf Traditionen, Pomp und Zeremonien, die die Schreiber des Neuen Testaments nie anerkannt hätten. Der einfache Glaube der Apostel wandelte sich zur komplizierten Religion der mittelalterlichen römisch-katholischen Kirche und der östlichen orthodoxen Kirche. Das veränderte ganz Europa. Die Kirche wurde so einflussreich, dass man sie als Grundgerüst beschreiben kann, das den ganzen europäischen Kontinent zusammenhielt. Als das römische Imperium zerbrach, blieb die Kirche als einflussreichste Macht übrig. Der Papst befehligte Armeen, versetzte Könige in Angst und Schrecken und formte politische Allianzen. Als Beispiel sei die Ernennung Karls des Großen genannt, des „Heiligen Römischen Kaisers", im Jahr 800 n. Chr.

Im Mittelalter dominierte die Kirche in ganz Europa alle Lebensbereiche. Sie war nicht nur der Sitz der religiösen Macht; sie beherrschte auch die Politik, Bildung, Medizin und Künste. Jedes Dorf verfügte über einen Priester; seine Rolle im Zentrum des gesellschaftlichen Lebens war unumstritten. Was immer die Kirche für wahr erklärte, wurde als wahr angesehen. Die Menschen waren von einer Kultur umgeben, in der niemand die Autorität der Kirche infrage stellte. Doch der Einfluss der Bibel wurde immer geringer und verschwand faktisch ganz aus dem öffentlichen Leben, da die Kirche selbst nun beanspruchte, der Hort der Wahrheit zu sein. Sie entschied darüber, was die Massen glauben sollten, und vermittelte dies entsprechend. In der Finsternis des mittelalterlichen Glaubenslebens ging die Wahrheit des Evangeliums im Nebel der Traditionen immer mehr verloren.

Dieser Fußabdruck des mittelalterlichen Christentums existiert bis heute, auch wenn sein Einfluss in großen Teilen verloren gegangen ist. Doch gibt es noch viele Katholiken und Orthodoxe, deren einziger Kontakt mit der Bibel über die Kirche läuft. Sie stellen Kirchentraditionen auf die gleiche Stufe mit der Schrift und glauben, was auch immer ihnen der Priester sagt. Auch wenn die Zahl der Kirchenzugehörigen jedes Jahr schwindet, so beweist die Aufmerksamkeit, die die Medien dem Papst widmen, dass die römisch-katholische Kirche immer noch gewaltigen Einfluss auf die Herzen von Millionen von Menschen in Europa ausübt. Das Gleiche gilt für die orthodoxe Kirche. Mehr als 1400 Jahre nach der Ernennung von Gregor dem Großen zum Papst kann ein junger Student namens Gary neben mir im Ibrox-Stadion stehen und erklären, dass er es nicht überzeugend findet, was ich ihm von der Bibel erzähle. Einfach, weil sein Priester anderer Meinung ist. Das ist ein Fußabdruck, dem man bei der Verkündigung des Evangeliums in heutiger Zeit begegnen wird.

Das Aufkommen der Moderne

Die Dominanz des Christentums in Westeuropa überdauerte Jahrhunderte, aber schließlich entstanden Risse im Machtgefüge. Die Kirche war immer noch die Instanz, die bestimmen konnte, was die Wahrheit und der Wille Gottes ist. Eigentlich zweifelte niemand an der Existenz Gottes oder dem Wahrheitsgehalt kirchlicher Aussagen. Intellektuell war Europa hermetisch abgeriegelt. Natürlich gab es Mitglieder anderer Religionen, die in oder in der Nähe von Europa lebten, z. B. Juden und Muslime.

Doch wegen des intellektuellen und religiösen Würgegriffs der Kirche wurden diese Glaubenssysteme als falsche Religionen betrachtet, und von Zeit zu Zeit wurden ihre Anhänger verfolgt. Als jedoch das 16. Jahrhunderts anbrach, wurde diese stabile kulturelle Weltanschauung durch die Renaissance in ihren Grundfesten erschüttert.

Im Zentrum der Renaissance stand Francis Bacon (1561–1626), den manche als den ersten modernen Wissenschaftler bezeichnen. Bacon betonte, wie wichtig Experimente seien. Er glaubte, dass man durch wissenschaftliche Methoden neue Erkenntnisse gewinnen sowie die Wissenschaften vereinen könne. Er schrieb über eine ideale Welt, in der die Wissenschaft der Schlüssel zu einer erfolgreichen und glücklichen Gesellschaft werden würde. Dieser Gedanke – die Verknüpfung von wissenschaftlicher Forschung und einer utopischen Gesellschaft – würde Bestand haben.

In der folgenden Epoche der Aufklärung wurde die Theologie als Richter der Wahrheit von der Wissenschaft abgelöst. Nun stand der Wissenschaftler an der Spitze des kulturellen Denkens und nicht mehr der Priester. Während im Mittelalter die Kirche mit Gott als Oberhaupt als letzte Autorität anerkannt war, wurde durch die Aufklärung der menschlichen Vernunft die Herrschaftskrone aufgesetzt. Einer der Wegbereiter dieser Gedanken-Revolution war René Descartes (1596–1650). Descartes suchte nach einer Methode zur Wahrheitsfindung, auf die man sich mit Gewissheit verlassen konnte. Dabei zog er alles außer seiner eigenen Existenz in Zweifel. Der Prozess des Zweifelns bestätigte seine Existenz, weil er ja offensichtlich durch sein Denken zweifeln konnte. Die Logik dahinter besagte: Wenn jemand in der Lage ist zu denken, ist die Tatsache, dass er denken kann, der Nachweis seiner Existenz. Denn wie solle ein Denkprozess aus dem Nichts entstehen? Diese Theorie wurde in dem bekannten Ausdruck „Ich denke, also bin ich" *(cogito ergo sum)* zusammengefasst. Dabei spielt es keine Rolle, was jemand dachte; allein die Fähigkeit zum Denken war für ihn der unumstößliche und endgültige Beweis von Existenz. Dies, so behauptete er, sei der Ausgangspunkt für die Suche nach Gewissheit.

Descartes hatte einen gewaltigen und nachhaltigen Einfluss auf das Denken der Zukunft. Ausgangspunkt für Erkenntnis war nicht länger die göttliche Offenbarung, sondern die menschliche Vernunft. Wenn jemand die Wahrheit über ein bestimmtes Thema herausfinden wollte, war der sicherste Weg, rational zu denken und deduktiv zu schlussfolgern. Dies zeigt sich deutlich an den wissenschaftlichen Arbeiten von Isaac Newton (1642–1727).

Newton betrachtete das Universum als planmäßig laufende Maschine, die nach beobachtbaren Gesetzen funktioniert. Er war Christ und hoffte, dass ein besseres Verständnis des Universums dazu führen würde, dass alle über die Größe des Schöpfergottes ins Staunen gerieten, wenn sie sich damit beschäftigten. Das war auf jeden Fall seine eigene Erfahrung, aber die Wissenschaftsgemeinschaft fasste ihre intellektuellen Entdeckungen als Beweis dafür auf, dass Wissenschaft und menschliche Vernunft die höchste Instanz darstellten. Die moderne Welt mit ihrem unerschütterlichen Vertrauen in Wissenschaft und Vernunft war geboren. Der Verstand würde nun alle Lebensbereiche, von Erziehung über Moral bis zur Theologie, bestimmen.

Der kulturelle Fußabdruck, den die Moderne hinterlassen hat, ist tief und nach wie vor vorhanden. Die Unumstößlichkeit von Vernunft und die monumentale Entwicklung der modernen Wissenschaft haben nicht nur weltweit einen enormen technischen Fortschritt bewirkt, sondern auch eine Marginalisierung des Glaubens in vielen Teilen der Kultur, insbesondere an den Hochschulen. Das ist erneut seit 2007 durch den Aufstieg des sogenannten Neuen Atheismus sichtbar geworden. Diese Gruppe Intellektueller, vertreten durch Koryphäen wie Richard Dawkins, Sam Harris, Peter Atkins, Daniel Dennett und den verstorbenen Christopher Hitchens, wenden sich deutlich gegen jede Form religiösen Glaubens.

Die Neuen Atheisten sind die Evangelisten des Atheismus. Sie glauben, dass nur wenig für die Existenz Gottes spricht und dass die Wissenschaft ausreichende Erklärungen für den Ursprung des Lebens und des Universums bietet. Darüber hinaus behaupten sie, dass religiöser Glaube sogar schädlich und verantwortlich für viele Probleme der Welt sei, z. B. Terrorismus, die Unterdrückung von Frauen und Homophobie. Dabei treten sie nicht mit der ruhigen Stimme eines nachdenklichen Skeptikers auf, es ist eher das Geschrei eines wütenden Predigers. Ihr Einfluss ist so groß, dass Charles es nicht aushielt, einem 16-jährigen Mädchen am *Ealing Broadway* während der Zeit der Olympischen Spiele zuzuhören, ohne sie unhöflich zu unterbrechen.

Von der Moderne zur Postmoderne

Kultur steht niemals still; sie ist wie ein Pendel, das immerfort in unterschiedliche Richtungen ausschlägt. In den Nachwehen der Aufklärung und der von ihr hervorgerufenen Moderne vollzog sich ein weiterer bedeutender kultureller Wandel, den man als Postmoderne bezeichnet. Inzwischen kann man ganze Regale mit Büchern zu diesem Thema füllen, und manche davon übertreiben die Auswirkungen der Postmoderne auf unser Leben. Manche Denker unterscheiden auch zwischen einer weichen und einer harten Postmoderne, um zu erklären, warum manche Menschen postmodern denken und sich auch so verhalten und trotzdem an bestimmten Voraussetzungen der Moderne festhalten. Natürlich sind beide eng miteinander verwandt, wie man mit einer biblischen Geschichte illustrieren kann. Wenn man die Moderne mit ihrem neuen Selbstbewusstsein, ihrem Glauben an die menschliche Vernunft und all ihrem Fortschritt mit dem Turmbau zu Babel vergleicht, kann man die Postmoderne mit dem Chaos der Sprachenverwirrung vergleichen, die dem Gericht Gottes folgte. Aber wie ist die Postmoderne entstanden?

Man kann den Beginn der Postmoderne nicht genau bestimmen, aber einer ihrer Vorläufer war auf jeden Fall Friedrich Nietzsche (1844–1900). Er war ein brillanter Philosoph und stammte aus einer frommen evangelischen Familie. Es wäre nicht richtig,

Nietzsche als Vertreter der Postmoderne zu bezeichnen, denn er passt besser ins Lager der Existenzialisten, aber seine Gedanken sind den Ideen der heutigen Postmodernen erstaunlich ähnlich.

Nietzsche behauptete, Gott sei tot. Er meinte, dass der Mensch Gottes Platz einnehmen solle, wenn dieser von der Bildfläche verschwunden ist. Der Mensch müsse erkennen, dass er nun für die Welt verantwortlich sei. Seine Rolle sei es nun, die Dinge zu tun, die man traditionell von Gott erwartet, nämlich selbst zu entscheiden, was wahr und was richtig oder falsch ist. Nietzsche behauptete, dass es ohne Gott keine objektiven Werte, keinen Lebenssinn und keine Bedeutung gebe. Jede Vorstellung von Richtig und Falsch müsse aufgeben werden. Jeder Einzelne muss nun selbst über Fragen der Moral entscheiden. Nietzsche verachtete die Vertreter der Moderne, die die Existenz Gottes ablehnten, die jüdisch-christlichen Werte jedoch beibehielten. Dabei lehnte Nietzsche nicht Werte oder Moralität an sich ab, er erkannte sogar ihre Bedeutung an, aber er bestand darauf, dass man sich seine eigenen Werte schaffen müsse, anstatt sie zu entdecken oder von einem transzendenten Gesetzgeber zu empfangen.

Nietzsche verwarf auch den Gedanken einer objektiven Wahrheit und pochte darauf, dass Wahrheit rein subjektiv ist. Er behauptete auch, dass es unerheblich ist, ob ein Glaube „wahr" ist, solange er „lebensbejahend" ist. Damit meinte er, dass er denen, die an diesem Glauben festhalten, ein Gefühl von Freiheit und Macht gibt. Nietzsches Vermächtnis bestand in einer Generation von Intellektuellen, für die das menschliche Leben keinen eigenen Wert besaß und die die Existenz objektiver Wahrheit ablehnten. Das war noch nicht der Beginn der Postmoderne, schuf aber die intellektuellen Voraussetzungen, die später den Beginn der Postmoderne einläuten sollten.

Nachdem nun ein intellektueller Rahmen vorhanden war, benötigte die Geburt der Postmoderne nur noch ein schweres Desaster, das beweisen würde, dass die Vorstellung vom menschlichen Fortschritt eine Lüge ist und dass die Erhöhung der menschlichen Vernunft nicht nach Utopia führen würde. Und tatsächlich gab es sogar zwei solcher Katastrophen: die beiden Weltkriege, die Europa auseinanderrissen und die die Anhänger der Moderne desillusioniert zurückließen. Die schreckliche Unmenschlichkeit eines Hitlers oder Stalins und weiterer Tyrannen gaben der Hoffnung den Todesstoß, dass die Welt der Moderne eine bessere sein würde. Obwohl die Wissenschaften aufgeblüht waren, hatten sie aus der Welt keinen besseren Ort gemacht und auch nicht die tiefsten Lebensfragen beantwortet. Fragen wie „Warum lebe ich?", aber auch die Ungerechtigkeit der westlichen Volkswirtschaften, die auf dem Rücken der ärmsten Länder der Welt erstarkten, trieben noch weitere Nägel in den Sarg der Moderne. Die Welt erwachte und begriff, dass Wissenschaft und menschliche Vernunft versagt und keinen echten Fortschritt gebracht hatten.

Die meisten Wissenschaftler sind sich einig, dass der kulturelle Wandel zur Postmoderne in den 1960er-Jahren stattfand, als immer mehr junge Menschen die moderne Zivilisation mit all ihren sozialen Regeln und ihrem technischem Fortschritt infrage stellten. Gene Veith geht sogar so weit zu behaupten, dass die Postmoderne am 15. Juli 1972 mit dem Abriss des *Pruitt-Igoe-Wohngebiets* in St. Louis, USA, begann.[4] Diese Trophäe moderner Architektur, so funktional sie auch gebaut war, wurde als völlig unpersönlich und deprimierend empfunden und wurde immer mehr zum Ort des Verbrechens, sodass die Häuser schließlich abgerissen werden mussten.[5] Die moderne Weltanschauung mit ihrer rationalen Basis und logischen Ordnung hatte ausgedient.

---

4 Vgl. Gene Veith, *Guide to Contemporary Culture* (Crossway Books) S. 39.

5 A. d. Ü.: Das *Pruitt-Igoe-Wohngebiet* gilt in den USA als Inbegriff des gescheiterten sozialen Wohnungsbaus. Die im Jahr 1955 fertiggestellten und vom Architekten des World Trade Centers entworfenen Gebäude sollten die Wohnsituation ärmerer Familie erleichtern. Das Projekt scheiterte jedoch kläglich. Ursächlich dafür sind rassistische Gründe, wie die ursprünglich geplante strenge Trennung in Gebäuden für weiße und schwarze Einwohner, sowie Planungsfehler, Baumängel und ein unattraktives Wohnumfeld. Vgl. *Pruit-Igoe* in Wikipedia.org, abgerufen am 15.6.2020 (https://de.wikipedia.org/wiki/Pruitt-Igoe).

Fragwürdigkeit der Wahrheit

Was ist das Ergebnis dieses Wandels der Weltanschauung? Der offensichtlichste Beitrag der Postmoderne zur gegenwärtigen Kultur ist wohl das Infragestellen von absoluter Wahrheit. In einer von der Moderne dominierten Welt gab es einen allgemeinen Konsens, dass die Wissenschaft alle Antworten geben könne und das Leben verbessern würde. Unsere postmoderne Generation bestätigt zwar den Wert der Wissenschaft, weiß aber auch, dass die Wissenschaft zu industrieller Umweltverschmutzung und gravierender Ungleichheit geführt und Nuklearwaffen ermöglicht hat. Sie hat ihre Vorteile, aber auch Nachteile. Das Ergebnis des Ganzen ist, dass der postmoderne Mensch die Wissenschaft nicht länger als das Allheilmittel der Weltprobleme betrachtet.

Aber das Hinterfragen hat nicht an den Pforten der Wissenschaften Halt gemacht. Es gibt eine generelle Infragestellung althergebrachter Wahrheiten bis zu dem Punkt, dass heute nur noch wenige glauben, dass absolute Wahrheit überhaupt existiert. Dieser Prozess wurde durch die Massenmedien und die Tatsache, dass die heutige Welt ein globales Dorf ist, beschleunigt. Der Westen wird auf einmal permanent mit Kulturen und Wertesystemen von Menschen aus der ganzen Welt konfrontiert. Diese anderen Weltanschauungen wurden mit der eigenen westlichen Kultur und ihren Werten verglichen, und in vielen Fällen wurde den Menschen bewusst, dass ihre eigene Weltanschauung auf wackligen Füßen steht. Die plötzliche Nähe zu anderen Kulturen und Werten führte dazu, dass es gesellschaftlich verpönt ist, diese zu kritisieren. Und wenn es dennoch jemand wagt und diese Kritik vielleicht sogar sehr deutlich ausfällt, wird diese Person sofort des Rassismus oder Schlimmeren beschuldigt. Wir entwickeln eine zunehmend eklektische Kultur, die alle möglichen Werte und Ideen einfach unkritisch übernimmt. Was einst als wahr, richtig und normativ verstanden wurde, wird heute völlig anders wahrgenommen. Es gibt keine allgemeinen Normen mehr oder in den Worten des französischen postmodernen Philosophen

Jean-François Lyotard: Es gibt keine Meta-Erzählungen mehr, die alles umfassen. Dabei geht nicht so sehr darum, dass Wahrheit angezweifelt wird, sondern darum, dass es heute keine Wahrheit mehr im absoluten Sinn gibt. Wahrheit ist zur reinen Meinungssache geworden.

Die Abwertung Gottes

Eine weitere Folge dieses kulturellen Wandels ist, dass Gott nicht mehr im Mittelpunkt des Denkens steht. Eigentlich ist das gar kein neues Phänomen. Die Aufklärung und die Moderne, die sie auslösten, hatte Gott schon längst infrage gestellt. Die von Charles Darwin entwickelte Evolutionstheorie bot den Skeptikern eine naturalistische Erklärung des Lebens. Man brauchte Gott nicht länger, und die Wissenschaften konnten nun den Platz einnehmen, der ehemals Gott zugestanden hatte.

Die Postmoderne nimmt nun eine neue Position gegenüber Gott ein. Man bekämpft Gott nicht länger, man wertet ihn einfach so weit ab, bis er in der Bedeutungslosigkeit versinkt. In der heutigen Gesellschaft gibt es nur noch wenige Menschen, die aggressiv die Existenz Gottes bestreiten. Gott hat in den Augen der meisten Menschen so an Bedeutung verloren, dass es sich nicht länger lohnt, über dieses Thema überhaupt zu streiten. Es ist einfach nicht wichtig. Deshalb spielt es auch keine Rolle mehr, ob jemand an die Existenz Gottes glaubt oder welchen Gott er anbetet. Das wird lediglich als persönliche Meinung des Einzelnen abgetan und nicht als objektive Wirklichkeit, der sich jeder Mensch einmal stellen muss.

Es ist interessant, dass viele Menschen in der Postmoderne nichts gegen Spiritualität haben. Viele würden sogar zu Tarotkarten oder Wahrsagekugeln greifen oder ihr Horoskop in der Zeitung lesen. Man kann auch beobachten, dass Menschen gerne an Massenveranstaltungen teilnehmen, in denen man eine gemeinsame spirituelle Erfahrung machen kann. Nach John Drane geschah genau das bei der Beerdigung von Prinzessin Diana.

Er beschreibt, wie Menschen auf die Straßen pilgerten, sich auf öffentlichen Plätzen sammelten, um ihrer Trauer Ausdruck zu verleihen. Andere hielten Mahnwache vor dem Fernseher. Aber diese Formen von Spiritualität haben nichts mit einem Konzept von objektiver Wahrheit gemein. Im Gegenteil, es handelt sich um eine äußerst subjektive, erfahrungsorientierte Spiritualität, und die passt wunderbar in die Regale des postmodernen Supermarkts der Möglichkeiten.

Relativierte Moralvorstellungen

Das Infragestellen des Absoluten führte zu einem moralischen Grundrahmen, der bis zur Bedeutungslosigkeit relativiert wurde. Eine Sache kann im moralischen Sinn nicht länger als richtig oder falsch bewertet werden. Vielmehr spricht man von der Wahl eines Lebensstils.

Wenn sich jemand für eine homosexuelle Beziehung entscheidet, darf man das Verhalten dieser Person nicht als unmoralisch bezeichnen, es gibt ja keinen moralischen Maßstab mehr, nach dem man sein Handeln beurteilen könnte. Oder wenn jemand gerne einmal Partydrogen ausprobieren möchte, wer wollte dies hinterfragen? Wer Einsprüche erhebt, wird bestenfalls als intolerant, schlimmstenfalls als religiöser Fanatiker bezeichnet. Mit dieser Methode hat die Postmoderne im Grunde genommen das Konzept von Sünde abgeschafft.

Die Medien propagieren diese neue moralische Freiheit, indem sie die Verantwortung dem Publikum übergeben, das wiederum entscheidet, wie Moral konstruiert wird. Die heutigen Schiedsrichter in Sachen Moral sind die Talkshow-Moderatoren, die die öffentliche Meinung befragen und festlegen, was richtig ist. Oprah Winfrey und ihre Talkshow-Kollegen haben zwangsläufig mehr Einfluss auf die Moral einer Nation als jede Kirche oder Institution. Letztlich wird richtig und falsch nicht mehr durch einen objektiven moralischen Kodex festgelegt, sondern durch den individuellen Geschmack eines Menschen. Das bedeutet, dass Moralität auf den kleinsten gemeinsamen Nenner reduziert wird. Solange man niemandem wehtut und Mutter Natur keinen Schaden zufügt, ist alles erlaubt.

Pluralismus

Was in Punkto Moral gilt, gilt auch für das Thema Religion. Wenn es kein Absolutes mehr gibt, dann kann auch kein bestimmter Glaube für sich beanspruchen, absolut wahr zu sein. Bestenfalls kann ein solcher Glaube für eine einzelne Person wahr sein. Man betrachtet die westliche Welt zumindest dem Namen nach als christlich, aber in Wirklichkeit nimmt das Christentum nicht mehr Platz auf den Regalen des geistlichen Supermarkts ein als jede andere Religion.

In der Welt der Postmoderne sind alle Religionen gleichgestellt und gleich wahr. Sie müssen alle in den Schulen gelehrt werden, und man muss anerkennen, dass sie für die verbindlich sind, die sie praktizieren. Die einzige Ketzerei besteht heute in der Andeutung, dass etwas, was ein anderer Mensch glaubt, falsch sein könne. In einer solchen Welt ist Evangelisation von Natur aus verdächtig, da sie voraussetzt, dass der Glaube eines anderen Menschen unzureichend sein könne. Wenn man sich auf der Straße mit einem Durchschnittsbürger unterhält, freut der sich für den Christen, dass er seinen Glauben gefunden hat – solange dieser Christ nicht von anderen Menschen erwartet, diesen Glauben ebenfalls anzunehmen. Jeder Versuch, einen anderen von der Richtigkeit des Christentums zu überzeugen, wirft automatisch die Frage auf, warum das Christentum sich von anderen Religionen unterscheiden solle.

In einer solchen Welt besitzt die Bibel überhaupt keine Autorität. Obwohl es das Wort Gottes ist, wird es nicht als solches anerkannt. Sie ist nicht besser als der Koran oder Bhagavad Gita[6]. Bestenfalls enthält sie fromme Meinungen, aber ganz sicher ist

---

6   A. d. Ü.: Die Bhagavad Gita ist eine der zentralen Schriften des Hinduismus.

sie nicht die einzigartige Offenbarung Gottes, für die Christen
sie halten.

Erfahrung

Ein weiterer Effekt der Postmoderne ist, dass man geradezu
besessen von Erlebnissen ist. Fakten wurden durch Gefühle,
Wahrheit durch Erfahrungen verdrängt. Ich erwähnte schon
die Ansichten Nietzsches, dass ein Gedanke nicht wahr sein
muss, solange er nur „lebensbejahend" ist – das heißt, einem
Menschen das Gefühl von Stärke und Freiheit gibt. Unsere zeitgenössische Maxime lautet: „Wenn es sich gut anfühlt, dann tue
es!" Die Aussage ist mehr oder weniger gleich. Leben baut nicht
auf objektiven Wahrheiten auf, sondern auf Erfahrungen. Unsere Handlungen sollen nicht anhand eines moralischen Maß-
stabs gemessen werden, sondern daran, ob wir die Erlebnisse
unseres Lebens genießen.

Nun muss man verstehen, dass die Postmoderne nicht nur
eine Philosophie ist, die in den Köpfen einer gebildeten Elite existiert; vielmehr hat sie einen tiefen Fußabdruck in der Gesamt-
kultur hinterlassen, und die Auswirkungen sind überall sichtbar.
Man sieht sie in den Einkaufstempeln, wo das „Kauferlebnis"
genauso wichtig ist wie der tatsächliche Kauf. Man wählt Pro-
dukte weniger nach Brauchbarkeit aus, sondern mehr nach dem
Image und der Identität, die die Ware uns vermittelt. Wir beten
unser iPhone, die Bench-Jeans und Nike-Blazer an. Besonders
gut kann man das in der Musikindustrie beobachten, wo Vielfalt
und Selbstdarstellung einen Überfluss verschiedenster Stilrich-
tungen hervorgebracht haben, von Acid Jazz über Hip-Hop und
Grunge bis zu Ambient-Techno. Man sieht den Einfluss der Postmoderne in der digitalen Welt, in der jeder 150 Fernsehkanäle
haben muss, aber doch nur 20 anschaut. Ein weiteres Beispiel ist
der Bildungssektor. In den Schulen ist es mittlerweile nicht mehr
so wichtig, dass man historische Tatsachen überhaupt kennt; entscheidend ist, dass man Ereignisse interpretieren kann. In der

Politik gewinnt man mit Image und markanten Sprüchen mehr Wählerstimmen als mit Inhalten und Wahlprogrammen.

In dieser Welt leben Jacob und Hilda: einer Welt, die verwirrend ist, ohne objektive Werte, in der man die Bibel als religiösen Text respektiert, der aber kein Gewicht und keine Autorität hat. Als Evangelisten brauchen wir hier einen langen Atem, wenn wir mit den Menschen sprechen, die durch diese Fußabdrücke geprägt wurden. Sie hören zwar unsere Worte, lassen sich aber nur durch die Echtheit unseres Lebens beeindrucken.

Die Ankunft neuer Bürger

Der letzte Fußabdruck, der unsere Kultur nachhaltig geprägt hat, wurde von den vielen Menschen hinterlassen, die sich neu in ganz Europa niedergelassen haben. Einwanderung ist heutzutage ein heißes politisches Eisen, und Parteien wie die *United Kingdom Independence Party (UKIP)* [7] machen sich die Bedenken ihrer Mitbürger zunutze. Was man auch von der Einwanderungswelle halten mag, sie ist Realität, und das wird auch noch lange so bleiben, denn in der westlichen Welt werden zu wenig Kinder geboren, die Menschen leben länger, und die Anzahl der Menschen im erwerbsfähigen Alter nimmt ab. Allein schon deshalb brauchen wir einen stetigen Zustrom von Einwanderern, um nämlich die Wirtschaft am Laufen zu halten. Aber vielen Menschen der westlichen Welt bereitet das Unbehagen, wie man am Brexit-Referendum, den amerikanischen Präsidentschaftswahlen im Jahr 2016 und der Politik vieler europäischer Staaten im Jahr 2018 erkennen kann.

Die Einwanderung der letzten 40 Jahre hat auch dazu geführt, dass viele Christen nach Großbritannien gezogen sind. Einige der größten Gemeinden des Landes wurden von Menschen aus Afrika oder der Karibik gegründet. Aber es zogen auch viele

---

7   A. d. Ü.: Die UKIP, die Partei für die Unabhängigkeit des Vereinigten Königreichs, ist eine EU-skeptische, rechtspopulistische Partei in Großbritannien.

Muslime, Hindus, Sikhs und Buddhisten in unser Land. In England leben fast zwei Millionen Muslime und in Gesamteuropa 44 Millionen. Multikulturalismus und religiöse Vielfalt haben einen ziemlich großen Fußabdruck in unserer Kultur hinterlassen, und das Christentum kann nicht länger für sich beanspruchen, die erste Religion zu sein oder mehr Platz auf den Regalen des spirituellen Supermarkts einzunehmen. Als Evangelisten heute müssen wir nicht nur das Evangelium erklären können, wir müssen unsere Botschaft auch so differenzieren können, dass sie für Menschen aus anderen Religionen verständlich wird. Wie die türkische Diplomatenehefrau in dem Straßencafé in Straßburg gibt es viele in unserer Kultur, die das Christentum zwar respektieren, aber auch glauben, dass es fundamental falsch ist, denn sie sind überzeugte Anhänger einer anderen Religion. Wir müssen das Evangelium so darstellen, dass es auch diese Menschen überzeugen kann.

----

❷ ZUM NACHDENKEN

----

1. Welche Beispiele für Pluralismus und Relativismus siehst du in deinem Umfeld?
2. Wie würdest du jemanden davon überzeugen, dass es auf moralischem Gebiet absolute Wahrheiten gibt und dass wir als Menschen einmal Rechenschaft geben müssen?
3. Was können wir tun, um die Autorität der Bibel als Offenbarung Gottes zu verständlich zu machen?
4. Wie kann man Atheisten, Agnostikern und Skeptikern begegnen, ohne den Eindruck zu vermitteln, man habe Vernunft gegen einen blinden Glauben eingetauscht?
5. Wie können wir die Einzigartigkeit Christi in einer multi-religiösen Gesellschaft verkünden, ohne beleidigend zu sein?

KAPITEL 3

Mit der Warp-Geschwindigkeit zurechtkommen

Wer die Science-Fiction-Serie *Raumschiff Enterprise* kennt, der kennt auch die „Warp-Geschwindigkeit", das ist ein hypothetischer Begriff aus der Raumfahrt. Wenn das Raumschiff Enterprise besonders schnell irgendwohin fliegen oder fliehen musste, schaltete die Mannschaft ein besonderes Antriebssystem an, das sie schneller als das Licht machte. Um das Ganze etwas dramatischer zu gestalten, klammerten sich die Darsteller an ihre Armlehnen oder einen anderen festen Gegenstand, denn sie wurden innerhalb weniger Sekunden über eine riesige Distanz geschleudert.

Das ist natürlich nur Science-Fiction; nichts davon ist real. Sehr real ist jedoch – und das in beängstigender Weise – die rasante Geschwindigkeit, mit der sich die Kultur der westlichen Gesellschaft in den letzten Jahren verändert hat. Wir wurden nicht nur durch die philosophischen Entwicklungen geprägt, die wir bereits zusammengefasst haben, sondern haben auch eine schwindelerregende Anzahl anderer Veränderungen miterlebt, die sich einfach nur dadurch ergeben haben, dass wir in einer Welt leben, in der nichts gleich bleibt. Es gab schon viele Versuche, uns vor diesem Aspekt des Lebens zu warnen. Bekannt geworden ist das wegweisende Buch *Der Zukunftsschock* von

Alvin Toffler[8]. Er vergleicht das Schockgefühl, das auftritt, wenn sich Dinge sehr schnell verändern, mit dem „Kulturschock", den Menschen erleben, wenn sie in ein fremdes Land ziehen. Er beschreibt, wie anstrengend es ist, wenn sich ein Mensch plötzlich in einem Land wiederfindet, in dem „Ja" eigentlich „Nein" bedeutet, in dem ein „Festpreis" verhandelbar ist, wo langes Warten in einem Vorzimmer keinen Affront darstellt und wo Lachen Wut ausdrücken kann – das Ergebnis ist „Verwirrung, Frustration und Orientierungslosigkeit". Ebenso schwierig ist es, wenn man plötzlich merkt, dass das, was man letztes Jahr noch für zeitgemäß hielt, nun bereits Geschichte ist.

Nach Toffler besteht der Hauptunterschied zwischen einem Kulturschock und einem Zukunftsschock darin, dass ein Mensch, der einen Kulturschock erlebt hat, in sein Heimatland zurückkehren und sich wieder mit vertrauten Dingen umgeben kann. Aber für den, der einen Zukunftsschock erlebt, gibt es kein Zurück mehr. Es ist unmöglich, das Rad der Zeit zurückzudrehen und Fortschritt oder Veränderungen zu verhindern. Es ist noch nicht einmal möglich, den Status quo beizubehalten. *Dr. Who* konnte in der gleichnamigen britischen Science-Fiction-Serie mit seiner Zeit-Raum-Maschine *Tardis* durch die Zeit reisen. Aber auch das ist reine Fantasie und nicht Realität. Im wahren Leben galoppiert die Zeit in einer beängstigenden Geschwindigkeit davon und zerrt uns alle hinter sich her.

Als meine Großmutter noch lebte, klagte sie ständig darüber, wie schnelllebig die Zeit geworden sei (um ehrlich zu sein, das war nicht das Einzige, worüber sie sich beklagte!). Ich muss gestehen, dass es mir ziemlich auf die Nerven ging, dass sie die Gesellschaft kritisierte, in der ich heranwuchs. An allem hatte sie etwas auszusetzen, vom Supermarkt bis zur Werbung. Und so, wie sie redete, hätte man meinen können, „die gute alte Zeit" sei nur wundervoll gewesen. Aber in Wahrheit war sie das oft nicht. Sie wurde in einer Welt groß, in der Arbeiter nur wenig Rechte

---

8   1970: Bern, München, Wien, Scherz Verlag.

hatten (besonders arbeitende Frauen); einige ihrer Altersgenos-
sinnen hatten die Schule bereits mit zwölf Jahren verlassen, um
Arbeit zu finden. Damals konnten sich viele Menschen nur ein
einziges Paar Schuhe leisten. Aber für meine Großmutter bestand
die Magie der alten Zeit nicht in ihrer Überzeugung, das Leben
vor 70 Jahren sei besser gewesen; sie trauerte, weil die Dinge von
damals, die ihr so vertraut waren, ihr nun fehlten.

Jetzt, da ich selbst mehr als nur ein paar graue Haare auf dem
Kopf habe, kann ich ein wenig von ihrem Unbehagen nachvollziehen. Als Evangelist besuche ich Schulen, in denen die Schüler einen Großteil ihrer Zeit damit verbringen, im Internet zu
recherchieren. Manche Schulen stellen ihnen sogar eigene iPads
zur Verfügung. Ich habe meinen Schulabschluss gemacht, bevor
das Fach Informatik überhaupt auf dem Lehrplan stand. Nun
muss ich mich bemühen, nicht von den Veränderungen im Bereich der Informationstechnologien abgehängt zu werden. Als
ich jung war, hörte man Elvis, die Rolling Stones, die Specials,
KISS, AC/DC und die Undertones. Wenn ich diese Namen heute
meinen Kindern gegenüber erwähne, wissen sie meistens nicht,
wovon ich rede. Und die Musik, die lautstark aus ihren Zimmern
dröhnt, empfinde ich als in etwa so angenehm, als hätte man mir
Nadeln in die Ohren gestochen. Ich weiß noch, dass Erdkunde
eines meiner Lieblingsfächer war. Aber wenn man sich heute einen neuen Atlas besorgt, wird er nicht lange neu bleiben, denn
Imperien zerbrechen, junge Demokratien erwachen und Länder
kämpfen um ihre Unabhängigkeit, weil sie zu ihren ursprünglichen Wurzeln zurückkehren wollen. Und natürlich: Meine Kinder nehmen erst gar keinen Atlas zur Hand, jedenfalls nicht,
solange Google Earth in Reichweite ist. Und wer braucht schon
Straßenkarten in einer Welt von Satellitennavigation, GPS und
Smartphones? Seit Beginn meiner beruflichen Laufbahn haben
sich die Anforderungen so gewaltig geändert, dass ich mich frage,
ob ich dem immer gewachsen sein werde, trotz der allgegenwär-
tigen Schulungen und Weiterbildungsprogramme. Die Wahrheit
lautet, der Zukunftsschock hat schon längst eingesetzt, und ich

kämpfe damit, nicht genauso orientierungslos zu werden wie meine Großmutter.

Das globale Dorf

Die Welt verändert sich nicht nur, auch das Tempo des Wandels scheint sich ständig zu beschleunigen. Die modernen Verkehrsmittel haben die Welt zum Dorf gemacht. Neulich flog ich nach Australien, um bei einer zweitägigen Konferenz in Sydney Vorträge zu halten. Danach hatte ich ein paar Tage frei und flog dann wieder zurück nach Schottland. Alles innerhalb von einer Woche. Noch vor ein paar Jahren waren solche Reisen unvorstellbar. Vor 6000 Jahren war das schnellste Langstrecken-Verkehrsmittel die Kamelkarawane – Reisegeschwindigkeit etwa zwölf Kilometer pro Stunde. Um 1600 v. Chr. hatte man schon den Streitwagen erfunden, der immerhin über 30 km/h schnell war, aber nur auf kurzen Strecken. Einige Tausend Jahre war dies das schnellste Fortbewegungsmittel. Im Jahr 1825 wurde die erste Dampflokomotivenstrecke in Betrieb genommen, die Höchstgeschwindigkeit lag jedoch nur bei knapp über 20 Stundenkilometern. Am Ende des 19. Jahrhunderts war es durch technischen Fortschritt möglich, die Geschwindigkeit der Dampflokomotive auf rund 160 km/h zu erhöhen. Bisher hatten solche Fortschritte Tausende von Jahren gebraucht. Mit den Flugzeugen der frühen 1940er-Jahre hatte sich jedoch die Geschwindigkeit mit fast 650 Stundenkilometern vervierfacht. In den 1960er-Jahren schafften es Raketen auf etwas über 7700 Stundenkilometer, und Männer in Raumkapseln umkreisten die Erde mit fast 30 000 Kilometern in der Stunde. Die entlegensten Winkel sind längst nicht mehr fern. Man kann sie heute innerhalb weniger Stunden erreichen, und zwar für relativ wenig Geld. Heute ist sogar die Rede davon, Gesteinsproben vom Mars zu holen, und man denkt über Weltraumtourismus nach.

Wenn die modernen Verkehrsmittel die Erde schrumpfen ließen, so brachten uns Fernsehen und Internet die Welt ins

Wohnzimmer. Wir schauen uns Filme an, die uns die Kulturen der ganzen Welt vor Augen malen. Wenn wir die Nachrichten einschalten, werden wir sofort über Luftangriffe in Syrien, Erdrutsche in Bolivien und die neuesten Sportereignisse aus China informiert. Es gibt sogar einen Kanal von National Geographic, der sicherstellt, dass kein Teil der Welt vor unseren Blicken verborgen bleibt. Auch die Art und Weise, wie wir diese Informationen abrufen, verändert sich rasant. Die sperrigen Gehäuse der Desktop-Computer sind Schnee von gestern, und Laptops und Tablets kämpfen um die Vormachtstellung am Markt. Aber selbst hier ist es unmöglich, Schritt zu halten, denn die immer handlicher werdenden Geräte haben nur noch eine Haltbarkeitsdauer von wenigen Monaten, bevor das nächste Modell auf den Markt gebracht wird. Smartphones werden dabei zur bevorzugten Art der Informationsabfrage, des Fotografierens und des Online-Bankings. Sogar ein Technikgegner wie ich hat aufgehört, die Print-Ausgabe der Tageszeitung zu beziehen, weil ich sie mir lieber mit einer App herunterlade. Und wovor ich beim Schreiben dieser Zeilen am meisten Angst habe: dass zum Zeitpunkt, an dem dieses Buch endlich gedruckt vorliegt, die meisten Teenager nur müde über die hier beschriebenen altmodischen Technologien grinsen werden!

Mit dieser multimedialen Entwicklung ist eine riesige Wissenssteigerung verbunden. Man schätzt, dass bis ca. 1500 n. Chr. in ganz Europa jährlich nur ungefähr 1000 Bücher herausgebracht wurden. Dies war nicht nur auf die einfachen Schreib- und Druckmethoden zurückzuführen, sondern auch auf den damaligen Wissensstand. Bis 1950 wurden in Europa ungefähr 120 000 Titel pro Jahr produziert. Was ehemals ein ganzes Jahrhundert gedauert hätte, konnte nun in nur wenigen Monaten produziert werden. Mitte der 1960er-Jahre steigerten sich die Produktionszahlen; nun wurden weltweit ca. 1000 Titel pro Tag hergestellt. Obwohl heute immer mehr Bücher schneller denn je gedruckt werden, ist der Spitzenreiter im Kommunikations- und Bildungssektor nicht länger bedrucktes Papier, sondern das Internet. Im

Jahr 2013 wurde in einem Artikel in der britischen Tageszeitung *The Guardian* vermutet, dass allein in England 360 000 E-Mails pro Sekunde verschickt werden und dass diese Rate monatlich um ungefähr 20 000 E-Mails pro Sekunde wächst.

Auch die Zahl derer, die in den Wissenschaften arbeiten, hat sich erhöht, ganz besonders in den letzten 100 Jahren. Im Jahr 1910 gab es ungefähr 8000 britische und deutsche Wissenschaftler, und sie machten schon einen Großteil des Weltanteils aus. Im Jahr 1980 schätzte man die Zahl der Wissenschaftler, die weltweit direkt in der Forschung tätig waren, auf etwa fünf Millionen. China entwickelt sich auf diesem Gebiet zum Vorreiter. Im Jahr 1996 wurden in den USA 292 513 Forschungspapiere veröffentlicht, zehnmal so viele wie in China mit 25 474. Im Jahr 2008 hatte sich die Zahl in den USA ein wenig erhöht, und zwar auf 316 317, während sich die Zahl in China mit 184 080 versiebenfacht hatte. China gibt heute jährlich 100 Milliarden Dollar für die Forschung aus und im Jahr 2006 erlangten in China 1,5 Millionen Studenten einen Uniabschluss an naturwissenschaftlichen und technischen Fakultäten. In China leben 77 Millionen Menschen mit einem Universitätsabschluss und in Indien 78 Millionen.

Diese enorme Erweiterung des Wissens hat zu einer zunehmenden Spezialisierung geführt. In meinem eigenen Fachgebiet der Religionswissenschaften werden die Studenten an den Unis von einer riesigen Bandbreite von Dozenten unterrichtet, von denen jeder Dozent sein eigenes Spezialgebiet hat. Ich kenne z. B. einen Professor, der nur über die Schriften des Johannes forscht und lehrt. Ein anderer beschäftigt sich nur mit dem religiösen Gedankengut des 18. Jahrhunderts, und ein anderer konzentriert sich auf zeitgenössische islamische Theologie. Der Dekan meiner alten Hochschule hat mir einmal aus Spaß gesagt, dass man einen Akademiker als einen Menschen beschreiben könne, der alles über nichts weiß und nichts über alles. Das war natürlich ein Scherz, der aber die rasante Wissenssteigerung in einer von zunehmender Spezialisierung geprägten Welt widerspiegelt.

Obwohl der technische Fortschritt das Leben vieler zweifellos einfacher gemacht und das Arbeitsleben von vielen eintönigen Routinehandlungen befreit hat, hat er uns nicht den Druck genommen. Tatsächlich setzt uns die globale Marktwirtschaft heute viel mehr unter Druck. Für viele ist Stress zum täglichen Begleiter geworden. Begriffe wie „Wettbewerbsfähigkeit", „Produktivität" und „Stückkosten" sind Teil der Alltagssprache geworden. In jeder Branche müssen die Unternehmen effizienter und härter arbeiten, um sich behaupten zu können, und das wiederum setzt die Arbeitnehmer unter Druck, die letztlich die Ware produzieren. Wer sich selbständig macht, muss viele lange Stunden investieren, um konkurrenzfähig zu bleiben, und kämpft mit immer kleiner werdenden Verdienstspannen. Es ist richtig, dass die heutigen Industrienationen ihren Bürgern einen höheren Wohlstand bieten als jemals zuvor, aber wir alle bezahlen einen Preis dafür, nämlich Burn-out, Stress, zerbrochene Ehen und vernachlässigte Kinder.

In diesem materialistischen Konkurrenzkampf muss jeder produktiv und sein Geld wert sein. Auch Dienstleistungen wie die Pflege oder der Bildungsbereich sind davor nicht gefeit. Man muss nur irgendeine Schule oder ein Krankenhaus besuchen und wird Dutzende von Mitarbeitern finden, die erklären, dass ihre Jobs viel schwieriger und weniger erfüllend geworden sind, als sie es noch vor 20 Jahren waren. Dabei geht der Druck nicht nur vom Arbeitgeber aus, sondern auch von den höheren Erwartungen, die wir als Gesellschaft selbst in den letzten Jahrzehnten entwickelt haben. Jeder will sein Eigenheim und schätzt teure Möbel. Wir alle wollen Autos mit Zentralverriegelung, Sitzheizung, Rückfahrkameras und Keramikbremsscheiben fahren. An den Luxus, der uns zur Verfügung steht, haben wir uns längst gewöhnt: exotische Urlaubsreisen, HD-Fernsehen, Smartphones und Designerkleidung gehören mittlerweile zum Grundbedürfnis der Menschen. Ohne diese Annehmlichkeiten scheint das Leben nicht mehr lebenswert zu sein. Das Ergebnis ist, dass wir härter und länger arbeiten müssen, um immer mehr kaufen zu können, obwohl uns das weder glücklicher noch zufriedener macht.

Natürlich gibt es auch die andere Seite der Medaille. Während viele in unserer Gesellschaft ein komfortables Leben führen, gibt es auch immer mehr, die auf der Strecke bleiben. Ich treffe immer mehr junge Erwachsene, die keine Ausbildung haben, arbeitslos und ohne Antrieb und Ziele sind. Sie werden aller Voraussicht nach lebenslang von Sozialleistungen abhängig sein. So bildet sich eine neue „Unterschicht" heran, in der Hoffnungslosigkeit und Resignation die Norm sind.

Menschliche Maschinen

All diese Veränderungen können unsere Welt zu einem extrem unmenschlichen Ort werden lassen. Ein Freund von mir, der in London lebt, beschreibt die Stadt als den einsamsten Ort der Welt. Eigentlich ein Ding der Unmöglichkeit in einer 11-Millionen-Stadt. Er arbeitet in der „City", einem Finanzdistrikt, in dem ca. 300 000 Geschäftsleute und Büroangestellte ihren Tätigkeiten nachgehen. Obwohl er von so vielen Menschen umgeben ist, begegnen ihm am Arbeitsplatz und an seinem Wohnort nur Fremde, die sich kaum Zeit nehmen, um miteinander zu reden. Viele seiner Zeitgenossen sind so gestresst davon, in allen Lebensbereichen produktiv sein zu müssen, dass sie nur hektisch von A nach B laufen und keine Zeit für andere haben. Was für diesen Stadtteil Londons gilt, gilt für viele Großstädte Europas und der westlichen Welt. Man schließt nur noch selten Freundschaften, weil unsere Gesellschaft zwischenmenschlichen Beziehungen kaum noch Beachtung schenkt. Wir rennen in den Supermarkt und legen unsere Einkäufe auf das Kassenband, ohne der Kassiererin auch nur „Guten Tag" zu sagen. Doch auch hier begegnen wir Menschen, Persönlichkeiten mit eigener Würde, aber unsere Gesellschaft möchte lieber, dass wir sie wie Maschinen behandeln, so wie die Kasse, die sie bedienen. Sie sitzen dort, um produktiv zu sein, nicht damit wir freundlich miteinander umgehen. Menschen sind nicht länger menschlich, sondern eine Stimme am Ende der Telefonleitung oder eine Nummer in der Statistik des Arbeitsamtes.

Welche Auswirkungen hat das auf die Menschen, denen wir das Evangelium verkündigen wollen? Die Antwort lautet, dass es enorme Auswirkungen darauf hat, wie Menschen das Leben selbst sehen. Unsere Gesellschaft besteht aus Menschen, die gestresst sind, mit vielen Sorgen und Nöten belastet. Auch Menschen, die vielen verschiedenen Stimmen ausgesetzt sind, die von Information nur so überflutet werden. In solch einer Welt ist es schwer zu erkennen, was wahr ist und was man glauben soll. Das führt viele zu der Frage, warum man überhaupt noch etwas glauben soll. Unsere Gesellschaft besteht auch aus lauter Menschen, die so vom Materialismus und dem Streben nach Glück gefangen sind, dass ihnen kaum ein tiefer geistlicher Gedanke in den Sinn kommt. Sie sind so gehetzt vom Leben in der Gegenwart, dass sie kaum noch Zeit haben, sich auf die Zukunft vorzubereiten. Und dann gibt es auch immer mehr, die sich nach Aufmerksamkeit sehnen, weil sie das Gefühl nicht loswerden, ein Niemand zu sein.

All diese Probleme muss man sich vor Augen führen, wenn man hinausgeht, um die Gute Nachricht des Evangeliums zu verkündigen. Wir müssen eine klare Botschaft verkünden, damit die Leute nicht noch verwirrter werden, als sie schon sind. Auch muss man sich bewusst sein, dass diese Menschen schon genug unter Druck stehen und dass wir ihnen den Frieden Christi verkündigen und neue Werte, die den Reichtum und Besitz eines Menschen ins richtige Licht rücken. Wir müssen die Tatsache deutlich machen, dass jeder Mensch im Bild Gottes geschaffen wurde und dass jeder von uns daher einzigartig und bedeutend ist, weil Gott, der Vater, uns liebt und selbst die Haare auf unserem Kopf von ihm gezählt sind. Unsere Kirchen und Gemeinden müssen die Gemeinschaft und den Zusammenhalt schaffen, den unsere Gesellschaft so sehr vermissen lässt. Wenn wir diese Punkte angehen, haben wir bereits begonnen, den Missionsbefehl in die Tat umzusetzen.

❷ ZUM NACHDENKEN

1. Welche Aspekte des heutigen Lebens erschweren es den Menschen, sich für den christlichen Glauben zu entscheiden?
2. Welche praktischen Schritte kann eine Gemeinde gehen, um zu gewährleisten, dass sie in einer schnelllebigen Welt relevant bleibt?
3. Welche Auswirkungen hat die mediale Reizüberflutung auf das Denken der Menschen und unsere Möglichkeiten, das Evangelium zu verkünden?

KAPITEL 4

Wo waren die Christen,
als die Gesellschaft anfing zu bröckeln?

Nachdem wir die Veränderungen untersucht haben, die unsere Gesellschaft zu dem gemacht haben, was sie ist, müssen wir uns nun die Rolle der Kirchen und Gemeinden in alldem anschauen. Die letzten 100 Jahre waren für die Christenheit weltweit sehr spannend. In einigen Teilen der Welt ist die Wachstumsrate erstaunlich. In Lateinamerika, Afrika und besonders in China hat Gott im Leben von Millionen von Menschen sehr deutlich gewirkt. Die Situation auf dem europäischen Kontinent gestaltet sich dagegen schwieriger. Statistisch gesehen gibt es in Afrika zehnmal so viele evangelikale Christen wie in Europa. Obwohl die römisch-katholische Kirche immer noch eine nicht zu unterschätzende Kraft in weiten Teilen Europas darstellt, haben ihre Angehörigen zunehmend weniger Interesse an ihrem Glauben, und ihre Mitgliedschaft besteht oft nur noch auf dem Papier.

Während die europäischen Zahlen wenig optimistisch stimmen, sieht es in Großbritannien nicht besser aus.[9] Statistiken zeigen, dass bei einer Gesamtbevölkerung von 45 Millionen

---

9   A. d. V.: Die Situation der Kirchen in Großbritannien ist etwa mit der Situation in Deutschland vergleichbar, wobei man davon ausgeht, dass die Säkularisierungswelle in Großbritannien etwas früher und intensiver zugeschlagen hat als in Deutschland.

in den 1930er-Jahren mehr als zehn Millionen sonntags einen Gottesdienst besuchten. Heute sind es nicht einmal mehr sechs Millionen von 62 Millionen. Der Trend ist weiter rückläufig und betrifft die meisten bekannten Denominationen, vielleicht mit Ausnahme der Pfingstgemeinden und der sogenannten Neuen Gemeinden. Obwohl es stimmt, dass viele neue Gemeinden gegründet werden, besonders von Seiten der charismatischen Bewegung, schrumpfen die alteingesessenen Glaubensgemeinschaften wie Methodisten, Anglikaner und Reformierte schneller, als die neuen wachsen. Die Zahlen bei den Baptisten und unabhängigen Gemeindegruppierungen bleiben mehr oder weniger gleich, wenn man sie mit der gesamten demografischen Entwicklung vergleicht. In England gibt es in den Gemeinden 25 % mehr Rentner und 30 % weniger Menschen in den Zwanzigern als in der Bevölkerung insgesamt.

Ebenso schwindet der Einfluss der Kirchen und Gemeinden. Man kann das z. B. am Besuch der Sonntagsschulen erkennen. Im Jahr 1900 besuchten 6 796 000 Kinder eine Sonntagsschule – ungefähr 55 % aller Kinder der Gesamtbevölkerung. Bis zum Jahr 2000 fiel diese Zahl auf 530 000, ungefähr 4 % aller Kinder der Bevölkerung. Zudem muss man sagen, dass in den meisten Fällen die Sonntagsschule ein Anachronismus ist und von während der Woche stattfindenden Kinderklubs abgelöst wurde. Die Schrumpfungsrate ist dramatisch und ein Offenbarungseid, denn man erkennt, dass die Bevölkerung den Sonntag nur ein Jahrhundert später völlig anders nutzt.

In Wirklichkeit gehen, wenn man alle Gottesdienstbesucher aller Glaubensrichtung zusammenzählt, nur 7,7 % der Bevölkerung des Vereinigten Königreiches sonntags regelmäßig in einen Gottesdienst, und die Zahl sinkt zusehends. Sogar an Weihnachten, dem Tag, an dem traditionell die meisten Menschen in die Kirchen und Gemeinden gehen, können sich nur noch 32 % der britischen Gesamtbevölkerung zum Gottesdienst aufraffen. Dieser Rückgang an Gottesdienstbesuchen geht einher mit einer wachsenden Säkularisierung, was jedem Gemeindemitglied zu denken geben sollte.

Eine im Jahr 2011 durchgeführte Volkszählung in England und Wales bringt große Ernüchterung.[10] Der Prozentsatz von Personen, die sich zumindest nominell Christen nennen, sank von 71,7 % im Jahr 2001 auf 59,3 % im Jahr 2011. Weiter gaben 14,1 Millionen Menschen an, dass sie religionslos seien. In Norwich lebten mit 42,5 % die meisten, die sich als überhaupt nicht religiös bezeichneten, gefolgt von Brighton und Hove mit 42,1 %.

Diese besorgniserregende Statistik wirft die Frage nach dem Warum auf. Warum wird das Christentum im Vereinigten Königreich immer weniger praktiziert, insbesondere im letzten Jahrhundert? Es gab eine Zeit, da war es für die Menschen das Natürlichste der Welt, in der Kirche getauft, verheiratet und von ihr begraben zu werden. Aber mittlerweile ist die Kirche zu einer Minderheitengemeinschaft in einem Ozean der Mehrdeutigkeit geworden. Insbesonders Evangelikale werden als negativ wahrgenommen. Clive Calver fasste zusammen, dass man Evangelikale als eine rechtsstehende, fundamentalistische und sektiererische Bewegung ansieht, die antiintellektuell ist, sich keinen Deut um menschliches Leid schert und ein Import aus den USA ist.[11] Was ist da schiefgelaufen?

Verschlafen?

Die Frage ist nicht so einfach zu beantworten, weil das Thema sehr komplex ist. Außerdem ist es kompliziert, denn man sieht zwar einen allgemeinen Rückgang, aber es gibt dennoch Gemeinden, die lebendig sind und wachsen. Also bezieht sich der Rückgang auf die Kirchen und Gemeinden, denen es nicht so gut geht. Wenn wir uns diese Gruppe anschauen, gibt es tatsächlich einige gute Gründe dafür, warum sie immer kleiner werden, und damit

---

10 https://www.eauk.org/culture/statistics/whatsyourreligion.cfm; abgerufen am 19.6.2020.

11 Martyn Eden (Hrg.), *Britain on the Brink: Church and social problems* (Crossway: 1993) S. 144.

letztendlich für den Rückgang des Christentums im Vereinigten Königreich insgesamt.

Zuerst kann man beobachten, dass viele Kirchen und Gemeinden sehr langsam auf die gesellschaftlichen Veränderungen reagiert haben. Wie schon erwähnt, findet der kulturelle Wandel immer schneller statt, aber viele Glaubensgemeinschaften sind starr an ihre Traditionen gebunden. Sie tun sich sehr schwer, mit der neuen Welt zurechtzukommen, mit der sie konfrontiert sind. Viel zu oft haben Christen die Fragen von gestern beantwortet anstatt die von heute. Kirchen und Gemeinden kann man zu Recht den Vorwurf machen, dass sie oft an Strukturen festhalten, deren Haltbarkeitsdatum längst überschritten ist. Kurzum, viele Gemeinden haben den Übergang ins 21. Jahrhundert verschlafen.

Die Symptome dieses Dahinschlummerns sind leicht zu erkennen. Erstens hält man viel zu starr an alten Glaubensliedern und traditionellen Formen der Anbetung fest. Natürlich sind viele dieser Lieder wunderbar und zeitlos und werden gerne im Gottesdienst eingesetzt. Aber manche dieser Lieder haben inhaltlich überhaupt nichts mit unserer heutigen Generation zu tun und ihre Melodien auch nicht. Einerseits sind die Lieder, die wir singen, nur ein kleiner Teil des Gesamtpakets, wenn aber Menschen andererseits hartnäckig die neueren Anbetungslieder ablehnen, die von Autoren unserer Zeit geschrieben werden, und wenn sie die aufblühende Kreativität in diesem Bereich ignorieren, die schon vielen Christen zum Segen geworden ist, zeigt das ihre Unwilligkeit, sich auf die heutige Gesellschaft einzustellen.

Als Nächstes sollte man über die Art und Weise nachdenken, wie wir unsere Gottesdienste durchführen. Die Bibel gewährt den Gemeinden sehr viele Freiheiten in strukturellen Fragen. Es gibt nicht den einen biblischen Weg, wie man die Gemeindestunden durchzuführen hat. Manche Gemeinden benutzen jedoch die gleichen Strukturen und Methoden wie vor 50 Jahren, obwohl der Lebensstil und die Denkweise der Menschen sich in diesem Zeitraum gravierend verändert haben. Man sollte die Strukturen einer Gemeinde den Bedürfnissen der Menschen anpassen, anstatt zu erwarten, dass die Menschen sich den Strukturen anpassen.

Auch die Art und Weise, wie man evangelisiert, muss durchdacht werden. Vor sich hinschlummernde Gemeinden stellen sich gar nicht erst die Frage, ob ihre evangelistischen Strategien effektiv sind, weil sie nämlich gar keine Strategien haben. Man evangelisiert so, wie man es schon immer getan hat, eben weil man es schon immer so getan hat, egal, wie lange dieses „immer schon" auch her ist. Ich möchte auf Folgendes hinaus: Auch wenn etwas in der Vergangenheit funktioniert haben mag, kann das heute anders sein.

In all diesen Bereichen hatten viele Kirchen und Gemeinden immense Schwierigkeiten, sich auf eine sich verändernde Welt einzustellen und haben dadurch Schaden genommen.

Die Auseinandersetzung mit der liberalen Theologie

Ein zweiter zentraler Grund für den Rückgang an praktizierenden Christen in den letzten Jahrzehnten ist das Problem der liberalen Theologie. Der Aufstieg der Bibelkritik innerhalb der theologischen Fakultäten unserer Universitäten hat auch Auswirkungen auf unsere Kirchen und Gemeinden. Viele der Überzeugungen, die von der christlichen Kirche immer akzeptiert wurden, werden mittlerweile infrage gestellt.

Eines der Themen, das die Kirchen und Gemeinden entzweit, ist die Frage nach der Autorität der Schrift. Evangelikale haben lange an der Inspiration und Irrtumslosigkeit der Schrift festgehalten. In akademischen Kreisen wurde die Bibel jedoch ins Kreuzverhör genommen, und zwar sowohl in Bezug auf ihre Textgrundlage als auch auf vermeintliche Fehler, die sie enthalten soll. Die historisch-kritische Methode wurde aus Deutschland importiert und löste viele Zweifel unter den Theologen aus. Man stellte z. B. infrage, ob Mose die fünf Bücher Mose geschrieben habe. Philosophen und Theologen wie Immanuel Kant, Friedrich

Schleiermacher und Adolf von Harnack reduzierten die Bibel auf ein von Menschen geschriebenes Buch, das fehlerhaft sei und deswegen rekonstruiert und neu interpretiert werden müsse.

Zwangsläufig sickerte die Kritik bis zur Basis durch. Obwohl sich viele evangelikale Theologen dieser Kritik annahmen und fundierte Antworten gaben, waren es zu wenige, und es war schon zu spät. In der Gesellschaft entstand der Eindruck, dass die Bibel unzuverlässig sei, dass man sich nicht uneingeschränkt darauf verlassen könne, dass sie Gottes Wahrheiten irrtumsfrei darstellen würde. Viele Menschen, die oft selbst noch nie in der Bibel gelesen hatten, behaupteten, dass sich durch das Kopieren der Texte von Generation zu Generation viele Fehler eingeschlichen hätten. Man verlor die Ehrfurcht vor der Bibel. Viele sahen in ihr ein Buch voller Irrtümer, und die Debatten an den Universitäten und selbst zwischen den Kirchenleitungen über die Unfehlbarkeit der Schrift verfestigte diese Sicht nur noch. Mit dem Vertrauensverlust in die Bibel wurde es für die christlichen Kirchen nun viel schwieriger, den Menschen zu vermitteln, dass Gott eine Botschaft verkündigt hatte, der man unbedingt glauben muss.

Aufsplitterung in zu viele Denominationen

Ein weiterer Grund für den Rückgang der Zahlen in den Kirchen und Gemeinden ist das Problem der Zersplitterung in viele Denominationen. Wir leben heute in einer Welt, in der an jeder Straßenecke eine neue Gemeinderichtung zu entstehen scheint. Neuere Statistiken besagen, dass es weltweit 34 000 protestantische Denominationen gibt; allein in Großbritannien gibt es fast 300. Das hat nicht gerade dazu beigetragen, dass man den Leib Christi als Einheit wahrnimmt. Viele kirchenferne Menschen sind völlig verwirrt von den vielen unterschiedlichen Gemeinden, die scheinbar alle eine etwas andere Meinung von der gleichen Sache haben.

Gewissermaßen ist der Protestantismus dadurch sein eigener schlimmster Feind geworden. Jesus betete in Johannes 17,20-23, dass alle Gläubigen eins sein sollen. Das Vorbild für die Einheit der Christen ist Jesu Beziehung zum Vater. An der Einheit der Christen könne die Welt erkennen, dass er vom Vater gekommen sei, sagt Jesus. Aber die Christenheit hat sich leider allzu oft gespalten. Am schlimmsten dabei ist, dass sie ihre Differenzen vor der Öffentlichkeit ausbreiteten. Die Aufspaltung in zu viele Denominationen hat sehr viel Schaden angerichtet und viele Menschen aus den Gemeinden vertrieben.

Heilige Inseln

Auch die Ortsgemeinden haben sich von der Öffentlichkeit und den Menschen in ihrem Umfeld isoliert. Früher heiratete jeder kirchlich und wollte auch von der Kirche beerdigt werden. Die Kirche war die Hüterin der Moral einer Nation, und wenn die Kirchenvertreter etwas sagten, richtete sich die Allgemeinheit danach. Sogar örtliche Pfarrer, die auf der untersten Stufe der klerikalen Hierarchie standen, waren in jedem Dorf hoch angesehen. Das gilt heute nicht mehr! Die Kirche wird als veraltete und weltfremde Institutionen angesehen, der man kaum Respekt schuldet. Verschlimmert wurde dies durch die Missbrauchsvorwürfe, die in den letzten Jahren gegen viele römisch-katholische und anglikanische Priester vorgebracht wurden und die auch in anderen christlichen Denominationen nicht unbekannt sind. Kirchenoffizielle haben in der Bevölkerung nicht mehr viel zu sagen, und das Christentum als Ganzes hat kaum noch Einfluss auf das moralische Gewissen der Nation. Kurz gesagt, die Kirche hat nach und nach den Einfluss auf die Gesellschaft verloren.

Verwirrung um das Evangelium

Eine eher neue Herausforderung hat damit zu tun, wie wir das Evangelium verstehen und wie man danach lebt. In den letzten Jahrzehnten kam innerhalb der Evangelikalen eine Bewegung auf, die man allgemein unter dem englischen Begriff *Emerging Church* kennt. Wie jede Bewegung verfügt auch diese über ein recht breites Spektrum. Einige dieser „emergenten Gemeinden", wie sie in Deutschland manchmal auch bezeichnet werden, sind in ihrer Gottesdienstgestaltung und Art des Gemeindelebens sehr kreativ, fast schon experimentell, aber trotzdem theologisch konservativ. Über diesen Teil würde ich sagen, dass man sich über ihre Bemühungen freuen kann, und ich sehe sie daher als Bereicherung der evangelikalen Welt. Einige der Leiter dieser „emergenten Gemeinden" haben sich jedoch deutlich von den klassisch-evangelikalen Positionen distanziert, und man muss nun ihre Sicht des Evangeliums mit großer Sorge betrachten. Sie haben z. B. die Lehre vom Sühneopfer Jesu infrage gestellt und auch die Lehre von der Hölle. Andere von ihnen behaupten, dass auch andere Religionen wertvoll und alternative Möglichkeiten seien, um zu Gott zu kommen. Zum Thema Lebenspraxis haben manche dieser Leiter klar geäußert, dass es in ihren Augen kein Widerspruch ist, homosexuell zu leben und ein hingegebener Christ zu sein. Auch wenn die *Emerging Churches* nicht mehr ganz in Mode sind, so haben sie doch großen Einfluss gehabt und üben ihn auch weiterhin aus. All das stiftete ziemlich viel Verwirrung und lenkte viele Gemeinden vom Wesentlichen ab. Die tragische Konsequenz des Ganzen: Man konnte nicht länger in Klarheit das Evangelium verkünden.

Durch Kultur definiert – nicht Gegenkultur

Es gibt ein weiteres Problem, das viele Gemeinden betrifft. Man tendierte dazu, die Werte der Kultur widerzuspiegeln, anstatt eine Gegenkultur dazu zu bilden. Wenn dies geschah, wurde es häufig mit dem Argument begründet, man wolle gesellschaftlich relevant sein. Jedoch ist es ein großer Unterschied, ob man innerhalb eines kulturellen Kontextes relevant ist oder ob man diese Kultur kritiklos übernimmt. Wir beweisen echte Relevanz, indem wir ein klares Evangelium verkündigen, auf eine Art und Weise, die verständlich, interessant und für Menschen des jeweiligen kulturellen Kontextes anziehend ist.

Man kann jedoch häufig beobachten, wie kulturelle Werte einfach unkritisch übernommen werden. Am offensichtlichsten wird dies in der Art und Weise, wie viele Gemeinden heute mit Elementen der Postmoderne arbeiten und sie einfach übernehmen. Die postmoderne Kultur hat sich jedoch von der Auffassung verabschiedet, dass es objektive Wahrheit gibt. Wie bereits erwähnt, ist es vielen Menschen egal, ob eine Idee oder eine Religion wahr ist, solange sie für den Menschen hilfreich ist, der daran glaubt. So kann dann jeder seine eigene Wahrheit vertreten und muss sich nicht von anderen infrage stellen lassen, weil ja alle Weltanschauungen und Religionen als gleich „wahr" angesehen werden.

Manche Gemeinden haben die Bedeutung von Wahrheit abgewertet, aus Rücksicht auf die Meinungen und Ansichten anderer. Als Dozent für Theologie wurde mir schon öfter vorgeworfen, dass ich Spaltungen fördere, weil ich darauf bestehe, dass die Bibel wahr ist und ihre Wahrheiten nicht verhandelbar sind. Einige Christen meinten sogar, dass die Beschäftigung mit theologischen Themen geistliche Hingabe ersticke und außerdem Christen davon abhalte, ihre Beziehung zu Gott einfach nur zu genießen. Wenn ich so etwas höre, wird mir klar, dass manche Christen tatsächlich postmoderne Ansichten zum Teil ihres christlichen Denkens gemacht haben. Ob unsere Gesellschaft die Existenz von absoluten Wahrheiten leugnet oder nicht – es gibt sie, und das ist eine Tatsache. Gott, der die letzte Wahrheit ist, hat sich selbst in der Schrift offenbart, und jedes Wort ist inspiriert, wahr und glaubwürdig.

Wenn Kirchen und Gemeinden sich weigern, ihr Leben und ihre Existenz auf die sichere Grundlage der Schrift zu bauen, wenn wir nicht darauf bestehen, dass es eine Wahrheit gibt, nach der man sein Leben ausrichtet, werden die Konsequenzen verheerend sein. Wir werden mit einer Kirche enden, die nichts mehr glaubt und um des Friedens willen falsche Kompromisse eingeht. Eine solche Kirche wird nicht in der Lage sein, Menschen aus der großen Masse herauszurufen und zur Nachfolge anzuleiten, denn sie hat sich in der Gesellschaft aufgelöst und lässt sich nicht mehr von ihr unterscheiden. Christliche Lehre ist von grundlegender

Bedeutung, denn sie ist die Wahrheit. Und das trennt uns von denen, die Jesus Christus nicht nachfolgen oder kein Leben führen, das Gott ehrt, was ja per Definition die Bedeutung eines heiligen Lebens ist. Wenn wir die Lehre verwässern oder so tun, als sei sie verhandelbar, dann bedeutet das, dass wir nicht länger Gottes heiliges Volk sein wollen – und damit auch nicht länger Licht und Salz in einer dunklen Welt sind.

In einer postmodernen Gesellschaft, in der jedermanns Meinung Gültigkeit hat, ist die Gesellschaft zersplittert und in viele kleine „Geschmacksrichtungen" aufgespalten, von denen jede ihre eigenen Ansichten und Rituale hat. Es gibt keinen Sinn für Kontinuität oder ein übergreifendes Ethos, das alle verbindet. Und dann gibt es Kirchen und Gemeinden, die auf die Idee hereingefallen sind, dass jedes Gemeindemitglied sein eigenes geistliches Leben nach eigenem Gutdünken ausdrücken solle. Solche Gemeinden bieten dann unterschiedliche Gottesdienste für die verschiedenen Geschmacksrichtungen an.

Praktisch sieht das dann so aus, dass diejenigen, die eine lebhaftere Anbetung wünschen, in den dynamischeren Gottesdienst gehen, während die konservativen Zeitgenossen den ruhigeren Gottesdienst wählen. Obwohl Abwechslung und Vielfalt wichtig für das Gemeindeleben sind und man den unterschiedlichen Anforderungen auf angemessenem Niveau gerecht werden muss (z. B. Sonntagsschulklassen für verschiedene Altersgruppen), muss es trotzdem einen konkreten Ausdruck des Leibes Christi innerhalb einer Ortsgemeinde geben. Gott hat nicht nur dynamische Menschen zur Umkehr gerufen oder Menschen, die einen bestimmten Musikstil mögen. Gott ruft junge, alte, extrovertierte, introvertierte, traurige und fröhliche Menschen zur Umkehr. Gott möchte nicht, dass wir uns in verschiedene „Geschmacksgruppen" aufteilen, er will uns durch seinen Geist zu einer Gemeinschaft vereinen, in der Liebe, Toleranz und gegenseitiger Respekt regieren. Gerade dann, wenn ich gemeinsam mit Gläubigen anbete, die andere Persönlichkeiten und Ansichten haben als ich, wird Christus durch unsere Einheit in seinem Namen geehrt.

Die Postmoderne basiert auf Gefühlen und nicht auf Fakten. Es ist die Erfahrung und nicht die Realität, die zählt. Was sich gut anfühlt, ist auch gut. Logik, Rationalität und Objektivität werden über Bord geworfen und durch das ersetzt, was man genießen kann. Auch hier stehen einige Kirchen und Gemeinden in der Gefahr, die gefährliche Droge der Postmoderne zu schlucken. Wenn wir Anbetung danach beurteilen, wie sich die Anbeter dabei fühlen, anstatt sie daran zu messen, welche Auswirkungen sie auf das Heiligungsleben der Gläubigen hat, dann haben wir die Anbetung an die Postmoderne verkauft. Wenn biblische Auslegung und tiefes theologisches Verständnis durch interessante Geschichten und kurzweilige Präsentationen ersetzt werden, dann hat die Postmoderne auch die Kanzel erobert.

Damit meine ich nicht, dass unsere Gottesdienste emotionslos und unsere Predigten langweilig sein sollen. Ganz im Gegenteil! Ich bin genauso beunruhigt, wenn ein Gottesdienst lediglich eine Verstandesübung ist, denn das entspricht eher der Moderne und nicht dem wahren Christentum und ist genauso schädlich für das Gemeindeleben. Ich bin sehr für Kreativität bei der Predigt. Aber sie muss nicht nur prägnant sein, sondern muss auch Substanz haben, sonst wird sie oberflächlich.

In diesem Sinn wird es auch wichtig sein, dass wir mit den Menschen in einen sinnvollen Dialog treten. Die Menschen kommen zunehmend aus einem Umfeld, in dem alles hinterfragt wird und es keine Gewissheiten gibt. Die Ablehnung des Absoluten hat zu einem Bedürfnis nach Dialog geführt, man will die Dinge durchdiskutieren. Dabei bleiben viele Fragen unbeantwortet, es gibt viele offene Enden. Damit können Christen, die ihren Glauben gern dogmatisch und systematisch vertreten wollen, oft nur sehr schwer umgehen. Aber sie verwechseln dabei echte Fragen mit Unglauben und begegnen solchen Fragestellern häufig mit einer gehörigen Portion Misstrauen.

Stuart Murry meint, dass die heutigen Kirchen und Gemeinden „Gemeinschaften sein sollten, in denen man angstfrei und unzensiert Fragen stellen darf, in denen Menschen ihre

Unsicherheiten aufdecken dürfen, statt Linientreue zu praktizieren".[12] Er stellt zu Recht fest, dass Thomas von Jesus nicht abgewiesen wurde, als er dessen Auferstehung infrage stellte, sondern barmherzig von ihm zum Glauben zurückgeführt wurde. Diese Vorgehensweise hat auch ihre Schattenseiten und wird für viele unbequem sein, aber da unsere Gesellschaft so von Unsicherheit und Zweifel durchdrungen ist, scheint es kaum eine Alternative dazu zu geben. Wir müssen bereit sein, Menschen freundlich anzunehmen, wenn sie ihre ersten zögerlichen Schritte in Richtung Glauben machen. Wir brauchen die Bereitschaft, sie zu fördern, um ihren Glauben aufzuerbauen; gleichzeitig müssen wir ihnen zeigen, dass die Gemeinschaft des Leibes Christi ihr Zuhause sein kann. Junge Christen und auch die Menschen, die sich noch nicht für Christus entschieden haben, müssen das Gefühl haben, dass sie Fragen ansprechen und Zweifel äußern dürfen, ohne dass sie sich ausgegrenzt fühlen oder gar Ablehnung erfahren. Meine persönliche Erfahrung mit dem Christentum ist, dass ich als Christ wachsen durfte und man mir Zeit zur Entwicklung gab, auch wenn ich zeitweilig erhebliche Fragen hatte, auf die ich nur schwer Antworten finden konnte.

❷ ZUM NACHDENKEN

1. Warum wächst das Christentum deiner Meinung nach in Entwicklungsländern, aber kaum in Europa?
2. Beschreibe, welcher Rückgang in Kirchen und Gemeinden in deinem Umfeld zu beobachten ist.
3. Wie können wir dem Liberalismus und auch der Zersplitterung in viele Denominationen entgegenwirken?
4. Inwieweit sollten wir unsere Gottesdienste am persönlichen Geschmack der Menschen ausrichten, und was sind hier unsere Kriterien?

---

12 Stuart Murray, *Church Planting* (Carlisle: Paternoster 1998) S. 185.

KAPITEL 5

Von der Randposition aus evangelisieren

Ich habe schon so manches Mal gedacht, dass ich meinen eigentlichen Beruf verfehlt habe und lieber Statistiker hätte werden sollen. Ich bin ein großer Freund von Zahlen und Daten, und mir macht es viel Spaß, Statistiken eine Aussage zu entlocken. Sie helfen, sich ein Bild davon zu machen, wie das Leben wirklich ist, was sich oft sehr von dem unterscheidet, wie wir es gerne hätten. Die Zahlen der Kirchenstatistiken vom Vereinigten Königreich und anderer europäischer Länder lügen nicht und sind äußerst besorgniserregend. Sie zeigen einen deutlichen Rückgang beim Christentum und eine Zunahme von Skeptikern und auch bei anderen Religionen. Eine Gefahr solcher Kirchenstatistiken ist, dass sie nicht nur informieren, sondern auch demotivieren. Wenn man sich den Rückgang anschaut, bekommt man schnell den Eindruck, dass bereits alles verloren ist und es unmöglich ist, unsere zerfallende Gesellschaft überhaupt noch zu erreichen. Aber so zu denken ist falsch. Denn unsere Sicht sollte von mehreren wichtigen Faktoren beeinflusst werden.

Erstens müssen wir bedenken, dass dieser Rückgang vor allem Menschen betrifft, die sowieso Namenschristen waren und jetzt jedes Interesse am Glauben verloren haben. In mancherlei Hinsicht ist das gar nicht schlecht, denn es bedeutet ja auch, dass diejenigen, die sich jetzt immer noch zur Kirche oder Gemeinde halten, echtes Interesse haben und die Gemeinden so gesünder sind. Ein solcher Klärungsprozess kann auch ein Segen sein, weil eine kleine Gemeinde voll hingegebener und motivierter Christen viel besser wachsen kann als eine Gruppe von Menschen, denen letztlich alles egal ist. Wenn der Rückgang also damit zu begründen ist, dass Menschen der Kirche den Rücken zuwenden, die niemals wirklich geglaubt haben, dann ist das kein drastischer oder absoluter Rückgang. Eigentlich ist es eher eine Läuterung, die langfristig gesehen die Situation vereinfachen wird.

Zweitens mögen vielleicht einige Christen sehnsüchtig auf die gute alte Zeit zurückschauen, als die Kirche im Mittelalter noch das ganze Leben in Europa dominierte, und sich das womöglich zurückwünschen. Aber wir dürfen die Vergangenheit nicht verklären und müssen uns die Realität vor Augen zu halten. Sicherlich ist richtig, dass vor vielen Jahrhunderten die meisten Menschen zur Kirche gingen und die Kirche einen bedeutenden Einfluss auf die Gesellschaft ausübte. Tatsächlich war jedoch die Kirche des Mittelalters von Korruption, Gier und Irrlehren durchzogen. Lebendiges geistliches Leben gab es kaum. Die Kirche war zwar größer, aber nicht reiner. Die Menschen gingen meistens nicht zur Kirche, weil sie eine lebendige Beziehung zu Jesus Christus hatten oder weil sie Gottes Gegenwart im Alltag erleben wollten, sondern weil es kulturell akzeptiert war und gefordert wurde. Der Aufstieg des Christentums war, bei allem äußeren Erfolg, in Wirklichkeit etwas sehr Oberflächliches. Natürlich gab es auch manche echte Gläubige, die Gott aufrichtig liebten und in deren Leben sich das auch auswirkte. Aber für die meisten war das religiöse Leben eigentlich nur durch Rituale geprägt, sie hatten keine echte Veränderung durch die Kraft des Heiligen Geistes erlebt. Tatsächlich fehlte es selbst dem mittelalterlichen Klerus oft an echtem geistlichem Leben. Wir sollten uns diese Zeit nicht zurückwünschen; wir sollten uns lieber einen echten Glauben wünschen, der das ganze Leben eines Menschen verändert.

Drittens sollte man sich die frühe Gemeinde und ihren Kontext genauer anschauen. Das ist sehr wichtig, weil diese Gruppe sehr viele Spannungen aushalten musste. Christen waren eine verachtete und ausgegrenzte Gruppe. Sie besaßen keinerlei Einfluss und genossen keine öffentliche Anerkennung. Sie wurden von den religiösen jüdischen Anführern und von den Römern verfolgt und standen von Anfang an unter großem äußerem Druck. Die erste Generation Christen bestand aus Juden, die sehr schnell von der jüdischen Gemeinschaft ausgeschlossen wurden. Nach dem Märtyrertod des Stephanus begann sogar eine systematische Verfolgung, organisiert von Saulus von Tarsus. Die Christen musste in die Fremde fliehen und hofften dort auf Asyl. Trotz aller Gefahren schreckten sie jedoch nicht vor ihrer Verantwortung zurück, das Evangelium zu verkünden. Ganz im Gegenteil, wir lesen: „Die Zerstreuten nun gingen umher und verkündigten das Wort" (Apg 8,4). Durch ihr Zeugnis und später durch das des Apostels Paulus wurde den Nationen das Evangelium gebracht. Diese aus heidnischen Völkern stammenden Gläubigen wurden dann ebenso verfolgt und führten ein Leben unter den misstrauischen Blicken ihrer eigenen Kultur, die dem Christentum feindlich gesinnt war.

Als Petrus in seinem ersten Brief eine zerstreute Gruppe christlicher Gemeinden ansprach, beschrieb er sie als Flüchtlinge (1Petr 1,1), außerdem als Fremdlinge, Ausländer und Beisassen[13] (1Petr 1,17; 2,11). Offensichtlich ging Petrus davon aus, dass sie Ausgestoßene in einer Welt waren, die Christus nicht anerkannte. Er erklärt weiter, dass sie unter allen möglichen Prüfungen litten (1,6). Interessanterweise ging er davon aus, dass diese Versuchungen die Echtheit ihres Glaubens beweisen und Christus verherrlichen würden (V. 7). Die Petrusbriefe sind ein Hinweis auf die immensen Schwierigkeiten, die die frühen Christen erlebten, und auf ihre anhaltende Ausgrenzung innerhalb der römischen Welt. Tatsächlich nahm die Verfolgung unter den Römern deutlich zu, und die Feindseligkeit, mit der man den frühen Gemeinden begegnete, führte schließlich zu den Gräueltaten im

---

13 A. d. Ü.: Menschen ohne das volle Bürgerrecht des Landes, in dem sie wohnen. Vgl. Fußnote ELB.

römischen Kolosseum und in anderen Gebieten des Imperiums. Hunderte und wahrscheinlich sogar Tausende Christen starben einen grausamen Tod, um die Massen und ihre kaltherzigen Herrscher zu unterhalten.

Unter diesem Druck und der sozialen Ausgrenzung schien ein Wachstum der Gemeinde sehr unwahrscheinlich, ebenso dass die Christen einmal großen gesellschaftlichen Einfluss erringen würden, aber letztlich geschah genau das. Sogar angesichts großer Verfolgung verkündigten diese ersten Christen mutig ihren Glauben, was zu einer riesigen Anzahl von Bekehrungen führte. Das Christentum wurde so zur am schnellsten wachsenden Religion im Imperium. Daraus ergibt sich eine klare Lektion für die heutige Christenheit: Man sollte selbst dann nicht aufgeben, wenn sich alles gegen einen stellt, denn die erste Gemeinde wuchs dort am deutlichsten, wo sie sich in einer Position der Schwäche befand. Ein Leben als gesellschaftliche Randerscheinung ist nicht das Ende. Die Christenheit kann dort nicht nur überleben, sie kann an den Rändern sogar wachsen. Wie Tim Chester und Steve Timmis schreiben: „Von der Randposition aus weisen wir auf Gottes kommende Welt hin und bieten einen alternativen Lebensstil, alternative Werte und Beziehungen an – eine Gemeinschaft, die sich als unglaublich attraktiv erweist."[14]

Natürlich müssen wir umdenken, wenn wir diese Perspektive einnehmen und unsere aktuelle Situation zu unserem Vorteil nutzen wollen. Viele Christen denken immer noch, sie befänden sich in einem christlichen Zeitalter. Sie gehen davon aus, dass ihre Mitmenschen zur Gemeinde kommen, wenn man sie einlädt, und dass Menschen das Evangelium verstehen, wenn man es ihnen erklärt, und sie dann Christen werden möchten. Sie gehen wie selbstverständlich davon aus, dass eine jüdisch-christliche Weltanschauung als wahr und wertvoll anerkannt wird, und sind verunsichert, wenn sie auf Menschen treffen, die eine völlig

---

14 Tim Chester und Steve Timmis, *Everday Church: Gospel Communities on Mission* (Wheaton, IL: Crossway 2012) S. 40.

andere Weltsicht haben. Mehr noch, sie gehen davon aus, dass eine biblische Ethik normativ für die Gesamtgesellschaft sein muss, und setzen sich dafür ein, dass diese Werte allgemein gelten. Sie verlieren sich sogar manchmal so in ihrer Kampagnenarbeit, dass sie ganz vergessen zu evangelisieren. Das Problem dabei ist natürlich, dass wir in einer nachchristlichen Zeit leben, in der ganz andere Regeln gelten.

Der Unterschied zeigt sich darin, dass wir Christen eine Minderheit sind. Wir haben kein Recht, auf Privilegien zu pochen, die anderen Minderheitengruppen auch nicht zustehen, und wir sollten auch nicht erwarten, anders behandelt zu werden. Vielmehr gilt, dass wir wie erwähnt „Beisassen und Fremdlinge" sind (1Petr 2,11). Wir leben in einer Kultur, die nicht länger christlich ist, die sogar dem Christentum gegenüber feindlich gesinnt ist. Deshalb überrascht es nicht, dass es mittlerweile viele Aspekte in unserer Kultur gibt, die wir als unangenehm und herausfordernd empfinden. Wir werden uns in dieser Welt nicht zu Hause fühlen, einfach weil wir hier nicht zu Hause sind. Wir haben nicht die Macht, die Gesellschaft zu beeinflussen, und wir können sie auch nicht davon überzeugen, zu der Art von Gesellschaft zu werden, die wir gerne hätten. Wir können sie nur verändern, indem wir das Evangelium verkünden und indem einzelne Menschen durch seine Macht verändert werden. Unsere Botschaft ist nur eine unter vielen, die in unserer Gesellschaft angeboten werden, und wir müssen ihre Wahrheit durch unser Leben unter Beweis stellen und durch die Glaubwürdigkeit und Verständlichkeit unserer Darstellung.

Das alles sollte uns wirklich nicht entmutigen. Für uns gilt das Gleiche wie für die ersten Gemeinden: Wenn wir davon überzeugt sind, dass Gott bei uns ist und dass Mut und Glauben belohnt werden, dann gibt es allen Grund für Optimismus. Im Fall der ersten Gemeinde entstand ihr Erfolg aus einer Position der Schwäche heraus, und deshalb muss Schwäche nicht unbedingt negativ sein. Es ist ja ein neutestamentliches Prinzip, dass Gottes Kraft in Schwachheit zur Vollendung kommt (vgl. 2Kor 12,9).

Schwäche ist wie eine Geheimwaffe, denn wenn wir schwach sind, stützen wir uns ganz auf Gottes Gnade und verlassen uns völlig auf ihn.

Es kann sein, dass die Christenheit eine Randerscheinung bleiben wird, zumindest hier in Großbritannien. Aber wenn das ihre Reinheit und völlige Abhängigkeit von Gott gewährleistet, dann ist das keine schlechte Sache. Wir müssen jedoch unbedingt verhindern, dass wir zum frommen Ghetto werden. Selbst wenn wir eine verachtete Minderheit sind, sollten wir uns nicht um der Selbsterhaltung willen zurückziehen. Unsere Aufgabe als Christen ist es, in die Welt hinauszugehen und Christus zu verkünden. Dabei sind wir wie Schafe unter Wölfen (Mt 10,16), aber wir gehen in der Kraft des Heiligen Geistes.

❷ ZUM NACHDENKEN

1. Gibt es Vorteile für die Gemeinde, wenn sie eine Randerscheinung ist? Wenn ja, welche sind das?
2. Was müssen wir tun, wenn wir am Rande wachsen wollen?
3. Wie können wir Christen, die sich ins Abseits gestellt fühlen und Angst vor dem Evangelisieren haben, Mut machen?

KAPITEL 6

Freundlich im Ton, klar im Inhalt

Ich habe einen Freund, der sich einmal zu Christus bekannte, aber nun nichts mehr von ihm wissen will. Ich bin mir noch nicht einmal sicher, ob er sein Leben jemals wirklich Christus anvertraut hat. Im Moment folgt er jedenfalls Jesus nicht nach, und man kann kaum noch erkennen, dass ihm der christliche Glaube jemals wichtig war. Er ist von Natur aus ein zynischer Geselle, deshalb ist jedes Gespräch mit ihm interessant, um es diplomatisch auszudrücken. Er fragte mich einmal, was ich im Sommer vorhätte, und ich sagte ihm, dass ich mit einer Gruppe junger Leute nach Frankreich fahren würde, um dort einen evangelistischen Einsatz zu leiten. Er war von meiner Antwort wenig überrascht, denn er wusste, dass ich für GLO arbeite und dass dieses Werk Kurzzeiteinsätze organisiert. Aber sein Zynismus gewann die Oberhand. Man merkte, er wollte gerne einen negativen Kommentar loswerden. In einem arroganten Tonfall setzte er an: „Ich will mal Klartext reden." Da wusste ich schon, was als Nächstes kommen würde. „Als christlicher Evangelist fährst du an einen Ort, an den dich niemand eingeladen hat, um eine Botschaft zu predigen, die niemand hören will, um über einen Glauben zu reden, für den sich niemand interessiert, und du wirst eine Veränderung fordern, die niemand will. Und das alles machst du, weil du glaubst, dass du recht hast – obwohl jeder sonst denkt, dass du falsch liegst."

Wenn er nicht mein Freund wäre, hätte mich das vielleicht verletzt oder verärgert. Denn der Grund für meine Frankreichreise war, dass mir die Menschen dort wichtig sind und ich möchte, dass sie von der Liebe Gottes erfahren. Aber mir war auch klar, dass er in gewisser Weise recht hatte. Normalerweise wollen die Menschen das Evangelium gar nicht hören, niemand möchte Veränderung in seinem Leben – jedenfalls nicht die Art Veränderung, von der die Bibel spricht. Und es stimmt auch, dass die Menschen uns nicht darum gebeten haben, sie zu evangelisieren. Meistens übernehmen wir die Initiative und reden oft mit Menschen über den Glauben, die das lieber nicht tun würden.

Diese Umstände müssen sicher die Art und Weise beeinflussen, wie wir unsere Botschaft verkündigen. Man darf nicht vergessen, dass viele Menschen unserer Gesellschaft das Christentum für irrelevant halten; manche finden es sogar anstößig. Sie sehen keinen Grund, warum man den christlichen Glauben für wahr halten und anderen Religionen vorziehen sollte. Und sie denken, dass man über Moral unterschiedliche Ansichten haben könne und dass sie daher eine persönliche Entscheidung jedes Einzelnen sei, aber keine allgemeingültige Richtlinie für alle Menschen. Ob wir das nun gut finden oder nicht, das Christentum interessiert nur eine Minderheit, und wenn wir darüber sprechen wollen, müssen wir eine ganze Reihe von Hindernissen überwinden. Das sollte uns nicht abhalten zu evangelisieren, aber wir müssen dabei diese Aspekte berücksichtigen.

Überführen, ohne zu kritisieren

Das erste Hindernis, dem wir gegenüberstehen, ist die völlig ambivalente Haltung oder sogar das Unverständnis gegenüber Sünde, das bei den meisten Menschen vorherrscht. Für viele Menschen unseres Kulturkreises wurde Moral relativiert, und deshalb ist es sehr schwer, das Konzept von Sünde zu vermitteln. Die meisten Menschen haben irgendeinen moralischen Verhaltenskodex, aber wenn man nicht religiös ist oder kein philosophisches Interesse an Ethik hat (was manche Menschen natürlich noch haben), wird sich der Moralkodex auf den kleinsten gemeinsamen Nenner reduzieren. Oft versteht man unter Sünde nur noch das, was andere Menschen verletzt, verurteilt (ein Vorwurf, der Christen natürlich oft gemacht wird) oder der Umwelt schadet. In solch einer Welt ist es wichtig aufzuzeigen, dass Sünde tatsächlich existiert und dass manche Dinge wirklich böse sind. Wir müssen auch darauf hinweisen, dass man unter Sünde nicht nur so schreckliche Taten wie Mord oder Kindesmissbrauch versteht, sondern auch solche Dinge wie unreine Gedanken, schlechtes Reden und falsche Motive. Es gibt nur einen einzigen Weg, wie man das tun kann: indem man nämlich aufzeigt, dass Gott unser Schöpfer ist und wir als seine Geschöpfe von ihm für unser moralisches Verhalten zur Verantwortung gezogen werden. Gott hat objektive Standards, die kulturübergreifend sind und für jeden Menschen gelten. Vielleicht gefallen uns Gottes Standards nicht, aber er legt sie fest, nicht wir. Unsere Aufgabe ist es, ihm gehorsam zu sein, und das ist etwas, worin die gesamte Menschheit spektakulär versagt hat.

Wenn man mit seinen nichtchristlichen Freunden über diesen schwierigen Punkt sprechen möchte, setzt das voraus, dass man bereits vorher Gelegenheiten für tiefergehende Gespräche hatte. Wie wir gesehen haben, ist das deshalb ein Problem, weil die meisten Nichtchristen nicht in unsere Gottesdienste kommen und keine Gespräche mit Christen über wichtige geistliche Themen führen. Ich werde später noch darauf eingehen, wie man Kontakt zu Nichtchristen pflegen kann, um die Botschaft zu verkünden, aber zunächst einmal ist es wichtig, dass wir diesen entscheidenden Punkt verstehen. Wir müssen lernen, wie wir Menschen von der Ernsthaftigkeit ihrer Sünde überzeugen können, ohne dabei selbstgerecht, verurteilend oder arrogant zu wirken.

Die Hürde des Pluralismus

Ein weiteres Hindernis für die Verkündigung des Evangeliums ist unsere Überzeugung, dass das Christentum einzigartig ist oder besser gesagt, dass Jesus Christus einzigartig ist. Er selbst ließ keinen Zweifel daran, denn er sagt über sich: „Ich bin der Weg und die Wahrheit und das Leben. Niemand kommt zum Vater als nur durch mich" (Joh 14,6). Schwierig an dieser Behauptung ist, dass sie in einer multi-religiösen und pluralistischen Kultur als arrogant und extrem anstößig empfunden wird. Bei sehr vielen Gesprächen mit Nichtchristen über die christliche Botschaft werde ich gefragt: „Aber was ist mit den Muslimen und Hindus? Kommen die nicht in den Himmel?" Das Problem ist, wenn wir mit „nein" antworten, wirft man uns Engstirnigkeit oder Fanatismus vor, aber wenn wir „möglicherweise" sagen, dann sind wir nicht wahrhaftig, denn die Bibel lehrt etwas anderes.

Das ist ein ziemliches Dilemma, mit dem wir oft konfrontiert werden, wenn wir ernsthaft evangelisieren wollen. Wir müssen lernen, die Wahrheit des Evangeliums zu kommunizieren, ohne andere Religionen oder die Aufrichtigkeit ihrer Glaubensanhänger herabzusetzen. Ich sage nicht, dass wir uns dem Pluralismus beugen sollen, denn das wäre ganz falsch. Es gibt nur einen einzigen Weg zu Gott, und kein echter Christ kann das leugnen. Bei unserer Darstellung des Evangeliums darf kein Zweifel daran aufkommen, dass wir nur bei Jesus Rettung finden und er der einzige Weg zu Gott ist. Aber wir müssen im Hinterkopf behalten, dass dies ein sensibler kultureller Punkt für die Menschen ist, denen wir das Evangelium weitergeben wollen. Wir müssen behutsam vorgehen und uns weise und sensibel zu diesem Thema äußern.

Kopflastiges Christentum

Ein drittes Hindernis kann daher rühren, dass das Christentum in der Geschichte verwurzelt ist. Der christliche Glaube beruht auf gewissen historischen Tatsachen, und der Glaube ist wahr, weil diese Fakten wahr sind. Unsere Gesellschaft ist jedoch überwiegend erfahrungsorientiert, deshalb schalten Menschen bei einer auf Fakten ausgerichteten Darstellung des Evangeliums ziemlich schnell ab. Menschen suchen nicht allein nach einem Glauben, sondern auch nach Erfahrungen. Man möchte nicht nur Dinge über den Glauben erklärt bekommen, man möchte diese Dinge selbst erleben. Vielen in unserer Gesellschaft wird das Christentum nur dann attraktiv erscheinen, wenn man sieht, dass es wirklich alltagstauglich ist.

Ich bin mir bewusst, dass ich in meinen evangelistischen Predigten oft trockene Informationen vermittle, die den Verstand ansprechen, aber sonst nichts. Manchmal bin ich auch schon gefragt worden, ob es schön ist, Christ zu sein oder ob mein Glaube mir hilft, ein besseres oder erfüllteres Leben zu führen. Die Menschen, die mir diese Fragen stellen, stellen gar nicht die Historizität der Fakten in Abrede. Sie möchten nur wissen, ob es einen Unterschied auf der Erfahrungsebene macht.

Noch einmal, ich behaupte nicht, dass die Fakten des christlichen Glaubens unwichtig sind. Denn ich finde das Christentum auch deshalb so erfüllend, weil ich weiß, dass es wahr ist. Aber Christentum muss auch erlebt und gefühlt werden und einen praktischen Unterschied machen! Ich bin mir der Gefahren eines erfahrungsbasierten Glaubens bewusst. Aber mir ist wichtig, und ich vermute, das gilt für alle Christen, dass mein Glaube auch Auswirkungen auf mein Familienleben hat, auf meinen Beruf und meine sozialen Kontakte. Er beeinflusst und formt auch die Rollen, die ich im Leben einnehme, sei es als Ehemann, Vater, Kollege oder Freund. In Psalm 34,9 steht: „Schmecket und sehet, dass der HERR gütig ist!" Der Psalmist hat die Kraft Gottes im Leben erfahren und lädt andere ein, die gleiche Erfahrung zu machen. Wenn wir das Evangelium unserer erfahrungsorientierten Generation verkündigen, müssen wir aufzeigen, dass das Christentum nicht nur objektiv wahr ist, sondern dass es unser Leben auch qualitativ besser macht. Jesus kann einem Menschen in seinem Eheleben helfen, er kann dem Leben einen Sinn und Zweck geben und die außergewöhnliche Erfahrung ermöglichen, dass man Gott wirklich kennen und lieben kann.

Biblischer Analphabetismus

Ein viertes Hindernis ist der biblische Analphabetismus. Weil das Christentum in der westlichen Gesellschaft so an den Rand gedrängt wurde und weil man die Bibel kaum noch respektiert, ist sie für die meisten Menschen ein Buch, das sie selbst noch nie aufgeschlagen haben. Bei den meisten, die noch eine Bibel besitzen, steht sie als Staubfänger im Regal. Viel wahrscheinlicher ist jedoch, dass sie nie eine Bibel besessen haben und kaum etwas von ihrem Inhalt kennen.

Ich finde es bemerkenswert, dass selbst hochgebildete Kandidaten in Quizshows gewaltig ins Schleudern kommen, wenn es um die Bibel geht. Neulich sah ich eine Sendung, in der gefragt wurde, welches Buch in der Bibel dem ersten Buch Mose folgt. Ganz offensichtlich hatte der Kandidat keinen Schimmer, und so nannte er das einzige Bibelbuch, von dem er gehört hatte – das Buch der Offenbarung. Ich konnte mir ein Grinsen kaum verkneifen, denn da ich in einer christlichen Familie aufgewachsen bin, hätte ich diese Frage wahrscheinlich schon mit fünf Jahren beantworten können. Aber dieses mangelnde Wissen über die Bibel ist überhaupt nicht mehr ungewöhnlich. Ich nehme sogar an, dass die meisten Menschen in Großbritannien nicht in der Lage gewesen wären, überhaupt ein weiteres Bibelbuch zu nennen.

Wenn wir in unserer Kultur evangelisieren wollen, ist der Mangel an Bibelwissen ein großes Hindernis. Wir müssen einen Weg finden, wie man sinnvolle Gespräche mit Menschen führen kann, die buchstäblich keine Ahnung von Gott, der Ursünde oder der Person Jesu Christi haben. Dabei dürfen wir nichts voraussetzen und müssen uns angewöhnen, bei jedem Gespräch mit den Grundlagen zu beginnen.

Ein Model für die Evangelisation

Wie erklärt man das Evangelium in solch einem Umfeld? Wo fängt man an? Wahrscheinlich habe ich in dieser Frage am meisten Hilfe von den Evangelisten der Bibel bekommen und von ihnen einige Techniken übernommen. An erster Stelle steht dabei Paulus. Das Buch der Apostelgeschichte verrät vieles über seine Evangelisationsstrategien. Eine der hilfreichsten Stellen war für mich Apostelgeschichte 17,16-34, wo der Aufenthalt des Apostels in Athen beschrieben wird. Diese Passage werde ich kurz zusammenfassen und später noch einmal ausführlicher behandeln.

Natürlich darf man nicht vergessen, dass die griechische Kultur, mit der Paulus in Athen konfrontiert war, ganz anders ist als die in Großbritannien, aber es gibt, wie D. A. Carson zu Recht betont, auch einige sehr interessante Parallelen.[15] Zunächst einmal war die athenische Kultur pluralistisch und weit von einer jüdisch-christlichen Weltsicht entfernt. Darüber hinaus hatte Paulus es in Athen mit einer Gruppe von Leuten zu tun, die keinen blassen Schimmer von der Bibel hatten und denen daher auch der Gott der Bibel völlig fremd war.

Zuerst fällt auf, wie Paulus die Kultur selbst einschätzt. Lukas berichtet, dass dem Apostel auffiel, dass die Stadt „voll von Götzenbildern" war (V.16). Wenn man bedenkt, was für eine Art von Stadt Athen war, ist das eine wirklich bemerkenswerte Beobachtung. Athen erlebte seine Blütezeit unter Perikles (495–429 v. Chr.) und verlor dann als militärische Macht an Einfluss, bis die Römer die Stadt im Jahr 146 v. Chr. unter ihre Gewalt brachten. Die Stadt war weltbekannt für ihre prächtigen Gebäude, Statuen und Denkmäler. Athen war aber ebenso ein Ort der Bildung; man sagt sogar, Athen sei die intellektuelle Hauptstadt der antiken Welt gewesen. In der Antike gab es drei große Universitätsstädte: Athen, Tarsus und Alexandria. Von den dreien war Athen die angesehenste. Hier waren die großen Dramatiker und Philosophen

---

15 D. A. Carson, *The Gagging of God: Christianity confronts pluralism* (Grand Rapids, MI: Zondervan, 1996) S. 496.

zu Hause, in Sachen Kultur und Bildung nahm Athen eine Vor-reiterrolle ein. An diesen berühmten Ort kam nun Paulus. Er ließ sich nicht von der Erhabenheit der Bauwerke blenden und auch nicht von dem hochentwickelten kulturellen Leben oder den aus-gefeilten Philosophien – obwohl dies alles sehr imposant war. Stattdessen war er erschüttert darüber, wie sehr die Menschen in ihren Sünden und im Götzendienst gefangen waren.

Auch wir müssen lernen, die Kultur, in der wir leben, mit kritischen Augen zu sehen und sie vom christlichen Standpunkt aus zu beurteilen. Menschen in westlichen Ländern denken im-mer sofort an Afrika, Lateinamerika oder Fernost, wenn sie an Mission denken. Aber aus geistlicher Sicht hat sich die Welt im Laufe der letzten Jahrhunderte massiv verändert. Afrika wurde von den ersten Pioniermissionaren noch als der „dunkle Kon-tinent" bezeichnet; nun gibt es dort zehnmal mehr evangelikale Christen als in Europa. Äthiopien, das Land, in dem ich groß wurde, war einmal ein sogenanntes Missionsland. Heute leben dort so viele Christen wie in Frankreich, Deutschland, Großbri-tannien, Italien, Spanien, Polen, Portugal, der Schweiz, der Ukra-ine, Russland, Ungarn, Österreich, Belgien, Bulgarien, Serbien, Moldawien, Griechenland, der Türkei, Dänemark, der Tschechi-schen Republik, Slowenien, der Slowakei, Weißrussland und den Niederlanden zusammen. Manchmal lassen wir uns so von der Technik, dem Bildungssystem und der Kultiviertheit des Westens blenden, dass wir vergessen, dass die westlichen Menschen frei-zügig, götzendienerisch und moralisch dekadent sind. Der An-trieb zur Evangelisation kommt, wenn man unsere Kultur durch eine christliche Brille realistisch wahrnimmt und erkennt, wie verzweifelt der geistliche Zustand Europas tatsächlich ist.

Wie immer verkündigte Paulus das Evangelium zunächst in der Synagoge, dann aber auch „auf dem Markt" (V. 17). Der Grund liegt auf der Hand. Nur wenige der heidnischen Athener fanden den Weg in eine Synagoge. Wenn Paulus also nur dort evangelisiert hätte, hätte er nur wenige erreicht. Um die Bot-schaft wirklich vielen Menschen weiterzusagen, musste er in die

Öffentlichkeit gehen, also auf den Marktplatz. Dies war das Zentrum des öffentlichen Lebens, dort kaufte man ein. Das war der Ort, wo man wahrscheinlich die meisten Menschen erreichen konnte. Natürlich wäre es für Paulus bequemer gewesen, seine Verkündigung auf die Synagoge zu beschränken, in vertrauter Umgebung und vor Leuten, die seine Weltanschauung grundsätzlich teilten. Paulus wusste jedoch, dass es beim Evangelisieren nicht darum geht, sich wohlzufühlen, sondern andere zu erreichen. Deshalb ignorierte er seine Befindlichkeiten und predigte den Menschen das Evangelium auf dem Marktplatz.

Nun müssen wir das Vorbild von Paulus auf unsere Situation übertragen und uns fragen, wo wir unseren Marktplatz finden, auf dem man auf natürliche Weise auf Menschen trifft. In Großbritannien besuchen nur 7 % der Bevölkerung regelmäßig einen Gottesdienst. Das heißt also, dass 93 % übrig bleiben, die man nicht mit einem Gottesdienst erreicht. Diese Situation wird sich auch nicht ändern. Tim Chester schreibt, dass 96 % der Kinder in Großbritannien aufwachsen, ohne jemals in einem Gottesdienst gewesen oder mit der christlichen Botschaft in Berührung gekommen zu sein.[16] Wenn wir die Mehrheit der Menschen erreichen wollen, dann dürfen wir nicht nur in unseren Gottesdiensten evangelisieren. Evangelisation ist etwas, was außerhalb des Gemeindegebäudes stattfindet.

Die Botschaft von Paulus

Nachdem Paulus das Interesse seiner Zuhörer geweckt hatte, lud man ihn ein, sein Anliegen auf dem Areopag vorzutragen, der als Gerichtshof diente. Hier befand sich auch die Stadtverwaltung. Schon in der Anrede erkennt man, wie Paulus das Evangelium verkündigte. Er begann mit der Bemerkung, dass die Athener „sehr religiös" seien. Er wollte sich damit nicht beim Publikum

---

16 Tim Chester und Steve Timmis, *Everyday Church: Gospel Communities on Mission* (Wheaton, IL: Crossway 2012) S. 29.

einschmeicheln; herablassend-gönnerhafte Aussagen, mit denen man seine Zuhörerschaft gewinnen wollte, waren auf dem Areopag sogar verboten. Paulus wollte vielmehr eine Gedankenbrücke zwischen der Position der Bibel und der der Athener bauen und eine Gemeinsamkeit hervorheben. Kurzum, er war höflich und ging sensibel mit seinem Publikum um, damit er überhaupt Gehör fand, um das Evangelium verkünden zu können.

Diese Vorgehensweise ist heute genauso nötig. Bei all der Verwirrung und den Zweifeln, die durch unsere Kultur gesät werden, ist es einfach nicht vertretbar, das Evangelium nur aus der Distanz zu verkündigen. Menschen nur eine Predigt zu halten wird nicht helfen. Vielleicht vergrößern wir so sogar den Graben und verstärken die Empfindung bei den anderen, dass wir Christen etwas seltsam sind. Vielmehr müssen wir eine gemeinsame Basis schaffen, auf der man dann aufbauen und das Evangelium verkünden kann.

Vor einigen Jahren sprach ich in der Kopenhagener Fußgängerzone mit einem Mann. Wir hatten dort einen Straßeneinsatz. Von Anfang des Gesprächs an war mir klar, dass dieser junge Mann Gott gegenüber sehr skeptisch eingestellt war. Er hatte viele Zweifel und lehnte absolute Aussagen generell ab. Anstatt diese Skepsis zu verurteilen, ging ich auf seine Sicht ein. Ich sagte ihm, mir sei aufgefallen, dass er ein Problem mit der christlichen Botschaft habe und ihre intellektuelle Glaubwürdigkeit hinterfrage. Dann sagte ich ihm, dass ich selbst viele Zweifel gegenüber dem Christentum gehabt hatte, bevor ich Christ wurde. Und dass ich selbst als Christ immer wieder Zeiten hatte, an denen ich die Zuverlässigkeit und Historizität der Bibel anzweifelte. Das überraschte ihn, weckte aber auch sein Interesse. Dann sprachen wir über einige Themen, die am meisten Skepsis hervorrufen, z. B. die Historizität der Auferstehung. Ich merkte, dass eine Verbindung zwischen uns entstand. Dann erklärte ich ihm, dass ich mittlerweile ganz überzeugt von meinem christlichen Glauben sei, weil ich viele gute Antworten auf meine zweifelnden Fragen gefunden habe. Durch diese einfache Vorgehensweise konnte ich im weiteren Gesprächsverlauf nicht nur erklären, was ich eigentlich glaube, sondern auch, warum ich das glaube. Kurzum, ich konnte ihm das Evangelium weitersagen und ihm auch erklären, warum das Evangelium intellektuell glaubwürdig und vertretbar ist.

Nachdem Paulus eine Verbindung zu seinen Zuhörern hergestellt hat, erwähnt er als Nächstes den Altar für den „unbekannten Gott" (V. 23). Diese Art von Altar war in Athen nicht Ungewöhnliches, deshalb wusste das Publikum genau, wovon Paulus sprach. Er benutzt die Inschrift als Mittel, um ihnen den wahren Gott vorzustellen, der ihnen noch unbekannt ist. Dies war eine wirkungsvolle Gegenstandslektion und beweist, warum Paulus als Evangelist so erfolgreich war. Er sprach die Sprache seiner Zuhörer. Er beschrieb Gott so, dass seine Zuhörer seine Worte verstehen konnten.

Auch das ist ein Punkt, den wir Christen unserer Zeit dringend lernen müssen. Es dauert gar nicht lange, bis jemand, der in unsere Gemeinde kommt, unseren besonderen Jargon übernommen hat. Doch so viele unserer Worte und Ausdrücke sind für Außenstehende völlig unverständlich. Wir haben uns so daran gewöhnt, dass uns das gar nicht mehr auffällt. Es ist daher entscheidend, dass wir Beispiele und eine Sprache verwenden, die auch von unseren Mitmenschen verstanden werden, damit sie auch wirklich begreifen, was wir ihnen verkündigen wollen.

Es gibt eine interessante Übung, die ich meine Studenten immer wieder machen lasse. Ich bitte sie, ihr Zeugnis und einen kurzen Vortrag über das Evangelium schriftlich vorzubereiten. Aber sie dürfen bestimmte Worte nicht verwenden, die ich vorher an die Tafel geschrieben habe. Zu den „verbotenen Ausdrücken" gehören die Begriff *Sünde, errettet, wiedergeboren, persönlicher Glaube* und *reingewaschen*. Diese Worte sind durchaus gut und vermitteln einem bibelkundigem Christen viele gute theologische Inhalte. Aber für einen Gemeindefremden sind sie oft ziemlich verwirrend. Sogar Jesus musste zunächst den Ausdruck „Wiedergeburt" definieren, als er ihn in einem Gespräch mit Nikodemus verwandte. Und Nikodemus war ein führender Theologe! Für jemanden, der nicht an einen Absolutheitsanspruch glaubt oder der eine völlig andere Weltanschauung vertritt, wird das ganze Konzept von Sünde erklärungsbedürftig sein.

Danach erläuterte Paulus, wer der unbekannte Gott in Wirklichkeit ist. Er ging auf das Thema Schöpfung ein (V. 24), begründete, dass wir uns als Menschen vor Gott verantworten müssen, und erklärte, dass Gott sich eine Beziehung zu uns wünscht (V. 27). Der entscheidende Punkt kommt dann in Vers 30. Nachdem Paulus eine Brücke zu seinen Zuhörern geschlagen und verständlich kommuniziert hatte, sodass sie ihn verstehen konnten, musste er nun die falsche Sicht der Athener hinterfragen. Sie beteten Götzen an – und das musste angesprochen werden. Obwohl Paulus sich hier in einer durch und durch pluralistischen Kultur bewegte, passte er sich an diesem Punkt nicht an.

Ich glaube, dass Christen heute eine gehörige Portion Mut brauchen, um die Wahrheit der Guten Nachricht in einer multikulturellen, pluralistischen und relativistischen Gesellschaft zu verkündigen. Natürlich müssen wir das mit Liebe, Verständnis und Barmherzigkeit tun. Aber wenn wir mit unseren nichtchristlichen Freunden sprechen, müssen wir immer klar an der Einzigartigkeit Christi festhalten und daran, dass er der einzige Retter der Welt ist. Nur durch Christus können wir in den Himmel kommen. Er ist der einzige Weg zu Gott, und die Menschen, denen wir dies bezeugen wollen, müssen das wissen. Wir müssen dabei die Nerven behalten und freundlich und beharrlich daran festhalten, dass man allein durch Christi Werk am Kreuz gerettet werden kann. Paulus wusste, wann er diplomatisch auftreten und wann er auf seinen Standpunkt beharren und für die Wahrheit eintreten musste. Und das ist eine Fähigkeit, die wir für die Evangelisation unbedingt entwickeln müssen.

Es ist auch interessant, an welchem Punkt Paulus die Person Jesu in seiner Botschaft vorstellt. Man kann davon ausgehen, dass Lukas nur eine verkürzte Version der Predigt niedergeschrieben hat. Paulus spricht über Gott als den Schöpfer und entwickelt für seine Zuhörer ein ganzes biblisches Weltbild, bevor er überhaupt auf Jesus Christus und seinen Kreuzestod zu sprechen kommt. Das wirkt zunächst vielleicht sonderbar, denn das Evangelium dreht sich ja um Jesus und seinen Tod am Kreuz. Aber es gibt gute Gründe dafür, dass Paulus so vorgeht. Nehmen wir einmal an, er hätte seine Predigt mit den Worten begonnen: „Jesus Christus ist der Sohn Gottes." Das ist eine sehr gute und wahre theologische Aussage, an der wir Christen festhalten. Das Problem besteht darin, dass sein Publikum nicht verstanden hätte, was er damit meinte. Jemand aus der Menschenmenge hätte also dazwischenrufen und fragen können: „Okay, aber von welchem Gott ist er denn der Sohn?" Die Athener wussten schließlich nicht, wer Gott eigentlich ist. Also hätte alles, was Paulus über Jesus gesagt hätte, aus ihrer Perspektive wenig Sinn ergeben. Jesus und sein Kreuzestod sind ohne ein Wissen über Gott, über den Menschen und seine Beziehung zu Gott, den Sündenfall und die Menschwerdung bedeutungslos. Die Athener wussten nichts davon, und deshalb musste Paulus einige Vorarbeit leisten, bevor er den Höhepunkt seiner Botschaft präsentieren konnte, dass nämlich Gott in Jesus Christus die Antwort auf alle diese Fragen war.

In ähnlicher Weise dürfen auch wir nicht viel Wissen voraussetzen. Wenn wir mit Menschen sprechen, die nie zu einem Gottesdienst gehen oder gar kein Sündenbewusstsein haben, werden auch noch so fundierte theologische Aussagen nicht viel bewirken, weil die Grundlagen fehlen. Wenn man mit Menschen redet, die sich als Atheisten oder Agnostiker bezeichnen, bringt es nichts, über die Einzigartigkeit Christi zu sprechen, weil sie einerseits die Bedeutung der Fleischwerdung nicht nachvollziehen können und andererseits auch nicht akzeptieren werden, dass überhaupt Dinge außerhalb der natürlichen Welt existieren. Wenn man mit Menschen aus anderen Religionen spricht, z. B. mit Muslimen oder Hindus, macht das Kreuzeswerk für sie keinen Sinn. Menschen aus diesen Religionsgruppen verstehen nicht, warum dieses Ereignis eine Antwort auf den Zorn Gottes darstellt. Viele der evangelistischen Bibelkurse, mit denen ich in den letzten Jahren gearbeitet habe, gehen einfach davon aus, dass die Teilnehmer eine jüdisch-christliche Weltanschauung haben, schon wissen, wer Jesus ist und dass die Menschen ein Sündenproblem haben. Aber dieses Vorwissen trifft man immer weniger an. Viele gemeindefremde Menschen haben nicht die geringste Ahnung, was die Bibel über Gott und die Welt lehrt. Deshalb reichen Johannes 3,16 und andere evangelistische Bibelverse allein wahrscheinlich nicht mehr aus. Eine bessere Methode könnte sein, dass man im 1. Buch Mose anfängt und eine Grundlage schafft, auf der Verse wie Johannes 3,16 erst wirklich Sinn ergeben.

D. A. Carson berichtet von einem Freund und Missionar, der nach Indien ausreiste.[17] Nach dem Sprachstudium besuchte er zehn Jahre lange zahlreiche Dörfer und verkündigte das Evangelium. Viele Menschen legten ein Bekenntnis zu Jesus ab, aber sie fügten Jesus nur zu der langen Liste von Gottheiten hinzu, die sie bereits anbeteten. Es entstanden keine Gemeinden und nur wenige gaben sich wirklich Gott hin. Der Missionar hatte es nicht geschafft, den tiefverwurzelten Pluralismus der indischen Kultur zu durchbrechen. Nach einem Heimataufenthalt, in dem er viel über die Situation nachgedacht hatte, kehrte er nach Indien zurück und konzentrierte sich nun nur auf zwei Dörfer. Diesmal fing er ganz von vorne an und begann mit den Lehren über Gott, den Menschen und den Sündenfall. Das Ergebnis war völlig anders. Es gab zwar weniger Menschen, die sich öffentlich zu Jesus bekannten, aber es wurden zwei Gemeinden gegründet. Der Unterschied bestand darin, dass er bei seinem zweiten Einsatz kein Vorwissen voraussetzte und eine Grundlage für den Glauben schuf. Und genau das, so scheint mir, müssen wir in unseren pluralistischen Gesellschaften in Europa ebenso tun.

---

17 D. A. Carson, *The Gagging of God: Christianity confronts pluralism* (Grand Rapids, MI: Zondervan, 1996) S. 502.

❷ ZUM NACHDENKEN

1. Wie kann man die Gradwanderung am besten meistern, dass man einerseits kulturbewusst kommuniziert und andererseits den Aussagen der Schrift treu bleibt?

2. Das Christentum sollte sich sowohl an die Herzen der Menschen richten als auch an den Verstand. Wie können wir sichergehen, dass in unserer Evangeliums-Verkündigung beide Aspekte berücksichtig werden?

3. Wie können wir Menschen davon überzeugen, wie schlimm ihr sündiger Zustand ist und dass sie für ihre Sünden eines Tages von Gott gerichtet werden, ohne sie abzustoßen oder zu kränken?

4. Paulus ging auf den Marktplatz, um das Evangelium zu verkünden. Was könnte in deiner Umgebung ein Marktplatz sein, und wie könntest du dort mit einer Verkündigung beginnen?

KAPITEL 7

Wie man glaubwürdiger wird

Vor einiger Zeit unterhielt ich mich auf den Straßen von Mother-well (Schottland) mit Ryan. Ich begleitete eine Studentengruppe des *Tilsley Colleges,* die meinen Kurs zum Thema Evangelisation belegt hatten. Zum Kurs gehörte, dass wir in der Fußgängerzone des Ortes evangelisierten. Das Gespräch lief gut. Ryan erklärte mir gerne, was er glaubte, und hörte mir gespannt zu, als ich meine Sicht der Dinge erläuterte. Er wohnte in dieser Stadt, und als er mir erzählte, in welcher Firma er arbeitete, freute ich mich, weil ich einen Christen kannte, der in der gleichen Firma arbeitete. Ich erwähnte diese Person gegenüber Ryan und hoffte, über diesen Kontakt eine weitere Brücke schlagen zu können, aber leider ging der Schuss nach hinten los. Ryan kannte den Mann, er wusste, dass er Christ war, und tatsächlich hatte dieser Mann Ryan bereits mehrmals gesagt, dass er Gott brauche. Aber leider musste ich auch von Ryan erfahren, dass der Mann in der ganzen Firma als unfreundlich, egoistisch und schlecht gelaunt bekannt war und dass niemand seinen Glauben respektierte.

Nachdem wir uns mit einigen Herausforderungen beim Thema Evangelisation beschäftigt haben, müssen wir nun darüber nach-denken, was für Menschen wir sein müssen, um wirkungsvoll zu evangelisieren. Mein Gespräch mit Ryan illustriert dies sehr gut. Wenn Evangelisation darin besteht, dass man Beziehungen aufbaut und sich Zeit für Menschen nimmt, um ihnen die Gute

Botschaft zu erklären, dann wird unser Leben im Blickfeld derer sein, die wir erreichen wollen. Die Menschen werden sich nicht so leicht von der Botschaft allein beeindrucken lassen. Sie möchten auch sehen, wie sich diese Botschaft im Leben von Christen auswirkt. In unserer erfahrungsorientierten Kultur reicht es nicht aus, wenn man die Fakten des Evangeliums vermittelt: Man will sehen, dass das Leben als Christ wirklich funktioniert und ob es wirklich einen Unterschied macht. Das kann nur gelingen, wenn wir Christen ein geheiligtes, aufrichtiges und rechtschaffenes Leben vor unseren gemeindefremden Freunden führen.

Keine Heuchelei

Das Erste, was wir beachten müssen, ist, dass wir ein Leben führen, das mit dem Glauben übereinstimmt, den wir verkündigen. Die Menschen sind doch nicht dumm! Im Englischen sagen wir: „If we don't walk the walk, we can't talk the talk."[18] Reden, das nicht von einem christlichen Lebensstil gedeckt ist, ist wenig überzeugend, oberflächlich und unsympathisch. Meine Erfahrung von „Freundschaftsevangelisation" ist, dass mein Gegenüber mich im Laufe der Zeit sehr genau kennenlernt. Eine fromme Maske aufzuziehen funktioniert nicht. Mein Leben muss durch und durch konsequent sein. Ein weiser Mensch sagte mir einmal: „Die frommen Worte eines Menschen haben keine Bedeutung, wenn sie nicht mit seinem Verhalten übereinstimmen."

Ich war schon öfters in Südkorea und besuchte dann auch die Grenze zu Nordkorea. Auf beiden Seiten der Grenze gibt es Wachtposten, die unwillkommene Besucher fernhalten sollen. Auf der Südseite stehen nur ein paar einfache Barracken. Auf der kommunistischen Seite ist ein sehr großes und wunderschönes Gebäude, das man schon von Weitem sehen kann. In Wirklichkeit ist dieses Gebäude jedoch nicht mehr als eine Fassade. Wenn

---

18 A. d. Ü.: Frei übersetzt: „Wenn wir nicht den Weg gehen, den man gehen muss, können wir das nicht sagen, was gesagt werden muss."

man es von der Seite sieht, erkennt man, dass es nur ein paar Meter breit ist. Christen können auch so eine Fassade errichten. Ihr Christenleben ist nicht viel mehr als eine äußere Hülle. Diese Art von Lebensstil beeindruckt niemanden und wird großen Schaden anrichten. In Römer 2,21-24 kritisiert Paulus die Juden für ihre Heuchelei und behauptet, dass deswegen die Nationen Gott lästerten. Welche Ironie, dass die Menschen, die behaupteten, Nachfolger Gottes zu sein, seinen Namen verunehrten, und nicht die, die gar nicht an Gott glaubten. Wenn Christen inkonsequent sind, sind sie vielleicht Schuld daran, dass ihre nichtchristlichen Freunde zynisch gegenüber Glaubensdingen werden. Andererseits wird ein Leben, das Christus ähnlich ist (Gal 5,22-23), Respekt gewinnen.

Eine lebendige Beziehung zu Christus

Zweitens müssen wir darauf achten, dass wir in einer lebendigen und echten Beziehung mit Jesus Christus leben. Wir kennen das Sprichwort: „Guter Umgang verbessert schlechte Sitten." Das ist ein allgemeines Prinzip, das ich anhand eines Beispiels illustrieren kann. Ich komme zwar aus Belfast in Irland, lebe aber schon seit 23 Jahren in der Nähe von Glasgow in Schottland. Im Laufe der Zeit hat sich mein Akzent leicht verändert, ohne dass ich es groß gemerkt habe. Ich benutze nun Ausdrücke, die für Glasgow typisch sind, und verfalle manchmal sogar in einen schottischen Singsang. Wenn ich Urlaub in Belfast mache, spreche ich nach wenigen Tagen wieder in breitestem Belfaster Dialekt. Das liegt an dem Umgang, den ich pflege.

Das gleiche Prinzip lässt sich auf das geistliche Leben übertragen, und darum ist gute geistliche Gemeinschaft auch so wichtig für uns. Wenn wir uns für unsere Beziehung zu Christus wirklich Zeit nehmen, wird das Auswirkungen auf unser Leben haben. Unser Umfeld wird eine Veränderung in unserer Einstellung spüren, wird dies in der Art und Weise, wie wir reden, bemerken. Wenn wir Christus ähnlich sind, wird das beim

Evangelisieren ein großer Gewinn sein. Menschen, denen wir ein Zeugnis sein wollen, können mit eigenen Augen sehen, welche Veränderungen ein Leben in der Christusnachfolge bewirkt. Ich kenne zwei Ehepartner, die vor ein paar Jahren Christen geworden sind. Zuerst hat er sich bekehrt, was für seine Frau ein riesiger Schock war, denn bis zu jenem Zeitpunkt hatte keiner von beiden sich für Glaubensdinge interessiert. Eigentlich hatten beide sogar unbewusst eine recht negative Sicht vom Christentum. Sie wurde nicht nur völlig von seinem Sinneswandel überrascht, sie war auch wütend und voller Verachtung, denn in ihren Augen war seine Bekehrung ein Verrat an ihr. Trotz dieser Probleme lebte er seinen Glauben auch zu Hause konsequent aus, und im Laufe der Zeit fiel ihr auf, dass er zu einem liebevolleren Ehemann, aufmerksameren Vater und freundlicheren Menschen wurde. Sie erkannte, dass sein Glaube keine plötzliche Laune oder religiöse Pflichtübung war, sondern etwas, was ihn veränderte und zu einem besseren Menschen machte. Es dauerte nicht lange, und seine Christusähnlichkeit beeindruckte sie so sehr, dass sie ebenfalls Christ wurde.

Es gibt weitere Gründe, warum eine lebendige Beziehung zu Christus so ungeheuer wichtig ist. Erstens kann man wohl kaum andere davon überzeugen, eine Beziehung mit Jesus Christus anzufangen, wenn das nicht unsere eigene tägliche Erfahrung ist. Alles andere wäre Heuchelei. Gerade die Echtheit unserer Beziehung zu Gott ist so überzeugend. Auch dann, wenn man nicht auf alle Fragen die Antwort kennt, wird ein lebendiges Zeugnis unsere Worte untermauern. Natürlich sollten wir nicht vor den intellektuellen Herausforderungen fliehen, mit denen das Christentum konfrontiert wird. Aber was wir in dieser Woche mit Christus erlebt haben, ist genauso überzeugend wie jedes kluge Argument.

Mehr noch, ein von Christus verändertes Leben ist sehr attraktiv für andere. Ich kann mich noch gut daran erinnern, warum ich Christ geworden bin. Mir war klar, dass ich ein Sünder war, und ich hatte schon viele überzeugende Vorträge mit der christlichen Botschaft gehört; aber dieses Wissen war bei Weitem nicht der ausschlaggebende Grund, warum ich mich entschied, Christ zu werden. Der Hauptgrund war die anziehende Christusähnlichkeit, die ich im Leben von Christen wahrnahm. Ich hatte das große Vorrecht, eine Gruppe junger Christen kennenzulernen, bei denen man eine geistliche Tiefe spürte und mit denen man auch viel Spaß haben konnte. Die Echtheit ihres Glaubens konnte man überall beobachten, und ich kam an den Punkt, dass ich auch das haben wollte, was sie hatte. Da bekehrte ich mich zu Christus, und das ermöglichte es mir, die gleiche Freude zu erleben, die auch meine Vorbilder hatten. Ihre Christusähnlichkeit wirkte auf mich wie ein Magnet, der mich immer näher zu Christus zog.

Es ist einfach eine Tatsache: So wie ein schlechter Christ andere vom Christentum abhalten kann, kann ein guter der Grund dafür sein, dass andere Christen werden möchten. Das kann aber nur geschehen, wenn wir wirklich eng mit Christus leben und zulassen, dass seine Eigenschaften auf uns abfärben.

Integrität

Ein wichtiger Teil der Christusähnlichkeit ist, dass wir über persönliche Integrität verfügen. Das ist so ein wichtiger Aspekt, dass ich dafür einen ganzen Abschnitt verwenden möchte. Ich habe einen Freund, der Pastor ist. Als ich Bob kennenlernte und in Aktion sah, fragte ich mich, was ihn dazu qualifizierte, einen solch hohen Bekanntheitsgrad und eine solch verantwortungsvolle Aufgabe in der Gemeinde zu haben. Er ist nicht der beste Prediger; die wenigen Male, wo ich einer Predigt von ihm lauschte, fand ich ihn sogar ein bisschen langweilig. Auch besitzt er nicht viele offensichtliche Führungsqualitäten. Er ist auf jeden Fall liebevoll und fürsorglich, und das ist wirklich wichtig für einen Mann in seiner Position, aber er verfügt nicht über das strahlende Charisma oder die Führungsstärke, die man sich für einen dynamischen Leiter wünschen würde.

Eines Tages wurde mir in einem Gespräch mit einem von Bobs Freunden klar, warum er trotzdem eine so hochangesehene Stellung in der Gemeinde hat. Sein Freund erzählte mir, dass Bob absolut vertrauenswürdig ist. Er verfügt über solch eine Integrität, dass ihm Christen wie Nichtchristen gleichermaßen ihr Leben anvertrauen würden. Wenn Bob den Mund aufmacht, hören die Menschen ihm gut zu. Nicht weil er so ein toller oder überzeugender Redner ist, sondern weil man sich völlig darauf verlassen kann, dass er die Wahrheit sagt, und zwar die ganze Wahrheit und nichts als die Wahrheit.

Wenn unsere nichtchristlichen Freunde sehen, wie wir leben, und hören, was wir reden, werden sie sich eine Meinung von uns bilden. Wenn wir den Eindruck erwecken, dass das, was wir sagen, fragwürdig ist, oder wenn sich unser Verhalten nicht mit dem deckt, was wir bekennen zu glauben, dann wird es ihnen viel schwerer fallen, das Evangelium anzunehmen. Wenn sie aber wissen, dass wir völlig vertrauenswürdig und zuverlässig sind, dann werden sie uns aufgrund der positiven Meinung, die sie von uns haben, auch gut zuhören.

Frieden in Krisenzeiten

Eine letzte Qualität, die wir besitzen sollten, um effektive Zeugen zu sein, ist die Fähigkeit, auch in Krisenzeiten inneren Frieden zu haben. Wir leben in einer sich rasant verändernden Welt voller Unsicherheiten. Vielen Menschen fällt es schwer, mit den Auswirkungen der Veränderungen umzugehen. Für viele Menschen ist es deshalb normal, genervt und gestresst und voller innerer Unruhe zu sein. Zum normalen Alltagsstress der Moderne kommen die persönlichen Schicksalsschläge hinzu. Jemand wird arbeitslos oder ein Teenie flippt völlig aus und bereitet seinen Eltern schlaflose Nächte. Ein plötzlicher Tod erschüttert eine Familie oder eine Krankheit führt bis an die Belastungsgrenze. Diese Lebenskrisen sind allgegenwärtig und treffen früher oder später fast jeden von uns.

Auch Christen erleben schwere und schmerzhafte Zeiten. Aber der Unterschied ist, dass wir in einer Beziehung mit Gott leben, der nicht nur unser Leben in der Hand hält, sondern auch das ganze Universum beherrscht – ein Gott, der liebevoll und gnädig ist und uns durch alle Schwierigkeiten hindurchhelfen möchte, denen wir uns im Leben stellen müssen. David schrieb Psalm 3, als er in einer scheinbar aussichtslosen Lage war, weil sein Sohn Absalom eine Rebellion gegen ihn angezettelt hatte. Obwohl keine Lösung in Sicht war, konnte David nachts immer noch ruhig schlafen, ohne Angst vor dem Schrecken, der ihn am nächsten Tag mit Sicherheit erwarten würde. Das konnte er deshalb, weil sein Glaube real und lebendig war. Er trug ihn durch viele Lebenskrisen hindurch.

Diese Art von Gottvertrauen beweist die Echtheit des christlichen Glaubens. Wenn Freunde uns beobachten, nicht nur in den guten, sondern auch in den schlechten Zeiten, können sie eine verborgene innere Stärke sehen, die man durch eine Beziehung zu Gott gewinnt. Christen, die Leid erleben oder eine Tragödie bewältigen müssen, aber trotzdem eine tiefe innere Freude in Gott erleben und sich eine positive Einstellung bewahren können, hinterlassen einen tiefen Eindruck bei denen, die das mitbekommen. Diese innere Ruhe wirft unweigerlich die Warum-Frage auf: Warum sind diese Christen immer noch so positiv, obwohl sie schreckliche Dinge erleben und vieles erleiden müssen? Einer meiner Freunde ist ein gutes Beispiel dafür. Er ist noch nicht lange verheiratet und gerade Vater eines reizenden kleinen Mädchens geworden. Dann erfuhr er, dass er einen bösartigen Gehirntumor hat. Alle waren schockiert und sehr traurig. Aber er erzählte allen seinen Freunden angesichts dieser schlimmen Nachricht, dass er glaube, dass Gott auch in dieser Situation vollkommen souverän sei und dass er selbst zufrieden sei mit allem, was Gott mit ihm vorhabe. Viele der Freunde dieses jungen Mannes sind Nichtchristen. Sein spürbarer Friede, den er ausstrahlte, war ein großes Zeugnis für Gottes Macht, seinen Kindern in Krisenzeiten Kraft zu verleihen. Dieses Zeugnis war echt und zeigte, dass der Glaube des jungen Mannes Wirklichkeit war.

❷ ZUM NACHDENKEN

1. Welche Eigenschaften müsste ein hingegebener Christ deiner Meinung nach vorweisen? Welche dieser Eigenschaften findest du schwierig in deinem eigenen Leben auszuleben?
2. Welche der im Kapitel angesprochenen Herausforderungen findest du in deinem Leben am schwierigsten zu bewältigen und warum?
3. Welche praktischen Schritte kannst du gehen, um zu jemandem zu werden, der glaubwürdig Zeugnis gibt?

KAPITEL 8

An der Basis beginnen

Wenn wir uns unser persönliches Umfeld anschauen, müssen wir uns zuerst fragen: Wie kann ich diese Menschen mit dem Evangelium erreichen? Es reicht nicht aus, wenn wir selbst vom Evangelium begeistert sind; wir müssen uns auch überlegen, wie wir den Menschen, die Christus bis jetzt noch nicht kennen, die Botschaft vermitteln können. Das ist gar nicht so einfach, und der Niedergang vieler Glaubensgemeinschaften zeugt von den Herausforderungen zeitgemäßer Evangelisation.

Sobald man sich jedoch auf die Suche nach Antworten begibt, gelangt man irgendwann zu zwei elementaren Evangelisationsmethoden. Die erste ist gemeindebasierte Evangelisation. Eine Gemeinde versucht als Institution, Menschen zu erreichen, indem man sie zu bestimmten Veranstaltungen in die eigenen Räumlichkeiten einlädt. Einfach gesagt versucht man bei der gemeindebasierten Evangelisation, Menschen mit Veranstaltungen zu erreichen, in denen das Evangelium verkündigt wird, wobei die Gemeinde selbst eine hohe Präsenz zeigt. Ich erwähnte jedoch schon, dass viele Menschen, auch wenn sie eingeladen werden, niemals einen Fuß über die Schwelle einer Kirchen- oder Gemeindetür setzen würden, deshalb sollten wir niemals allein mit dieser Methode evangelisieren. Trotzdem haben diese Veranstaltungen auf jeden Fall ihre Berechtigung, und man kann genau auf diese Art und Weise beginnen. Wir müssen Gemeindeevangelisation ernst nehmen, und wenn wir so etwas machen, müssen wir es gut machen, damit es ein wirksamer Bestandteil unseres Zeugnisses ist.

Es gibt viele gemeindliche Aktivitäten, die man zu dieser Kategorie zählen kann, z. B. Gästegottesdienste, die Jugendgruppe oder verschiedenste Kindergruppen, ein Jugendgottesdienst, Bibelschnupperkurse, Evangelisationsabende oder ein Tag der offenen Tür. Jede dieser Gemeindeveranstaltungen kann sehr nützlich sein, aber nur, wenn man sie gründlich vorbereitet und durchdacht hat. Man könnte jeder dieser Veranstaltungen ein ganzes Kapitel widmen, aber das würde den Rahmen dieses Buches sprengen. Stattdessen möchte ich diese Möglichkeiten jeweils nur kurz anreißen und darauf eingehen, welche Fragen und Probleme auftauchen könnten. Dann werde ich einige Vorschläge machen, wie man die jeweilige Veranstaltung am besten nutzen kann. Auch hier bin ich kein Experte für alle diese Bereiche; meine Ratschläge basieren auf Erfahrungen und Beobachtungen, wie andere diese Evangelisationsmethoden erfolgreich eingesetzt haben.

Gottesdienste

Das grundlegendste Beispiel einer Gemeindeveranstaltung ist ein Gottesdienst für alle Altersgruppen, manchmal auch Gäste- oder Familiengottesdienst genannt. Die meisten Gemeinden nutzen solche Gottesdienste als Stützpfeiler ihrer Evangelisations-Strategie. Obwohl vieles dafür spricht, sind solche Gottesdienste allein durch die Voraussetzung eingeschränkt, dass sich Leute erst einmal einladen lassen und kommen müssen. Die Durchführung eines Gottesdienstes allein wird nicht ausreichen, man muss Initiative zeigen und Leute einladen. Wenn jemand zum Glauben kommt und Christ wird, sollte er auch die regulären Gottesdienste besuchen, so kann eine solche Veranstaltung ein wichtiger Einstieg ins Gemeindeleben werden. Wobei dies für Menschen aus anderen kulturellen Hintergründen vielleicht eine zu große Hemmschwelle ist. Für sie wäre ein Hauskreis als erste Anlaufstelle ideal, bevor man sie zu einem Gottesdienst einlädt.

Ein guter, altersübergreifender Gottesdienst sollte in einer entspannten und freundlichen Atmosphäre stattfinden. Besucher müssen spüren, dass sie willkommen sind. Dabei sollten wir jedoch im Hinterkopf behalten, dass eine Gemeinde noch so freundlich sein kann und ihre Glieder noch so eifrig Freunde einladen können, aber nur eine relativ geringe Zahl von gemeindefremden Menschen wird je zu einem Gästegottesdienst kommen. Deshalb sollte man Gästegottesdienste immer in Kombination mit anderen Veranstaltungen nutzen und auf unterschiedlichen Wegen versuchen, Außenstehende anzusprechen.

Wenn man einen Gästegottesdienst planen möchte, sollte man sich vorab einige Fragen stellen. Zunächst einmal muss man klären, wie oft man einen Gäste- oder Familiengottesdienst durchführen möchte. Diese Frage ist wichtiger, als man denkt, und die Antwort ist nicht so offensichtlich. Weil man den normalen Sonntagsgottesdienst gewohnt ist, denken manche, dass man auch jeden Sonntag einen Gästegottesdienst anbieten soll. Natürlich kann man das machen, und wenn eine Gemeinde tatsächlich jede Woche eine größere Anzahl an nichtchristlichen Gästen hat, ist das ein guter Grund. Aber es gibt auch andere Faktoren, die man berücksichtigen sollte. Wenn in einer Gemeinde z. B. kaum Fremde zum Gästegottesdienst kommen, dann ist es wohl sinnvoller, nur ab und zu eine solche Veranstaltungen anzubieten, dafür aber mehr Kraft und Mühe zu investieren, Menschen einzuladen. Außerdem sollte man den Gottesdienst so strukturieren und gestalten, dass er für Außenstehende verständlich und nachvollziehbar ist.

Ich kenne eine Gemeinde, die jeden ersten Sonntag im Monat einen Gästegottesdienst anbietet, und dieses Muster passt sehr gut zu ihnen. Sie formulieren jedes Mal ein interessantes Thema, das mit Ereignissen verknüpft ist, die die Menschen gerade beschäftigen. Ich kenne eine andere Gemeinde, die ebenfalls einen monatlichen Gästegottesdienst anbietet, aber herausgefunden hat, dass der Sonntagabend ein besserer Termin ist und mehr Besucher kommen. In meiner eigenen Gemeinde, der *Liberty Community Church,* gibt es jeden Sonntagmorgen eine Predigtstunde, in der ein Bibeltext ausgelegt wird, während wir nur ein paar Mal im Jahr zu speziellen Gästegottesdiensten einladen, besonders an Feiertagen wie Weihnachten oder Ostern. Wir haben festgestellt, dass sich Besucher am besten zu solchen Feiertagen einladen lassen. Wenn nicht wöchentlich ein Gästegottesdienst stattfindet, kann sich eine Gemeinde auch stärker um das Einladen der Gäste konzentrieren. Man kann auch Gästegottesdienste mit anderen Gemeindeaktivitäten verknüpfen. Eine Gemeinde, in der ich regelmäßig zu Besuch bin, hat eine eigene Fußballmannschaft als Männerarbeit. Zweimal im Jahr lädt die Gemeinde die Spieler mit ihren Ehefrauen und Partnerinnen zu einem besonderen Gästegottesdienst ein. Am Anfang des Gottesdienstes gibt es einen kurzen Bericht über die aktuellen Spielergebnisse der Mannschaft und über den Saisonverlauf. Eine solche Idee kann man auf eine ganze Bandbreite von Gemeindeaktivitäten übertragen. In der gleichen Gemeinde gibt es auch eine sehr gut laufende Arbeit mit Kindern, und man lädt zweimal jährlich zu einem besonderen Familiengottesdienst ein, in dem die Kinder eingebunden sind.

Man muss den Ablauf eines Gästegottesdienstes gut durchdenken. Vielleicht sollte man sich im Vorfeld darüber Gedanken machen, ob gemeinsamer Gesang sinnvoll ist oder nicht und ob es eine normale Predigt geben soll. Ich möchte noch einmal betonen, dass diese Fragen wichtig sind und dass man gut überlegen muss, welche Programmpunkte in einen Gästegottesdienst passen. Solch eine Veranstaltung ist wie ein Schaufenster der Gemeinde: Die Besucher werden sich hier eine erste Meinung über die Gemeinde bilden.

Ich persönlich bin ein Befürworter von gemeinsamem Gesang und einer Predigt. Dabei ist mir aber bewusst, dass gerade das Singen für Außenstehende befremdlich sein kann. Aber es ist ein wichtiger Bestandteil christlicher Gemeinschaft, und so lernen die Gäste einen Aspekt des geistlichen Lebens kennen. Musik berührt Menschen emotional, und eingängige Melodien mit guten Texten können einen wunderbaren Zugang zu geistlichen Inhalten schaffen, den auch Nichtchristen oft als sehr hilfreich empfinden. Ich kenne Menschen, die bezeugt haben, dass sie durch Lieder auf geistliche Wahrheiten gestoßen sind, die plötzlich Sinn für sie ergaben und die sie letztlich zu Christus geführt haben. Es liegt auf der Hand, dass eine Anbetungszeit und gemeinsamer Gesang eine wichtige Rolle spielen können. Alternativ kann man Lieder von einer Musikgruppe, einem Chor oder einem Solisten vortragen lassen. Auch hier gilt: Wenn es ansprechend gestaltet ist, kann das eine sehr positive Wirkung haben.

Ich befürworte eine Predigt als Teil des Gästegottesdienstes, weil ich überzeugt bin, dass dies eine Kommunikationsform ist, die sehr effektiv ist, wenn man es denn richtig macht. Es gibt kaum etwas, was so motivieren oder ansprechen kann wie eine gute Predigt, wenn ein begabter Prediger seine Zuhörer eindringlich dazu aufruft, sich Gott zuzuwenden. Predigten haben keinen guten Ruf, aber wenn es eine gute Predigt ist, dann sollte man nicht zögern.

Ein begabter Prediger kann nicht nur die Schrift gut erklären, er kann auch durch Gefühl, Timing, Mimik, Gestik und Eindringlichkeit Akzente setzen. Neulich predigte ich in einem evangelistischen Gottesdienst in einer Nachbargemeinde. Unter den Zuhörern war ein Mann, der ansonsten nichts mit Religion am Hut hatte. Ich predigte über Römer 1, eine der ersten Schlüsselstellen des großen Paulusbriefes, in der es um die Verderbtheit unserer Gesellschaft geht. Ich predigte sehr eindringlich und sehr gradlinig und fragte mich, was er wohl von dem Gesagten halten würde. Nach dem Gottesdienst kam er zu mir, reckte den Daumen hoch und sagte: „Tolle Rede, Kumpel, das hat mich echt berührt." Ich weiß nicht, wie viel er von der Predigt wirklich verstanden hat, aber er hat bestimmt begriffen, dass es um etwas sehr Wichtiges geht und man spürte, dass er wirklich angesprochen war.

Als Nächstes muss man sich mit den Kommunikationsformen auseinandersetzen. Das hängt von den persönlichen Vorlieben und von den Möglichkeiten ab, aber ich habe die Erfahrung gemacht, dass z. B. Videos, PowerPoint-Präsentationen, Bilder, Anspiele, Textlesungen und Gegenstandslektionen effektive Hilfsmittel sind, um verschiedene Aspekte des christlichen Glaubens darzustellen. In der Predigt führt man alles zusammen und kann so die Aufmerksamkeit des Zuhörers auf die Herausforderung des christlichen Glaubens konzentrieren. Für einen Ostergottesdienst hatten wir in meiner Gemeinde einmal ein großes Holzkreuz angefertigt und es vorne aufgestellt. Ich hielt eine kurze Predigt, in der es um das Kreuz ging, und erklärte, dass wir durch das Kreuz Vergebung und Heil erlangen. Dann wurden Briefumschläge, Papier und Stifte verteilt, und ich lud die Zuhörer ein, Sünden oder Probleme, die sie belasteten, aufzuschreiben und das Papier in den Briefumschlag zu stecken und diesen zuzukleben. Dann bat ich die Leute, aufzustehen und ihre Umschläge ans Kreuz zu nageln, als Symbol dafür, dass wir dort durch Christus Hilfe und Vergebung bekommen. Es war schön zu sehen, dass nicht nur Gemeindeglieder meiner Aufforderung folgten, sondern auch einige Gäste, von denen manche noch keine Christen waren. Solche Gegenstandslektionen sind keine Spielereien, sondern können stark herausfordern, weil Menschen reagieren und so Christus näherkommen können.

Anstatt sich immer wieder neue Elemente für einen Gästegottesdienst einfallen zu lassen und immer wieder ein anderes Thema zu finden, könnte man auch einmal etwas völlig Neues ausprobieren. Ein ganz neuer Trend ist die sogenannte *Messy Church*[19], was man vielleicht mit „Wimmelkirche" übersetzen könnte, weil es von bastelnden und spielenden Familien in der Gemeinde nur so wimmelt.

Man trifft sich mit Familien (oder anderen Gruppen) in der Gemeinde, um z. B. zu basteln, zu feiern oder zu essen. Das alles

---

19 A. d. Ü.: Frei übersetzt: „chaotisch, bunt, unkompliziert, laut, verrückt".

in einer bewusst ungezwungenen, familiären Atmosphäre. Der Schwerpunkt liegt bei dieser Art des Zusammenkommens auf dem gemeinsamen Spiel und der Kreativität. Der Termin sollte so gelegt werden, dass ganze Familien teilnehmen können. Dies ist sicherlich eine Veranstaltung, durch die man versucht, Menschen zu erreichen, die nicht zu einem normalen Gottesdienst kommen würden, damit man sich zunächst einmal zwanglos und unverbindlich kennenlernen kann.

Eine solche Veranstaltung bietet mehrere Vorteile. Erstens kann man die gesamte Familie einladen. Viele Gemeinden sehen sich mittlerweile mit dem Problem konfrontiert, dass sich zwar Kinder zur Sonntagsschulstunde einladen lassen, aber ihre Eltern niemals zum Gottesdienst kommen würden. Durch die *Messy Church* versucht man, Eltern und Kinder gemeinsam zu erreichen. Zweitens kann man den Termin recht flexibel gestalten. Man kann einen Wochentag wählen oder auch einen Samstag. Drittens geht es bei der Veranstaltung darum, dass der ganzen Familie geistliche Wahrheiten vermittelt werden sollen und nicht nur einzelnen Personen.

Natürlich gibt es auch Nachteile. *Messy Church* ist attraktiv für Familien mit jüngeren Kindern, aber Singles und Familien mit Jugendlichen werden wahrscheinlich nicht so großes Interesse zeigen. Die Methode lässt nur ein bestimmtes Level an biblischer Botschaft zu, deshalb sollte man so etwas als Zusatzangebot der Gemeinde verstehen und nicht als Ersatz für den regulären Gottesdienst. *Messy Church* ist ein gutes Hilfsmittel, eine evangelistische Veranstaltung, mit der man eine Brücke schlagen kann, ist jedoch nicht Gemeinde im vollen biblischen Sinn des Wortes. Und Menschen, die im Rahmen solcher evangelistischer Programme zum Glauben kommen, brauchen geistliche Nahrung, die sie im Rahmen der üblichen Gemeindestunden bekommen könnten. Gemeinden, die eine solche Veranstaltung anbieten, machen das meistens einmal im Monat oder in bestimmten Intervallen und nicht wöchentlich, so passt es wahrscheinlich am besten in das evangelistische Gesamtkonzept einer Gemeinde.

All das setzt natürlich voraus, dass es überhaupt Menschen gibt, die sich zu einem Gästegottesdienst oder zu einer evangelistischen Veranstaltung einladen lassen. Im Laufe der Jahre bin ich viel in den örtlichen Gemeinden Großbritanniens herumgekommen und war völlig überrascht von der Kreativität, mit der sie ihren Glauben weitergeben, aber auch vom Mangel an Besuchern, die sich einladen ließen. Es macht wenig Sinn, ein buntes Programm zusammenzustellen, wenn dann niemand kommt, um am Programm teilzunehmen. Deshalb müssen viele Gemeinden zunächst einmal alle Mühe darauf konzentrieren, Kontakte zu den Menschen zu schaffen, die sie einladen wollen.

Es gibt nicht die eine, sichere Methode, wie man gemeindefremde Menschen erreichen kann. Ich persönlich bin der Meinung, dass Zeitungsannoncen und Flyer zwar eingesetzt werden können, aber insgesamt nur wenig Effekt haben. Ich vermute, dass nur einer von tausend aufgrund eines Flyers reagieren wird, und nur einer von zehntausend auf eine Zeitungsannonce. Jedenfalls trifft das auf die Gegend zu, in der ich wohne. Aber wie kann man Menschen sonst einladen? Das lässt sich in einem Wort zusammenfassen: Beziehungen. Die Menschen, die sich zum Gästegottesdienst einladen lassen, verfügen schon über Kontakte zu Gemeindegliedern. Wenn also jeder einen Kollegen, Nachbarn oder Freund zu einem Gottesdienst einladen würde, ließe sich die Zahl der Gottesdienstbesucher sicherlich steigern.

Die größte Schwierigkeit besteht darin, dass man Christen zunächst davon überzeugen muss, ihre nichtchristlichen Freunde einzuladen. In der Praxis geschieht das nämlich eher selten. Erstens, weil viele Christen oft gar keine nichtchristlichen Freunde haben, und zweitens, weil viele Christen ihr „geistliches" Leben streng von ihrem „weltlichen" trennen. Viele Christen sind sonntags in der Gemeinde aktiv, aber wenn es montags zurück in die Firma geht oder in den Freundeskreis, dann reden sie kaum noch über ihren Glauben oder ihre Gemeinde. Diese Haltung muss sich ändern. Außerdem müssen Christen Freundschaften mit Nichtchristen schließen. Wenn sie dann offener über ihren Glauben reden und ganz natürlich in Gesprächen darauf hinweisen, wird es ihnen auch viel leichter fallen, andere zur Gemeinde einzuladen. Aber dieser Prozess wird nur stattfinden, wenn Gemeinden ihre Geschwister lehren, Salz und Licht in ihrer Umgebung zu sein und zu erkennen, dass ihre nichtchristlichen Freunde verloren gehen und dringend das Evangelium hören müssen.

Über diese persönlichen Kontakte hinaus können Gemeinden auch noch weitere Beziehungen zu den Menschen in ihrer Umgebung aufbauen. In meiner Gemeinde haben wir mehrere Kinder- und Jugendgruppen. Die meisten Kinder und Jugendlichen dort kommen aus nichtchristlichen Elternhäusern. Aber der Kontakt zu ihren Elternhäusern besteht schon länger. Irgendwann einmal setzten sich einige Leute unserer Gemeinde zusammen und überlegten, wie man die Menschen aus der Nachbarschaft besser erreichen kann. Also besuchten wir zunächst alle Familien des Dorfes, ca. 150, und boten ihnen eine Kopie des Jesus-Films an. Weil sie schon von der Gemeinde und der Kinder- und Jugendarbeit gehört hatten, nahmen die meisten Familien den Film an und sagten uns später, dass sie ihn gerne gesehen hätten. Dann druckten wir einen monatlichen Gemeindebrief, in dem wir alle Gemeindeaktivitäten und Infos auflisteten, zusammen mit einem kurzen geistlichen Impuls. Jeden Monat gingen Leute unserer Gemeinde von Haus zu Haus und überbrachten den Gemeindebrief persönlich. Wir traten dabei bewusst freundlich und nicht drängend auf. Bei diesen Besuchen ging es nicht darum, das Evangelium zu verkünden. Wenn sich das Gespräch in diese Richtung entwickelte, gingen wir natürlich gerne darauf ein. Aber primär wollten wir Kontakte knüpfen und unsere Gemeindearbeit präsenter machen. Diese Besuche halfen uns, ein paar gute Beziehungen zu verschiedenen Familien aufzubauen, die wiederum zu unseren Gästegottesdiensten kamen. Aber das ist nur eine Methode unter vielen anderen.

Eine Gemeinde kann auch in den sozialen Netzwerken im Internet z. B. eine Facebook-Seite oder Ähnliches erstellen und die Nachbarn als „Freunde" einladen. Gemeindeglieder können

sich vor Ort sozial engagieren. Bei uns gibt es ein jährliches Stra-
ßenfest, an dem sich auch unsere Gemeinde beteiligt. Wir haben
einen Stand, an dem wir mit den Kindern basteln, Luftballons
mit dem Gemeindelogo verteilen, Bibeln und christliche Literatur verkaufen. Eine andere mir bekannte Gemeinde baute einen
eigenen Festwagen für eine Parade, die jährlich bei einem großen
Stadtfest durch die Straßen zieht. Das „Wie" ist gar nicht so entscheidend; wichtig ist, dass sich eine Gemeinde überhaupt darum
bemüht, in Beziehungen zu investieren. Ein Ergebnis wird sein,
dass mehr Nichtchristen zu Gästegottesdiensten kommen.

Angebote für Gruppen

Eine weitere Form von Gemeindeevangelisation sind die verschiedenen Gruppen, zu denen man Außenstehende einladen
kann. Am häufigsten begegnet man Kinder- und Jugendgruppen,
aber auch Seniorentreffen sind recht beliebt. Die Gruppenzu-
gehörigkeit hängt hauptsächlich vom Alter der Teilnehmer ab,
aber im Grunde genommen ähneln sich diese Gruppen in ihrer
Durchführung. Sie besteht aus einer Mischung von geselligem
Miteinander mit einem geistlichen Impuls.

Allgemein lässt sich beobachten, dass es den meisten Gemeinde leichter fällt, Kindergruppen anzubieten. Sogar sehr
kleine Gemeinden mit wenigen Leuten und geringen Ressourcen haben tolle Kindergruppen. Gemeinden fällt es eher schwer,
Gruppen für Teenager, junge Erwachsene und Leute in den 30ern
und 40ern durchzuführen. Jede dieser Altersklassen tickt ganz
anders, und daher muss man solch eine Gruppe sorgfältig planen,
aber es lassen sich ein paar allgemeine Bemerkungen machen.

Eines der Probleme einer Jugendgruppe ist die Tatsache, dass
viele junge Leute plötzlich nicht mehr mit dabei sind, schon bevor sie ins Teenageralter kommen. Sie sind vielleicht noch gerne
in die Kinderstunde gegangen, aber weil sie keine Beziehung zu
den Mitarbeitern der Jugendgruppe haben, gehen sie dort nicht
mehr hin. Diese Lücke muss dringend geschlossen werden. Das

geht, indem Mitarbeiter in beiden Gruppen mitarbeiten oder indem man einmal im Jahr einen festen Wechsel von einer zur anderen Gruppe plant. Vielleicht auch eine Kombination aus beidem. Auf jeden Fall braucht man eine Strategie, die einen regelmäßigen Kontakt und Austausch zwischen den Kinder- und Jugendgruppen einer Gemeinde gewährleistet. Außerdem muss man bewusst darauf achten, dass keiner der Teilnehmer übersehen wird. Die Mitarbeiter müssen immer wieder daran erinnert werden, dass es um Beziehungen geht. Die jungen Leute unserer Zeit haben ständig Zugang zu Computern, Smartphones, Videospielen, Musik und allen möglichen Sportarten. Keine Gemeinde kann es sich finanziell leisten, eine Gruppe von Teenagern nur zu „bespaßen". Junge Menschen werden jedoch wiederkommen, wenn sie eine echte Beziehung zu einem der Mitarbeiter haben. In solche Beziehungen muss man recht viel investieren. Jüngere Teenager können noch leicht innerhalb einer größeren Gruppe eine Beziehung zu den Mitarbeitern aufbauen. Aber wenn sie älter werden, wächst das Bedürfnis nach einer tiefen, persönlichen und vertrauensvollen Beziehung. Die Mitarbeiter sollten sich Zeit für ihre Jugendlichen nehmen, um sich mit ihnen einzeln oder in Kleingruppen zu treffen.

Jugendgruppen sind manchmal schwierig, weil Teenager sich gerne selbst darstellen und es somit oft lauter und unruhiger wird. Wenn das zu einem Problem wird, muss man über Lösungen nachdenken. Ansonsten wird man in den Gruppenstunden mehr für Disziplin sorgen müssen, als über das Evangelium zu sprechen. Es gibt hier gute pädagogische Hilfen; man kann auch mit Belohnungen arbeiten. In einer der Gruppen, in der ich mitgearbeitet habe, haben wir mit den Jugendlichen besondere Ausflüge gemacht. Wir sind z. B. zu einem Fußballspiel gefahren oder haben eine Wochenendfreizeit durchgeführt. Bei diesen Ausflügen werden Beziehungen gefestigt, und außerdem können sie als Ansporn für diszipliniertes Verhalten dienen.

Letztendlich ist Gottes Wort das Wichtigste, was wir den jungen Leuten mit auf den Weg geben können. Das muss unser Ziel sein, und Kreativität ist ein Schlüssel dazu. Es ist nicht schwer, man kann biblische Aussagen auf sehr einfallsreiche Weise darstellen. Wir nutzen z. B. Videos, aber auch Anspiele, Diskussionsrunden und Gegenstandslektionen. Wenn man sich Mühe in der Darbietungsform gibt, dann fällt es auch einer Gruppe gemeindefremder Teenies nicht schwer, eine halbe Stunde still zu sitzen und zuzuhören. Wir sollten uns dafür auch die neueren Technologien zunutze machen. Junge Leute sind im ständigen Kontakt, sie texten, kommunizieren mit WhatsApp, twittern, teilen Blogs oder surfen auf Instagram. Meine 22-jährige Tochter bekommt manchmal 100 Textnachrichten täglich. Die Nachrichten sind kurz und scheinen oft trivial, aber sie kommuniziert so mit ihren Freunden, und es ist Teil der Beziehungen, die sie pflegt, und sie ist auch in der Lage, all diese Informationen zu verarbeiten. Jugendmitarbeiter müssen begreifen, welch Potenzial in der Nutzung sozialer Medien steckt. Ich selbst habe erlebt, dass es durchaus möglich ist, einem jungen Menschen mit dem Smartphone in der Hand biblische Lehre zu vermitteln, guten Rat zu geben und ihn seelsorgerlich zu begleiten.

Freizeiten und gemeinsame Wochenenden sind auch gute Möglichkeiten, weil man die jungen Leute aus ihrem normalen Umfeld herausholt und ihnen eine Umgebung bietet, die förderlich für das Hören und das Aufnehmen des Evangeliums ist. Auch hier ist die Beziehung zu den Mitarbeitern und deren Vorbild das primäre Ziel. Positive Vorbilder haben einen ungemeinen Einfluss auf Jugendliche, wenn es darum geht, junge Menschen zu Christus zu führen.

Gruppen für Menschen in den 20er- und 30er-Lebensjahren sind gar nicht so leicht zu etablieren, denn man muss einige Hindernisse überwinden. Erstens stehen Menschen in dieser Lebensphase oft unter Zeitdruck, Hektik und Stress; Zeit ist ein rares Gut. Wenn man Familienvater ist und mitten im Beruf steht, hat man kaum noch Zeit für andere Dinge. Viele Berufstätige kommen am späten Nachmittag erschöpft nach Hause und sollen und wollen dann Zeit mit Frau und Kindern verbringen. Dann noch zu einer Gemeindeveranstaltung zu gehen ist für diese Männer so ziemlich das Letzte, was sie wollen, besonders wenn sie kein besonderes geistliches Interesse haben. Deshalb ist es eher unrealistisch, eine Gruppe zu gründen, die sich wöchentlich trifft. Und je älter die Menschen werden, desto schwieriger wird es, sie zu erreichen. Die Verpflichtungen des Lebens, persönliche schmerzvolle Erfahrungen, die generelle Skepsis in unserer Gesellschaft und die Absicht, sich ein eigenes Leben aufzubauen und eine eigene Meinung zu bilden, führen dazu, dass viele Menschen mit Mitte 20 der christlichen Botschaft reserviert oder sogar feindlich begegnen.

Andererseits gibt es auch zwei Faktoren in unserer Gesellschaft, die Gemeinden gezielt nutzen können, um sich Menschen in dieser Altersklasse zu nähern. Erstens legt man großen Wert auf Freizeit und Ausgleich. Das große Angebot an Sportvereinen und Freizeitaktivitäten trägt dem Rechnung. Und zweitens erleben wir, dass sich durch den verstärkten Einsatz von unpersönlichen Technologien viele Menschen nach sozialen Kontakten und Begegnungen sehnen. Eine Gemeinde kann sich beide Faktoren zunutze machen.

Eine Sache, die besonders Männer zusammenbringt, ist der Sport. Viele Gemeinden bieten regelmäßig Fußballtraining an. Man kann gemeinsam relaxen und mit nichtchristlichen Freunden sinnvoll Zeit verbringen. Ich spiele jede Woche mit ungefähr 20 Männern aus meinem Dorf Fußball, die meisten davon gehen zu keiner Gemeinde. Es wäre falsch zu behaupten, dass wir dort regelmäßig das Evangelium verkünden. Aber es sind gute, echte Kontakte zu anderen Männern. Man kann Beziehungen knüpfen und seinen eigenen Glauben weitergeben. Ich bete dafür, dass sich solche Freundschaften entwickeln, die es uns einmal ermöglichen, das Evangelium auf eine Art und Weise weiterzugeben, wie es bisher noch nicht möglich war. Eine andere Gruppe von Männern unserer Gemeinde organisiert Kinoabende. Sie bilden Fahrgemeinschaften, um gemeinsam ins Kino zu fahren, wo sie sich den neuesten Blockbuster anschauen. Ihnen ist es wichtig, dass sie dazu immer auch gemeindefremde Männer einladen und mitnehmen. Nach dem Kinobesuch gehen sie oft noch etwas essen, und bei der gemeinsamen Mahlzeit kann man leicht auf seinen persönlichen Glauben oder andere wichtige Themen zu sprechen kommen. Auch hier ist das gute Vorbild ganz wichtig. Ein Christ, der offen seinen Glauben bezeugt, sich nicht von kritischen Fragen einschüchtern lässt und gut mit anderen Männern auskommt, kann ein hervorragender Evangelist sein. Das Gleiche gilt natürlich auch für Frauen. Wenn wir auf natürliche Weise Beziehungen mit Nichtchristen aufbauen und so Vertrauen und Freundschaften entstehen, können wir im Laufe der Zeit manche für Christus gewinnen.

Auch hier ist Einfallsreichtum gefragt. Man muss Ideen dafür entwickeln, wie man Menschen kennenlernen kann. Sport ist eine gute Möglichkeit, aber es gibt noch viele andere Hobbys. Viele Gemeinden haben gute Erfahrungen mit Handarbeits- oder Bastelgruppen gemacht oder mit Mutter-Kind-Kreisen. Andere Ideen sind Vater-Sohn-Ausflüge oder Mutter-Tochter-Treffen. Es geht darum, dass wir Aktivitäten oder Hobbys finden, die Eltern gemeinsam mit ihren Kindern ausüben können. Eine Gemeinde, die ich einmal besuchte, besaß ein Schwimmbad in der Nähe der Gemeinderäume. Sie gründeten einen Vater-Sohn-Schwimmverein, der in der Stadt zum Renner wurde, weil es eine tolle Möglichkeit für Väter war, Zeit mit ihren Söhnen zu verbringen und dabei andere Menschen kennenzulernen.

Das Evangelium wird bei dieser Art von Treffen nicht immer offen verkündigt werden, aber es entwickeln sich Freundschaften, die Christen später die Gelegenheit geben, das Evangelium auf natürliche, ungezwungene Art und Weise weiterzugeben. Das Erfolgsgeheimnis dabei ist, dass man die Fähigkeit entwickelt, in ganz normalen Gesprächen über das Evangelium zu reden. Als die frühe Gemeinde eine erste Verfolgungswelle erlebte (vgl. Apostelgeschichte), mussten die Christen buchstäblich in alle Himmelsrichtungen fliehen. Sie hatten gar keine Zeit, um evangelistische Veranstaltungen zu organisieren, aber was sie tun konnten, das taten sie: Sie „verkündigten das Wort" (Apg 8,4), wo auch immer es sie hin verschlug. Genau diese Spontanität beim Evangelisieren, wozu die ganze Gemeinde sich verpflichtet fühlte, war das Geheimnis des großen Erfolges in der Verbreitung der Guten Nachricht. Wenn einzelne Christen heute die Gelegenheiten nutzen, die sich ihnen durch die unterschiedlichen Gemeindeaktivitäten und Gruppen bieten, wird das Evangelium weitergegeben, ohne dass die Wahrheiten des Christentums immer „formell" präsentiert werden müssen.

Veranstaltungsevangelisation

Neben diesen regelmäßigen Aktivitäten gibt es eine große Bandbreite an Sonderveranstaltungen, die von einer Gemeinde organisiert werden können, um Kontakte zu knüpfen und Freundschaften zu vertiefen. Manche Veranstaltungen mögen nicht besonders evangelistisch ausgerichtet zu sein, aber sie sind gute Gelegenheiten, um Kontakte mit Gemeindefremden zu knüpfen und zu vertiefen und auf natürliche Art und Weise ein Zeugnis zu sein. Als Gemeinde organisieren wir z. B. einen Paintball-Ausflug[20], um Kontakte zu gemeindefremden Männern zu knüpfen. Zunächst einmal hört sich das wenig evangelistisch an, aber es war ein großer Erfolg. Diese Aktivität interessierte Männer aller Altersklassen und förderte den Gruppenzusammenhalt. Es gab fünf Kampfphasen mit Kaffeepausen dazwischen. So entstanden Freundschaften mit gemeindefremden Männern; einige von ihnen kamen ein paar Abende später zu einem unserer evangelistischen Gästedinner. Während unserer Gefechte zielten wir mit Farbpistolen aufeinander, aber unser eigentliches Ziel, dass wir uns gegenseitig besser kennenlernten, hatten wir die ganze Zeit im Hinterkopf. Der Abend war ein voller Erfolg, und wir konnten Kontakte knüpfen, die noch bis heute weiterbestehen.

---

20 A. d. V.: Paintball ist ein Mannschaftssport, bei dem Spieler mit Farbkugeln markiert werden. Der so markierte Spieler muss i. d. R. das Spielfeld verlassen.

Es gibt natürlich auch weniger wilde Veranstaltungen, die genauso erfolgreich sein können. Manche Gemeinde organisieren Basare oder Flohmärkte, um mit Menschen Freundschaften zu schließen. Andere organisieren Aktivitäten in der örtlichen Schule und laden dann zu einem Familiengottesdienst ein, in dem es eine Siegerehrung gibt. Wir haben schon Talentshows in der Gemeinde durchgeführt, die sehr gut angenommen wurden. Außerdem habe ich bei Passahfeiern mitgearbeitet, wo man israelischen Wein, ungesäuertes Brot und gegrilltes Lamm reichte. Einmal haben wir einen Buchclub organisiert, um mit Menschen über den Inhalt verschiedener säkularer und christlicher Bücher ins Gespräch zu kommen. Solche Veranstaltungen sind auch bei Gemeindefremden beliebt und können ein natürlicher Zugangangspunkt für den christlichen Glauben werden. Einige dieser Veranstaltungen können aufeinander aufbauen und bestimmten Themen gewidmet sein. Unsere Gemeinde hat z. B. schon Erziehungsseminare angeboten und Themenabende für Eltern zur Drogenprävention bei Kindern. Auch bei uns gibt es viele Alleinerziehende und Familien mit Erziehungsproblemen. Durch solche Kurse konnten wir Menschen kennenlernen und gleichzeitig der Stadt einen guten Dienst erweisen. Wenn man etwas Mühe investiert, können solche Abende ein wichtiger Baustein unserer Evangelisationsarbeit sein.

Eine weitere Veranstaltung, die gerne angenommen wird, ist das Musikcafé. Musik ist ein Medium, das viele Menschen mögen und daher ein natürlicher Anziehungspunkt, den man auch evangelistisch nutzen kann. Ein Vorteil ist hier, dass dieses Medium sehr flexibel ist. Man kann eine große Bandbreite an Musikstilen einsetzen und dabei verschiedene Ziele im Blick haben. Manche christlichen Gruppen und Musiker treten klar evangelistisch auf, sowohl in ihren Liedern als auch bei ihrer Gesamtdarstellung. Das kann man wunderbar nutzen. Dann gibt es Musiker, denen es mehr um das Leben allgemein geht, die aktuelle Fragen der Gegenwartskultur aufgreifen, auf menschliche Beziehungen und den Sinn des Lebens eingehen. Wichtig dabei ist, dass sie eine christliche Weltsicht vertreten. Dies kann eine subtile, aber wirkungsvolle Art sein, wie man das Denken der Menschen auf geistliche Wahrheiten ausrichten kann. Ich kenne eine Gemeinde, die regelmäßig sonntagabends ein Musikcafé anbietet. Es gibt keine Predigt, und man lädt bewusst sowohl Musiker ein, die offen evangelisieren und ihren Glauben verkünden, als auch solche, die aktuelle Lebensfragen aufgreifen. Dies hat sich als gute Möglichkeit erwiesen, wie Christen mit Nichtchristen in lockerer Weise ins Gespräch kommen können. Die Gemeinderäumlichkeiten werden wie ein Café hergerichtet, und es werden auch Speisen serviert. Es ist ein sehr gemütliches Ambiente und hervorragend, um Freundschaften zu vertiefen und tiefgehende Gespräche über den Glauben zu führen.

Egal, um was für eine Veranstaltung es sich handelt, wenn sie Christen und Nichtchristen zusammenführt, wenn gute Freundschaften entstehen und wenn die Christen bereit sind, ihren Glauben einfühlsam weiterzugeben, dann kann es ein Erfolg werden.

Bibel-Entdeckerkurse

Eine weitere Methode, die von Gemeinden eingesetzt wird und sich als erfolgreich erwiesen hat, sind Kurse, in denen Außenstehende die Bibel kennenlernen können. Dafür gibt es bereits vorbereitetes Material, wie z. B. den „Alpha-Kurs" und „Christsein entdecken"[21] Dieses Material kann leicht von Gemeinden eingesetzt werden. Manchmal ist es für eine Gemeinde sinnvoll, einen eigenen Kurs zu entwickeln. Einmal z. B. standen wir mit einer ganzen Reihe von Leuten in Kontakt, zu denen wir schon Freundschaften aufgebaut hatten, die aber dem christlichen Glauben sehr skeptisch gegenüberstanden. Deshalb entwarf ich einen Kurs, der sich stark auf Apologetik konzentrierte und sich

---

21 *Christsein entdecken – Der Kurs für Teilnehmer.* 2010 (Waldems-Esch: 3L Verlag GmbH).

mit den wichtigsten kritischen Fragen zum Christentum ausein-
andersetzte und diese ausführlich beantwortete.

Es kann auch Situationen geben, in denen ein Bibelkurs eine
Überforderung wäre, sich aber ein vorevangelistischer Kurs besser eignen würde, der erst einmal nur Interesse für die Bibel
weckt und in dem man zunächst allgemeine Lebensfragen und
Fragen zur Spiritualität erörtert. Ein solcher Kurs kann vielleicht
als Sprungbrett zu einem herkömmlichen Bibelkurs dienen.
Wie auch immer eine Gemeinde mit solchen Kursen vorgehen
möchte, sie haben sich bewährt.

Diese Art von Treffen bietet einige Vorteile. Zunächst einmal
erleben Nichtchristen hier über einen gewissen Zeitraum regelmäßig die Atmosphäre eines christlichen Umfelds. Zweitens hat
man genug Zeit, um die christliche Botschaft systematisch und
in aller Klarheit zu erklären. Drittens kann man direkt auf Rück-
meldungen, Fragen und Zweifel reagieren. Viertens werden die
Kursteilnehmer, die vielleicht zunächst nur ein vages Interesse an
der christlichen Botschaft hatten, an den Punkt geführt, an dem
sie herausgefordert werden, sich für den Glauben zu entscheiden.
Fünftens bleibt zu hoffen, dass aus solchen Bibelschnupperkursen
Jüngerschaftskurse entstehen, wenn nämlich Menschen Christen
geworden sind.

Zu einem solchen Kurs gehören einige wichtige Elemente. Die
Teilnehmer müssen sich wirklich zu Hause fühlen, ansonsten
werden sie den Kurs nicht zu Ende führen. Es empfiehlt sich, mit
den Teilnehmern zusammen zu essen, denn die Gemeinschaft
beim Essen hat sich sehr bewährt. So kann man Freundschaften
aufbauen. Warum das so wichtig ist, haben wir bereits ausführlich erläutert. Man kann also als Hauskreis solch einen Kurs mit
einem gemeinsamen Essen durchführen oder man macht es in
der Gemeinde, wo Essen mitgebracht wird. Wenn man nicht die
Möglichkeiten hat, eine komplette Mahlzeit anzubieten, kann
man auch Knabbereien oder Fingerfood reichen. Eine weitere
Option ist, dass man sich in einem Restaurant oder Hotel trifft,
wobei dadurch höhere Kosten entstehen. Und wenn wir schon

mal bei dem Thema sind, es gibt keinen Grund, warum man nicht von den Teilnehmern eine Kostenbeteiligung erbitten kann. Manche Leute fühlen sich wohler, wenn sie für ihr Essen selbst zahlen können und es nicht spendiert bekommen. Eine weitere Möglichkeit ist, eine Art Benefiz-Abendessen zu gestalten; das Eintrittsgeld ist dann eine Spende für einen guten Zweck.

Man sollte einige wichtige Regeln einhalten, wenn man solche Kurse anbietet. Es ist zunächst wichtig, dass man kompetente Leiter hat. Natürlich sollten die Kurse in einer ungezwungenen Atmosphäre stattfinden, aber Ungezwungenheit kann auch leicht in Chaos übergehen, wenn man nicht bestimmte Regeln beachtet. Die Leitung muss eine gewisse Führungsqualität besitzen, und es ist nützlich, wenn der Leiter auch über Humor verfügt. Freundliches Auftreten und Herzlichkeit sind ein Muss. Zweitens ist es wichtig, dass sich die Christen unter das nichtchristliche Volk mischen. Denn die Gespräche am Rande des offiziellen Kursteils sind mindestens ebenso wichtig wie der Kurs selbst. Nur zu oft habe ich bei solchen Treffen mitbekommen, wie die Christen alle an einem Tisch saßen und die Nichtchristen an einem anderen. So werden niemals gute Gespräche entstehen, deshalb muss man dafür sorgen, dass solche Christen an diesen Bibelkursen teilnehmen, die bereit sind, auf Nichtchristen zuzugehen. Drittens müssen Fragen und Themen, die aufgeworfen werden, ehrlich und offen besprochen werden. Das ist nicht immer leicht und oft scheinen die gleichen schwierigen Fragen wieder und wieder gestellt zu werden. Menschen werden nach der Autorität der Bibel im Vergleich zu anderen religiösen Texten fragen. Sie möchten darüber sprechen, warum Gott Leid zulässt, warum er Homosexualität nicht erlaubt und warum Menschen in die Hölle kommen. Es ist nicht gut, wenn man diesen Fragen ausweicht, deshalb ist es wichtig, dass man gut vorbereitet ist und darauf eingeht. Und schließlich muss man sich um eine Atmosphäre bemühen, in der sich Gäste wohlfühlen, sodass sie gerne wiederkommen.

Veranstaltungen in öffentlichen Räumen

Neben Veranstaltungen, die in der Gemeinde oder in den Häusern von Christen stattfinden, kann eine Gemeinde für Veranstaltungen auch in öffentliche Räume einladen und dabei z. B. für eine gemeinnützige Sache am Ort Spenden sammeln. So etwas wirkt auf manche Gäste vielleicht weniger bedrohlich. Eine gute Möglichkeit sind die verschiedenen Wanderausstellungen z. B. zur Bibel, zur Geschichte des Christentums oder zu den Weltreligionen, die man als Gemeinde buchen und ausrichten kann.[22] Solche Ausstellungen in öffentlichen Räumen werden auch gerne von Schulklassen besucht und finden häufig eine sehr positive Resonanz in den örtlichen Medien.

Es ist offensichtlich, dass Fantasie und Einfallsreichtum ein großer Vorteil sind, wenn man als Gemeinde das Evangelium verkünden möchte. Die von mir aufgezeigten Möglichkeiten sind keine vollständige Liste aller möglichen Aktivitäten. Es gibt für eine Gemeinde so vielfältige Möglichkeiten, wenn man sein Umfeld wirkungsvoll erreichen möchte. Man braucht nur etwas Mut, Dinge auszuprobieren. Und man braucht Weisheit, um zu erkennen, was vor Ort funktioniert. Wenn diese beiden Voraussetzungen erfüllt sind und man evangelistische Einsätze im Gebet begleitet, kann eine Ortsgemeinde echte Fortschritte in der Verkündigung der Guten Nachricht von Jesus Christus machen.

---

22 Siehe z. B. die Ausstellungen des ChristusForum Deutschland: https://christusforum.de/medien/download/jesus-kennenlernen-ausstellungen.php

❓ ZUM NACHDENKEN

1. Welche drei Dinge würdest du an der Art und Weise, wie deine Gemeinde evangelisiert, verändern und warum?

2. Welche evangelistischen Veranstaltungen hat deine Gemeinde schon organisiert? Beschreibe, ob sie effektiv waren und welche Vor- und Nachteile diese Veranstaltungen hatten.

3. Welche praktischen Schritte kann deine Gemeinde gehen, um evangelistische Veranstaltungen besser zu machen?

4. Beginne mit einem leeren Blatt Papier – welche evangelistischen Veranstaltungen würdest du planen und durchführen?

5. Diskutiert, ob es Sinn macht, in diesem Bereich mit einem leeren Blatt Papier ganz von vorn zu beginnen. Wenn eine deiner Ideen von Punkt 4 sinnvoll wäre, wäre deine Gemeinde bereit, ein solches Projekt umzusetzen?

KAPITEL 9

Evangelisation im Alltag

Ich kenne James seit Jahren und schätze seine Fähigkeiten als Evangelist. Er ist mutig und kreativ. Wenn er sich mit Nichtchristen unterhält, redet er nicht nur über Jesus, sondern macht das auf eine Art und Weise, die natürlich, anziehend und herausfordernd ist. Mich überrascht jedoch, dass seine Gemeinde noch nicht erkannt hat, was für einen wertvollen Mitarbeiter sie hat. James nimmt nicht an allen Treffen der Gemeinde teil. Er verpasst nie den Abendmahlgottesdienst, kommt aber öfters nicht zu den Familiengottesdiensten. Er begründet dies damit, dass zu diesem Gottesdienst fast keine Nichtchristen kommen, weshalb er die Zeit lieber mit seinen nichtchristlichen Freunden verbringt. Das stimmt auch. Sonntagmittags isst James meistens mit seinen Freunden und erzählt ihnen von seinem Glauben. Wenn die Sonne scheint, geht er in den örtlichen Park, wo viele Familien einen Teil des Sonntags verbringen. Auch dort lernt er Leute kennen und nutzt die Gelegenheit, um von seinem Glauben weiterzusagen. Gelegentlich fehlt er auch in der Bibelstunde am Sonntagabend, obwohl auch das meistens daran liegt, dass er sich mit Nichtchristen im Café trifft und dort Jesus bezeugt. Aus James' Sicht gehört er klar zur Gemeinde. Er geht regelmäßig zum Abendmahl und zum Hauptteil der Gemeindestunden und arbeitet auch in der Jugendgruppe mit. Er sieht jedoch seine Berufung als Evangelist und möchte sich dort aufhalten, wo er auf

Nichtchristen trifft und wo er seinen Glauben in einem natürlichen Umfeld weitergeben kann. Aus Sicht seiner Ältesten ist der Gemeindebesuch von James unregelmäßig, was für sie bedeutet, dass es ihm an Hingabe mangelt.

Nachdem wir uns darüber Gedanken gemacht haben, worum es bei evangelistischen Gemeindeveranstaltungen geht, wollen wir uns nun mit dem Thema Freundschaftsevangelisation befassen. Wie man an meiner kleinen Eingangserzählung zu diesem Kapitel erkennen kann, kann Freundschaftsevangelisation sehr falsch verstanden werden. Zunächst kann man definieren, dass Freundschaftsevangelisation dann geschieht, wenn Christen Initiative zeigen und das Evangelium in ihrem Freundeskreis verbreiten. Sie ist eine Evangelisationsform, die nicht von organisierten Gemeindeveranstaltungen abhängig ist; hier wird die Gute Nachricht informell von motivierten Einzelpersonen weitergeben. Manche bezeichnen das auch als „Smalltalk über den Glauben". Genau diese Methode beobachtet man sehr oft in der Apostelgeschichte. Nach der Steinigung des Stephanus mussten die Christen aus Jerusalem in die umliegenden Gegenden von Judäa und Samaria fliehen (Apg 8,4). Und wohin sie auch kamen, sie erzählten dort jedem, der es hören wollte, von ihrem Glauben. Das war keine organisierte Evangelisations-Strategie; Gläubige ergriffen einfach jede sich bietende Gelegenheit, um von Jesus zu reden.

Es gibt eine Reihe von Gründen, warum diese Art der Evangelisation notwendig ist. Erstens setzt Evangelisation in Form von Gemeindeveranstaltungen voraus, dass Menschen, die keine Christen sind, sich trotzdem zu gemeindlichen Aktivitäten einladen lassen. Das kann geschehen, wenn Christen gute Kontakte zu Nichtchristen aufgebaut haben. Jedoch möchte der größte Teil von Menschen gar nicht zu irgendeiner von einer Gemeinde organisierten Veranstaltung kommen. Einer der Gründe dafür ist die weitverbreitete Meinung, dass eine Gemeinde ein abschreckender Ort voller intoleranter Menschen ist und dass alles, was dort geschieht, langweilig und unbedeutend ist.

Freundschaftsevangelisation kommt jedoch ohne Veranstaltungen oder Gemeindehaus aus.

Zweitens führen Gemeindeveranstaltungen in der Regel nicht zu Erstkontakten. Im Allgemeinen haben Besucher schon Kontakt zu Christen, bevor sie das erste Mal zu einer Veranstaltung kommen. Sie sind da, weil ihre christlichen Freunde sie eingeladen haben. Flyer und Zeitungsannoncen ziehen kaum Besucher an. Die meisten Nichtchristen, die sich zu einer Gemeindeveranstaltung haben einladen lassen, sind von jemanden persönlich eingeladen worden. Bei der Freundschaftsevangelisation ist es jedoch relativ leicht, erste Kontakte herzustellen. Christen, denen Evangelisation am Herzen liegt, werden Kontakte zu Freunden, Nachbarn und Kollegen aufbauen und zu jedem anderen, den sie kennenlernen.

Drittens kann gemeindliche Evangelisation nur dann funktionieren, wenn die Besucher der Veranstaltungen und Gruppen über einen gewissen Grad an geistlicher Erkenntnis verfügen. Egal, wie besucherfreundlich eine Kirche oder Gemeinde sein mag, der Gast wird immer ein innerliches Zögern verspüren. Wenn er nicht völlig naiv ist, wird ihm klar sein, dass die Gemeinde möchte, dass er sich bekehrt, und dadurch entsteht ein gewisser Druck – selbst wenn der Gast sich eigentlich gerne bekehren möchte. Freundschaftsevangelisation ist auch möglich, wenn das Gegenüber kein geistliches Vorwissen mitbringt oder noch gar nicht darüber nachdenkt, Christ zu werden. Die Person fühlt sich nicht unter Druck gesetzt. Sie hört einfach in einem ungezwungenen Rahmen, dass Gott sie liebt und ihr Leben verändern kann.

Schließlich braucht Gemeindeevangelisation eine Infrastruktur. Man braucht ein Gebäude, Mitarbeiter, sie muss organisiert werden, und wahrscheinlich muss man auch etwas Geld in die Hand nehmen. Bei Freundschaftsevangelisation braucht man das alles nicht. Man braucht keinen besonderen Rahmen und keinen festen Ort, muss nicht vorausplanen oder Geld investieren. Man braucht nur freundliche Christen, die über Jesus reden wollen.

Obwohl beide Evangelisationsmethoden ziemlich unterschiedlich sind, ergänzen sie sich doch. Christen können Kontakte zu Nichtchristen aufbauen und ihre Beziehungen bis zu dem Punkt entwickeln, an dem sie ihre neu gefundenen Freunde zu Veranstaltungen oder Gemeindegruppen einladen können. So können sie von anderen Gemeindegliedern unterstützt werden, die auch etwas vom Evangelium weitersagen. Freundschaftsevangelisation kann deshalb als Zugang zur Gemeindeevangelisation angesehen werden.

Gefahren

Obwohl es ein wichtiges Element der Gemeindeevangelisation ist, muss man wissen, dass Freundschaftsevangelisation auch ein paar Gefahren mit sich bringt. Diese Punkte müssen jedoch nicht zum Problem werden, wenn man sich dessen bewusst ist und sich wappnet. Die erste Gefahr hat mit der Tatsache zu tun, dass Christen sich mit Nichtchristen anfreunden und Zeit verbringen müssen. Ihr positiver Einfluss auf diesen Freundeskreis ist Teil dessen, was es heißt, Salz und Licht zu sein. Mit Menschen eine Beziehung aufzubauen, die nicht Christen sind, kann manchmal schwierige Situationen heraufbeschwören. Soll ich mit meinen Freunden in die Kneipe gehen? Was soll ich machen, wenn sie mich in die Disko einladen? Wie soll ich reagieren, wenn ich bei einem Freund bin und der fängt auf einmal an, Hasch zu rauchen? Was mache ich, wenn ich meinem Freund einen spontanen Besuch abstatte und er sich gerade einen Porno ansieht? Soll ich die Einladung eines Freundes zu einem Wochenendausflug annehmen, wenn dessen homosexueller Freund mitkommt und die beiden sich ein Zimmer teilen werden? Soll ich zur Hochzeit meines homosexuellen Freundes gehen? Das sind keine hypothetischen Fragen, sondern reale Situationen. Wir müssen uns diesen Fragen stellen, wenn wir wirklich mit den Menschen in unserem Umfeld Beziehungen aufbauen möchten.

Solche Fragen sind nicht immer leicht zu beantworten. In der Bibel wird uns nicht gesagt, ob man in eine Kneipe gehen darf oder an gewisse andere Orte. Das heißt aber auch nicht, dass es erlaubt oder hilfreich ist. Man sollte es sich gut überlegen, wo man hingeht und wohin nicht. Wir müssen darüber nachdenken, was wir geistlich verkraften, welche Auswirkungen es auf unsere Beziehungen zu den Menschen hat und wie unser Zeugnis dadurch beeinflusst wird. Dies sind Situationen, in denen man klug wie die Schlange und so einfältig wie die Taube sein sollte. Wir müssen jedoch auch begreifen: Wenn man sich von den Menschen abschottet, wird man kaum Gelegenheiten finden, Beziehungen aufzubauen und ein Zeugnis zu sein.

Beziehungen zu Nichtchristen sollten auch nicht dazu führen, dass man keine Zeit mehr für seine geistlichen Geschwister hat. Christen sollten auch nicht um jeden Preis Freundschaftsevangelisationen betreiben. Es wäre tragisch, wenn Christen so tief in die säkulare Atmosphäre eintauchen, dass sie völlig von ihr durchdrungen werden. Das würde nicht zu mehr Bekehrungen führen, sondern zu mehr oberflächlichen Christen.

Eine weitere Gefahr von Freundschaftsevangelisation ist, wenn Christen zwar ihre Freunde positiv beeinflussen und diese Freunde ernsthaft über das Christsein nachzudenken beginnen, aber nie ein Bezug zur Gemeinde hergestellt wird. Das ist gefährlich, denn es kann dazu führen, dass diese Freunde letztlich denken, dass Christsein und Gemeinde zwei unterschiedliche Paar Schuhe seien. Mir wurde schon oft gesagt: „Man kann religiös sein, ohne in die Kirche gehen zu müssen." In unserer postmodernen Gesellschaft wollen viele ihre persönliche Spiritualität genießen, ohne Teil einer örtlichen Gemeinde zu sein. Wir dürfen Menschen niemals in dieser Haltung bestärken. Auch wenn es vielleicht nicht weise ist, Menschen schon nach dem ersten Gespräch über den Glauben zur Gemeinde einzuladen, muss man doch irgendwann einmal über das Thema Gemeinde reden. Andernfalls gibt es zwar vielleicht Bekehrungen, aber kein Gemeindewachstum.

Eine dritte Gefahr kann sich ergeben, wenn Christen mit ihren nichtchristlichen Freunden klaustrophobisch-enge Beziehungen aufbauen. Ich habe schon mitbekommen, wie Christen ihre Freunde an den Punkt führten, eine Entscheidung für Christus zu treffen, aber die Freunde nicht nur Nachfolger Christi wurden, sondern auch Nachfolger der Person, die ihnen das Evangelium verkündet hatte. Vielleicht denkt ein solcher Christ, er wäre der einzige Mensch, der diese geistliche Neugeburt geistlich begleiten kann, dass die Gemeinde kein guter Ort für Neubekehrte ist (und das sind manche Gemeinden wirklich nicht, aber dann muss die Gemeindeleitung daran etwas ändern!). Unsere Priorität bei der Evangelisation muss darin bestehen, das Denken der Menschen auf Christus auszurichten und sie zu ermutigen, ihm nachzufolgen und nicht uns selbst. Freundschaftsevangelisation darf nicht dazu missbraucht werden, unsere eigenen emotionalen Bedürfnisse zu stillen. Es ist eine Aufgabe, der man selbstlos und mit Demut nachgeht. Und Jungbekehrte sollten sobald wie möglich in eine gute Gemeinde integriert werden.

Schwierigkeiten

Neben den Gefahren gibt es auch noch einige praktische Schwierigkeiten, derer man sich bewusst sein sollte, wenn man seine Aufgabe in der Freundschaftsevangelisation sieht. Zuerst ist es eine Tatsache, dass viele Christen nur wenige nichtchristliche Freunde haben. Jedes Jahr lasse ich die Studenten des *Tilsley Colleges* am Anfang des Evangelisationskurses aufschreiben, wer ihre zehn engsten Freunde sind. Dann bitte ich sie, die Namen aller Nichtchristen auf der Liste mit einem Sternchen zu markieren. Die Ergebnisse sind meist sehr aufschlussreich. Die Mehrheit der Studenten hat nur ein oder zwei Freunde auf der Liste, die nicht Christen sind. Es gibt auch einen Zusammenhang dazwischen, wie lange jemand schon gläubig ist und wie viele nichtchristliche Freunde er hat. Wer noch nicht so lange gläubig ist, hat meistens mehr nichtchristliche Freunde.

Manchen Christen fällt es leichter, Freundschaften mit Nichtchristen zu pflegen, und allgemein kann man sagen, dass es den jungen Christen heute leichter fällt als vor 20 Jahren. Aber es bleibt dabei: Nur wenige meiner Studenten haben wirklich viele enge nichtchristliche Freunde.

Dabei möchte ich erwähnen, dass alle Studenten unseres Colleges hingegebene Christen sind. Viele gehen später aufs Missionsfeld und gründen weltweit Gemeinden. Aber trotz ihres Eifers fürs Evangelium und für das Reich Gottes sind nur wenige gut darin, Freundschaften mit Nichtchristen zu schließen. Auffällig ist übrigens auch, dass meinen heutigen Studenten im Allgemeinen Freundschaftsevangelisation besser gelingt als denen vor 20 Jahren, dass sie aber ihre Bibeln nicht so gut kennen wie die Studenten vor 20 Jahren.

Wenn schon hochmotivierte Bibelschulstudenten Schwierigkeiten im Bereich Freundschaftsevangelisation haben, wie viel größer wird das Problem dann erst in den Gemeinden sein. Wir Christen haben uns so weit aus der Gesellschaft zurückgezogen, dass viele gar nicht mehr in der Lage sind, Salz und Licht zu sein. Ich möchte das Problem anhand einer Beispielgeschichte verdeutlichen.

Herr Meier ist vor Kurzem Christ geworden. Er ist Anfang 30, alleinstehend, sozial aufsteigend und hat ein aktives Freizeitleben. Durch das Zeugnis von gläubigen Arbeitskollegen wird er Christ und geht das erste Mal in seinem Leben in eine Gemeinde. Er findet es dort etwas sonderbar, aber die Leute sind freundlich und nett und laden ihn offenherzig in ihre Häuser ein. Ihm gefällt das, obwohl seine neuen christlichen Freunde ihn anscheinend davon abhalten wollen, zu viel Zeit mit seinen „alten" Freunden zu verbringen. Offensichtlich befürchten sie, diese Freundschaften könnten einen schlechten Einfluss auf ihn ausüben und ihn zurück in sein altes Leben ziehen. Herr Meier versteht zwar die Logik der Situation nicht so ganz, aber der Druck von wohlmeinenden Gemeindegliedern und die Lehre der Gemeinde gegen Weltlichkeit lassen ihm wenig Alternativen.

Wie dem auch sei, seitdem er regelmäßig zur Gemeinde kommt und bei seinen neuen christlichen Freunden ist, fällt es Herrn Meier sowieso schwerer, Zeit für seine nichtchristlichen Freunde zu finden. Daraus ergibt sich, dass er sie immer seltener sieht, bis man kaum noch von Freunden sprechen kann. In nur wenigen Jahren geschieht es, dass jemand, der beruflich und in seiner Freizeit fast nur mit Nichtchristen zu tun hatte, zu einer Person wird, die gar keine nichtchristlichen Freunde mehr hat. Wie die meisten Christen in seiner Gemeinde hat er sich faktisch von den Menschen abgeschnitten, die unbedingt den kennenlernen müssen, den er auch kennengelernt hat, nämlich Jesus Christus.

Es ist nur eine Beispielgeschichte, aber so oder so ähnlich geschieht es in Gemeinden im ganzen Land. Man kann den Prozess nachvollziehen, aber dieser Rückzug von der Welt, in der wir leben, ist weder biblisch noch sinnvoll. Die Gemeinden ziehen sich immer mehr in eine Art Belagerungszustand zurück, durch den es noch schwerer wird, eine sterbende Welt zu erreichen. Aus vielen alten Westernfilmen kennt man folgende Szene: Ein Wagentreck schlängelt sich durch die Prairie, heimlich beobachtet von Indianern mit Kriegsbemalung. Die Indianer greifen an, und die Wagen stellen sich im Kreis auf. Während die Angreifer um die Wagenburg preschen, feuern die Cowboys aus allen Rohren auf sie. Das ist ein treffendes Bild für die Evangelisationsmethoden eines großen Teils der Gemeinden. Man steht hinter den sicheren Mauern und feuert ziellos mit der Guten Nachricht auf alles, was sich bewegt, in der Hoffnung, ein paar Treffer zu landen. Wir wagen uns nicht hinaus ins Getümmel, damit wir nicht am Ende noch verletzt werden.

Ein weiteres Problem vieler Christen ist, dass sie nicht wissen, wie man sich natürlich über den christlichen Glauben unterhalten kann. Weil unsere Gesellschaft durch und durch säkular ist, fühlen sie sich gezwungen, ein Art Doppelleben zu führen. Es gibt den geistlichen Teil des Lebens, zu dem der Gemeindebesuch und das Bibellesen in der Privatsphäre gehören. Dann gibt es den säkularen Teil, in dem man zur Arbeit geht und mit seinen

Nachbarn über den Gartenzaun hinweg plaudert. Aber die beiden Teile haben keine Schnittmenge und nähern sich kaum an. Manchmal bekommt ein Christ deswegen ein schlechtes Gewissen. Er denkt, er müsste wirklich mal etwas Geistliches zu einem Nichtchristen sagen. Er fasst allen Mut und tut es. Aber vor lauter Angst, etwas Wichtiges zu vergessen, überschütten er seinen Freund mit einer schwerverdaulichen Menge an theologischer Information und zwar mit solcher Wucht, dass es letztlich mehr schadet. So etwas ist ganz gewiss nicht sinnvoll.

Vorwärts gehen

Nachdem wir uns nun mit den Gefahren und Schwierigkeiten von Freundschaftsevangelisation auseinandergesetzt haben, müssen wir uns überlegen, wie wir vorangehen können, denn sie hat eine große Bedeutung und stellt eine wirkungsvolle Ergänzung zur reinen Gemeindeevangelisation dar. Ohne Freundschaftsevangelisation beschränken wir unsere Evangelisationsstrategie auf das, was man in einem Gemeindegebäude tun kann. Aber das wird zukünftiges Wachstum nicht fördern. Es ist deshalb ungemein wichtig, dass wir als Gemeinde lernen, alle unsere Glieder zu mobilisieren und sie durch Freundschaftsevangelisation miteinzubeziehen. Es gibt zwei gute Gründe, warum dies ein Gebiet ist, in dem die Gemeindeleiter die Führung übernehmen müssen. Erstens, weil sich ohne deren Impuls viele Gemeindeglieder nicht selbst zur Freundschaftsevangelisation aufraffen werden, und zweitens, weil es ohne Führung der Leitung wenig Förderung, Koordination und Unterstützung für diejenigen geben wird, die evangelisieren wollen.

Es gibt unterschiedliche Ebenen beim Prozess, Menschen zur Freundschaftsevangelisation zu ermutigen. Die erste ist Schulung. Die Notwendigkeit einer solchen Schulung kann nicht genug betont werden. Sie ist aus zwei Gründen notwendig.

Erstens haben viele Christen eine falsche Sicht von ihrer Rolle innerhalb der Gesellschaft. Sie legen bestimmte Bibelstellen, in denen es darum geht, dass sich Christen von der Welt trennen sollen, falsch aus. Während es zweifellos stimmt, dass sich unser Lebensstil als Christen eindeutig von der Sündhaftigkeit der Welt unterscheiden soll, fordert uns die Bibel an keiner Stelle auf, dass wir den Kontakt zu den Menschen unserer Gesellschaft abbrechen und zu geistlichen Eremiten werden sollen. Ganz im Gegenteil! Wir leben immer noch auf der Erde, weil wir Salz und Licht sein sollen, und dazu gehört per Definition, dass wir Gottes Licht ausstrahlen und bei der Arbeit, in der Nachbarschaft und unter unseren Freunden wie ein Konservierungsmittel wirken sollen.

Es ist interessant, dass Jesus als der Freund der Sünder bezeichnet wurde (Mt 11,19). Offensichtlich führte er ein heiliges Leben und lebte allen, denen er begegnete, vor, was Gottesfurcht bedeutet. Aber er schottete sich nicht von den Massen ab, sondern kam den Menschen ganz nahe, sogar bis zu dem Punkt, dass seine Feinde ihn wegen der Menschen verachteten, mit denen er sich umgab: Menschen, deren Leben aus den Fugen geraten war und die moralisch und geistlich verwirrt waren. Wenn Christen sich in der Gesellschaft einbringen, wenn sie treu in ihren Berufen arbeiten, sich vielleicht sogar politisch engagieren, werden sie eine Rolle im öffentlichen Leben spielen. Sie bringen dann einen christlichen Einfluss in all diese Situationen. In diesem Sinn ist die Art und Weise, wie wir unser tägliches Leben gestalten, ein Teil unseres Dienstes für Gott.

Zweitens ist Schulung deshalb wichtig, weil viele Christen der Meinung sind, dass Evangelisation die Aufgabe von jemand anderem sei. Das geschieht häufig in den Gemeinden, in denen es schon aktive Evangelisten gibt oder viele evangelistische Aktivitäten stattfinden. Der durchschnittliche Gottesdienstbesucher denkt sich dann, dass ja schon evangelisiert wird, also müsse er sich nicht persönlich einklinken. Das stimmt aber nicht, denn wir alle sind dazu berufen, Zeugen zu sein, ob uns das nun gefällt oder nicht (Apg 1,8). Jedes Mitglied der Gemeinde ist ein Botschafter Gottes und vertritt ihn gegenüber Freunden und Nachbarn (2Kor 5,20). Das muss in jeder Gemeinde gelehrt werden.

In meiner Gemeinde wird in den Predigten oft über Evangelisation gesprochen. Dann ermutigen wir uns gegenseitig, gezielt Zeugnis zu geben. Eine Möglichkeit, die wir gerne nutzen, funktioniert folgendermaßen: Wir geben jedem Gemeindemitglied eine Karte. Auf diese Karte soll man den Namen einer Person schreiben, von der man weiß, dass sie nicht gläubig ist. Durch die Karte verpflichtet man sich, für diese Person zu beten, ihr ein Zeugnis zu sein und sie zu einer Gemeindeveranstaltung einzuladen. Nachdem man nachgedacht und darüber gebetet hat, kann man diese Karte dann unterschreiben.

Wenn man den Gemeindemitgliedern ihre persönliche Verantwortung zum Evangelisieren klargemacht hat, muss man in einem nächsten Schritt die Geschwister schulen. Einige wichtige Punkte müssen hier erklärt werden. Z. B. müssen wir Menschen helfen, ihren Glauben auf verständliche Weise weiterzugeben, indem man „kanaanäische" Ausdrücke weglässt und sich kurz und bündig ausdrückt. Es hat sich auch bewährt, die Leute einmal üben zu lassen, ihr persönliches Zeugnis vorzutragen, das heißt, ihre persönliche Erfahrung verständlich mitzuteilen, wie Gott ihr Leben verändert hat.

Vielleicht müssen wir zunächst auch erklären, wie man Nichtchristen kennenlernen und Beziehungen aufbauen kann und wie man seinen christlichen Glauben ungezwungen weitergibt. In Kapitel 6 erwähnte ich schon, dass Paulus sich in Athen auf den Marktplatz begeben hatte, um dort das Evangelium zu verkünden. Wir müssen uns fragen, wo unser eigener „Marktplatz" ist. Im Wesentlich kann das jede Situation sein, wo Christen Nichtchristen auf natürliche Weise begegnen.

Die meisten Christen haben bereits ihren eigenen Marktplatz, sind sich aber dessen gar nicht bewusst. Nachbarn, Kollegen und Familienangehörige sind Teil davon. Wir müssen unsere Geschwister darin schulen, das Beste aus den Gelegenheiten zu machen, um das Evangelium auf natürliche Art weiterzugeben. Man kann sich aber auch neue Marktplätze erschließen. In einer Gesellschaft, in der Freizeitaktivitäten so hoch im Kurs stehen, gibt es sehr viele Möglichkeiten, wie man Menschen begegnen und ihnen das Evangelium weitersagen kann. Man kann die Geschwister der Gemeinde ermutigen, im Schachklub oder im Frauenverein Mitglied zu werden, im Fußballverein zu spielen oder in einem gemeinnützigen Laden auszuhelfen oder zu Hause einen Lesezirkel anzubieten. Alle diese Gelegenheit führen dazu, dass Christen Einfluss auf das Leben von Menschen haben, und sie eröffnen ihnen viele Möglichkeiten, über ihren Glauben zu reden.

Ein nächster Schritt ist, diejenigen, die man zum Evangelisieren motiviert hat, mit Hilfsmitteln zu versorgen. Das können ganz unterschiedliche Dinge sein. Es gibt unzählige Materialien wie Traktate, Bücher, Videos und Bibeln. An der richtigen Stelle verteilt, kann dies sehr nützlich sein. Ein Freund von mir sprach mit einem Mann, der viele Fragen zur Glaubwürdigkeit der Bibel und zur Wahrheit des Christentums hatte. Er gab ihm das Buch *Die Fakten des Glaubens: Die Bibel im Test* von Josh McDowell weiter. Dies erwies sich als immens hilfreich, und später wurde der Mann Christ. Ich habe schon viel Material benutzt und empfohlen, z. B. DVDs mit apologetischen Themen, hilfreiche Internetseiten und Apps, in denen das Evangelium erklärt wird und Christen unterwiesen werden, oder Broschüren zum Thema Trauer.

Ein weiteres wichtiges Hilfsmittel, das leider oft übersehen wird, ist geistliche Begleitung, wozu guter Rat und Gebet gehören. Ich erwähnte schon, dass sich Christen plötzlich in schwierigen Situationen wiederfinden, wenn sie in das Leben der Menschen hineingezogen werden, denen sie ihren Glauben bezeugen wollen. Freundschaftsevangelisation macht uns anfällig für Versuchungen und geistliche Angriffe. Soldaten an vorderster Front einer Schlacht erleben oft herbe Verluste. Wenn Christen das Evangelium weitergeben, tobt ein geistlicher Kampf, der genauso real ist. Wenn wir nicht lernen, diese Geschwister zu unterstützen und ihnen geistlichen Rückhalt anzubieten, werden sie Schaden erleiden.

Es ist wichtig, dass man die evangelistischen Aktivitäten einer Gemeinde koordiniert. Der Grad an Koordination wird vom erreichten Level und vom gezeigten Interesse abhängen. Z. B. wäre es weder machbar noch wünschenswert, die Gespräche von Gemeindegliedern mit ihren nichtchristlichen Freunden abzustimmen. Wenn jedoch einige der Nichtchristen anfangen, echtes Interesse zu zeigen und gute Fragen über den christlichen Glauben stellen, dann könnte man auch andere Gemeindeglieder miteinbeziehen. Ein paar Beispiele:

1. Wer evangelistische Kontakte hat, könnte diese Namen vertraulich an die Geschwister seiner Gemeinde weitergeben, damit man für sie gezielt beten kann. Das kann ganz informell geschehen oder im Rahmen eines Hauskreises oder Gebetstreffens. Eine Gemeinde in Korea, die ich besuche, hat eine Gebetsliste, die wöchentlich auf den neuesten Stand gebracht wird.

2. Die Gemeindeleiter könnten im Kontakt mit den Geschwistern stehen, die aktive Freundschaftsevangelisation betreiben, ihnen mit Rat zur Seite stehen und seelsorgerliche Unterstützung anbieten.

3. Andere Geschwister der Gemeinde können die Kontaktpersonen ganz ungezwungen kennenlernen, damit diese wiederum mehr Christen kennenlernen. Neulich gingen ein paar unserer Geschwister ins Kino. Einige von ihnen brachten ihre nichtchristlichen Freunde mit, und in diesem Kontext war es uns möglich, die Leute in einer entspannten Atmosphäre kennenzulernen. Für die Geschwister, die den ersten Kontakt hergestellt hatten, war das eine große Hilfe. Wenn andere Menschen aus der Gemeinde beide z. B. zum Essen einladen, kann das einen ganz ähnlichen positiven Effekt haben.

4. Kleine Gebetsgruppen, Zweier- oder Dreierschaften können
   ins Leben gerufen werden, um bewusst und regelmäßig für
   diese Kontakte zu beten.

Es gibt eine letzte, wichtige Frage, die ebenfalls angesprochen
werden muss: Wie kann man seine Kontaktpersonen in das Gemeindeleben einführen? Am besten sollte eine Gemeinde, der
Freundschaftsevangelisation am Herzen liegt, regelmäßig einige niederschwellige Veranstaltungen anbieten, zu denen die
Gemeindeglieder ihre Kontakte mitbringen können. Man sollte
nicht vergessen, dass die Besucher vielleicht das erste Mal an
einer religiösen Veranstaltung teilnehmen, und sie dementsprechend planen. Ein Gästegottesdienst oder ein spezielles Event,
wie sie im letzten Kapitel vorgestellt wurden, wäre wahrscheinlich das Beste.

Man sagt, dass der erste Eindruck zählt. Bis zu einem gewissen
Grad stimme ich dem zu. Die erste Erfahrung, die ein Nichtchrist
bei einer Gemeindeveranstaltung macht, wird seine Wahrnehmung von Gemeinde erheblich beeinflussen. Eine solche erste Begegnung sollte wohldurchdacht sein. Die Verantwortung dafür liegt
sowohl bei der Person, die den Kontakt hergestellt hat, als auch bei
der Gemeindeleitung. Die Person, die den Kontakt hergestellt hat,
sollte klar mit der Gemeindeleitung kommunizieren, damit man
weiß, wer zu der Veranstaltung kommt. Es liegt auch in der Verantwortung des christlichen Freundes, zu entscheiden, zu welcher
Art von Veranstaltung man die Kontaktperson am besten einlädt.
Man muss sich mit ein paar Fragen beschäftigen. Ist mein Freund
sehr skeptisch gegenüber dem Christentum? Fällt es ihm schwer,
sich in einer größeren Gruppe zu bewegen? Wäre ein behutsame-
res Vorgehen vielleicht ratsamer oder ist er in einem Stadium, wo
man ihn geradeheraus auf seinen geistlichen Zustand ansprechen
kann? Diese Fragen werden bei der Entscheidung helfen, wie man
seinen Kontakt in die Gemeinde einführen kann.

Auch die Gemeindeleitung spielt eine wichtige Rolle. Sie ist
dafür verantwortlich, dass es eine Bandbreite an Veranstaltungen

gibt, zu denen man außenstehende Menschen einladen kann. Diese Veranstaltungen können ganz unterschiedlicher Natur sein. Da wäre zum einen so etwas Unverfängliches wie ein Grillabend oder ein Familienausflug oder zum anderen etwas Direkteres wie ein evangelistischer Gottesdienst. Die Gemeindeleitung sollte auch sicherstellen, dass Gäste freundlich empfangen werden. Leider muss das explizit gesagt werden, denn das ist längst nicht immer der Fall. Auf Urlaubsreisen bin ich schon in wirklich seltsame Gemeinden geraten und musste erleben, wie unwohl man sich fühlt, wenn man völlig ignoriert wird. Einige Gemeinden strahlen eine natürliche, offene und freundliche Atmosphäre aus. Zu ihnen gehören Christen, denen es leichtfällt, mit nette Gespräche neuen Leuten zu führen. Aber das kann eben nicht jeder. In der Region Bellshill, in der ich lebe, ist es nicht selbstverständlich, auf einen völlig Fremden zuzugehen und sich freundlich mit ihm zu unterhalten. Dazu braucht man Leute mit einem gewissen Charisma. Die Gemeindeleitung muss dafür sorgen, dass es solche Christen in der Gemeinde gibt und sie sich ihrer Aufgabe bewusst sind. Es ist hilfreich, wenn man ein Team von Menschen hat, die auf Besucher zugehen, sie begrüßen und sich mit ihnen unterhalten. Dieses Begrüßungskomitee hat eine sehr wichtige Aufgabe, weil sie nur ca. 30 Sekunden haben, um ihre Aufgabe erfolgreich zu bewältigen. Unter einem Begrüßungsdienst verstehe ich übrigens nicht, dass eine Horde von Geschwistern am Eingang steht, um sich auf alle Leute zu stürzen, die sich über die Schwelle wagen. Es muss eine feste Struktur geben, die dafür sorgt, dass jeder Besucher sich wohl und angenommen fühlt.

----

❷ ZUM NACHDENKEN

----

1. Nenne die Vorteile und Gefahren von Freundschaftsevangelisation.

2. Was könnte die Mitglieder in deiner Gemeinde von Freundschaftsevangelisation abhalten, und wie kann man sie dazu motivieren?

3. Wie findet man eine Balance zwischen der aktiven Teilnahme am Gemeindeleben und der Teilnahme am sozialen Umfeld, in dem man lebt? Welche Prinzipien können dabei helfen?

4. Wie kann man gemeindefremde Menschen mit in das Gemeindeleben hineinnehmen?

KAPITEL 10

Evangelisation konkret planen

Manchmal passiert es, dass unterschiedliche Lebenswelten aufeinanderprallen. Vor einigen Jahren befand ich mich auf einer Reise nach Pakistan. Der Flug machte eine Zwischenlandung in den Vereinigten Arabischen Emiraten, genauer gesagt in Dubai. Ich musste einige Stunden am Flughafen auf meinen Weiterflug nach Islamabad warten. Das machte mir nichts aus, denn in der Vergangenheit war ich schon öfters in Dubai gewesen. Mir gefiel es, durch den riesigen Flughafen zu wandern, mit all seinen Farben und dem beständigen Treiben.

Als ich am Terminal saß und einen Milchkaffee schlürfte, verfolgte ich auf dem Fernseher des Cafés eine Werbesendung über die Palm Jumeirah. Diese von Menschen geschaffene künstliche Inselgruppe ragt vor der Küste Dubais ins Meer. Sie hat die Form einer riesigen Palme und wird scherzhaft als das achte Weltwunder bezeichnet. Auf dieser riesigen Palme stehen Tausende Häuser und Dutzende Hotels, und es fährt sogar eine eigene Magnetschwebebahn dorthin. In der Sendung wurde gezeigt, mit welcher Präzision dieses Multi-Milliarden-Dollar-Projekt geplant und mit der Hilfe von 40 000 Arbeitern umgesetzt wurde.

Nachdem ich Dubai hinter mir gelassen hatte, flog ich weiter nach Islamabad. Danach ging es mit dem Auto in den Norden zu einer Schule, die ich besuchen wollte. Die Schule wurde um einen Anbau erweitert, und das wollte ich mir anschauen. Das

Budget für diesen Anbau betrug nur einen kleinen Bruchteil des Budgets für die Palmeninsel. Aber das war nicht der einzige Unterschied. Der Vorarbeiter des Schulprojekts erweckte nicht den Eindruck, als wüsste er, was er tat. Die Projektleitung war völlig desorganisiert, weshalb das kleine Team von Arbeitern mehr herumstand und plauderte, als wirklich zu bauen. Als diese beiden Lebenswelten in meinem Kopf aufeinanderprallten, konnte ich mit eigenen Augen sehen, welche Auswirkungen es hat, wenn ein Projekt strategisch geplant ist.

Die Planung einer evangelistischen Strategie

Ganz egal, ob der evangelistische Schwerpunkt einer Gemeinde auf Veranstaltungen oder persönlichen Kontakten liegt, man braucht immer eine Gesamtstrategie. Allzu oft überlassen Gemeinden ihre Evangelisation dem Zufall und planen überhaupt nicht, wie sie andere erreichen wollen. Das liegt häufig daran, dass die begabten Evangelisten einer Gemeinde, die meistens spontan agierende Menschen sind, sich selbst überlassen werden. Da diese auch dazu neigen, Individualisten zu sein, kümmert sie das wenig. Deshalb tun sie das, was in ihrer Natur liegt und ihnen leichtfällt, nehmen sich aber oft nicht die Zeit, um über das Gesamtbild nachzudenken und Fragen zur evangelistischen Strategie einer Gemeinde zu stellen. Wenn eine Gemeinde voll enthusiastischer Evangelisten ist, wird das auch Ergebnisse bringen, aber der Effekt könnte durch sorgfältige Planung viel größer sein.

Aber wie entwickelt eine Gemeinde eine stimmige Strategie für die Evangelisationsarbeit? Die Antwortet lautet, dass man sorgfältig, methodisch und schrittweise vorgehen muss. Man muss langfristig denken, denn das Projekt wird nicht in wenigen Wochen abgeschlossen. Die Aufgabe, Jünger zu gewinnen, ist so wichtig, dass keine Zeit und kein Aufwand zu viel ist. Wir müssen eine wirkungsvolle Strategie entwickeln und diese Effektivität erhalten, indem wir weiter flexibel auf das reagieren, was um uns herum geschieht.

Analyse

Der erste Schritt in der Entwicklung einer Strategie besteht in einer Situationsanalyse. Wir müssen uns fragen, wo wir jetzt stehen. Es versteht sich von selbst: Wenn man ein Ziel erreichen möchte, muss man wissen, wo der Ausgangspunkt ist. Aufgrund meines Berufes bin ich viel unterwegs und fahre oft an Orte, an denen ich vorher noch nie war. Vor ein paar Jahren kaufte ich mir ein mobiles Navi. Es lässt sich leicht an der Windschutzscheibe anbringen und hat mir schon große Dienste dabei geleistet, dorthin zu gelangen, wo ich hin wollte. Dabei habe ich etwas über eine wichtige Eigenart von Satellitennavigationssystemen gelernt. Wenn man das Navi anschaltet, gibt es zunächst eine kurze Verzögerung. Das liegt daran, dass das Gerät zunächst herausfinden muss, wo es sich gerade befindet. Es kann erst dann die Route berechnen, wenn es weiß, wo die Reise beginnt. Das gilt auch für die evangelistische Strategie einer Gemeinde. Man kann keine Reiseroute festlegen, wenn man nicht weiß, wo man sich befindet. Und um das herauszufinden, bedarf es einer Analyse.

Solch eine Analyse ist aus mehreren Gründen oft sehr schwierig. Erstens ist sie schmerzhaft. Eine ehrliche Analyse wird Fehler und Unzulänglichkeiten in unserer Evangelisationspraxis aufdecken, und die meisten von uns geben diese Missstände nicht gerne zu. Gerade Gemeindeleitern fällt das schwer, denn sie empfinden einen Mangel an Wirksamkeit in der Evangelisationsarbeit als Kritik an ihrer Führungsqualität. Natürlich stimmt das auch bis zu einem gewissen Grad, aber man darf zwei Faktoren nicht vergessen. Wir müssen uns daran erinnern, dass wir alle fehlbare Menschen sind und dass Fehler und Unzulänglichkeiten Teil des Lebens sind. Diese Erkenntnis ist nicht gleichbedeutend mit einem Schuldbekenntnis oder einer Entschuldigung für Mittelmäßigkeit; es ist einfach die Einsicht, dass sogar sehr gute Leiter hart arbeiten müssen und dass es im Dienst in jeder Gemeinde noch Spielraum nach oben gibt. Wir müssen außerdem erkennen, dass die Rettung verlorener Menschen wichtiger ist als unser verletztes Ego.

Wenn dieser Analyseprozess erfolgreich sein soll, muss man ehrlich und hart gegen sich selbst sein und auch unbequeme Fragen zulassen. Es sollte kein Platz für Schönrederei, Selbstbeweihräucherung und billige Ausreden sein. Der Sinn und Zweck einer Analyse besteht darin, herauszufinden, was im Moment gut läuft und was nicht – und was wahrscheinlich nie funktionieren wird. Dabei muss man sich vor zwei Gefahren schützen. Erstens gibt es so etwas wie heilige Kühe. Damit meine ich evangelistische Aktivitäten, denen wir uns emotionell sehr verbunden fühlen, die aber völlig ineffektiv sind. Zweitens besteht die Gefahr, dass man erfolgreich laufende evangelistische Aktivitäten außer Acht lässt und sich erst gar nicht fragt, ob man auch diese optimieren könnte. Wenn man diese beiden Fallstricke meidet, wird die Analyse viel nützlicher sein.

Welche Fragen sollte man sich stellen? Meines Erachtens gibt es zwei Kategorien von Fragen.

Zur ersten Kategorie gehören Fragen, die sich mit der allgemeinen geistlichen Verfassung der Gemeinde beschäftigen. Dieses Fragen haben zunächst nichts direkt mit der Evangelisationsarbeit zu tun, sind aber sehr wichtig, denn eine geistlich gesunde Gemeinde wird auch mehr Früchte in ihren evangelistischen Bemühungen sehen. Kraftlose Gemeinden, in denen es den Geschwistern an Leidenschaft und Liebe zu Gott mangelt, werden wahrscheinlich keinen Erfolg bei der Evangelisation haben.

Hier einige Beispiele für die Fragen der ersten Kategorie:

- Hält diese Gemeinde an der Wahrheit der Bibel fest?
- Ist den Geschwistern dieser Gemeinde das Gebet wichtig?
- Gibt es geistliche Einheit in der Gemeinde?
- Hat diese Gemeinde eine gemeinsame Vision?
- Ist den Geschwistern die Anbetung Gottes wichtig?
- Wie wichtig ist der Gemeinde, dass Gott verherrlicht wird?
- Sind die Geschwister dieser Gemeinde bereit, intensiv für die Gemeinde zu arbeiten?

- Führen die Geschwister ein geheiligtes Leben und sind sie opferbereit im Dienst?

Jede dieser Fragen muss ehrlich beantwortet werden. Die Antworten werden aufzeigen, ob wir als Gemeinde wirklich zum Wachstum bereit sind oder nicht. Wir schaffen es vielleicht, Menschen zu unseren Veranstaltungen einzuladen, aber das ist noch kein Wachstum. Zu echtem Wachstum gehört, dass Menschen ihr Leben Jesus Christus anvertrauen und dann im Glauben wachsen. Man darf nicht vergessen, dass unser Auftrag lautet, Jünger heranzubilden; wir sind keine Skalpjäger.

Die zweite Kategorie von Fragen soll überprüfen, ob das evangelistische Bemühen einer Gemeinde effektiv ist. Außerdem soll festgestellt werden, ob unsere Geschwister in der Lage sind, Menschen das Evangelium weiterzugeben und andere in der Nachfolge als Jünger Jesu anzuleiten.

Hier einige Beispiele für die zweite Kategorie von Fragen:

- Wie erfolgreich ist die Gemeinde darin, gemeindefremde Menschen zu erreichen?
- Wäre die Gemeinde bereit, neue Wege zu gehen und innovativ zu arbeiten?
- Inwieweit merken Fremde, dass sie in der Gemeinde willkommen sind?
- Fühlen sich unsere eigenen Geschwister geliebt und umsorgt?
- Bis zu welchem Grad lassen sich die Geschwister der Gemeinde zum Handeln bewegen?
- Sind in der Gemeinde die Gaben vorhanden, die man braucht, um kreativ evangelisieren zu können?
- Sind wir uns als Gemeinde der geistlichen Bedürfnisse unseres sozialen Umfelds bewusst?
- Was sind wir bereit zu tun, um diesen Nöten zu begegnen?

Ich möchte nicht zu hart klingen, aber wenn eine Gemeinde bei diesem „Test" nur wenige Punkte erreicht, dann ist sie wahrscheinlich noch nicht bereit dafür, andere zu Jüngern zu machen. Eine zerstrittene, unfreundliche, an Traditionen hängende und widerwillige Gemeinde wird nicht wirkungsvoll sein.

Wenn wir diese Analyse durchgeführt haben, ist es wichtig, die beiden Übel Selbstgenügsamkeit und Negativität zu meiden. Wenn die Gemeinde im Test viele Punkte erreicht hat, wäre es zu einfach, sich auf seinen Lorbeeren auszuruhen, weil ja alles so gut läuft. Da ist der Tod im Topf! Egal, wie gut eine Gemeinde im Moment aufgestellt ist, es gibt immer etwas zu verbessern. Wie schnell kann es geschehen, dass es dieser Gemeinde in der Zukunft gar nicht mehr so gut gehen wird. Es ist oft nur ein schmaler Grat zwischen einer aktiven, wachsenden Gemeinde und einer Gemeinde, die an Schwung verliert. Nachlässigkeit und Rückgang geschehen oft so schleichend, dass man es gar nicht merkt. Es beginnt oft damit, dass der Herzschlag der Gemeinde aussetzt, man nimmt den Fuß vom Gaspedal, verliert den Schwung, und plötzlich geht es nicht mehr vorwärts. Anfangs merkt niemand, dass etwas nicht stimmt, aber es gibt kein Wachstum mehr. Meiner Erfahrung nach hat eine Gemeinde, die auf diese Weise zu stagnieren beginnt, noch etwa achtzehn Monate Zeit, sich zu ändern, bevor es immer weiter bergab geht. Nach anderthalb Jahre haben sich die Geschwister so an die Trägheit gewöhnt, dass die Gemeinde sich in echten Schwierigkeiten befindet. Man darf nicht vergessen, dass Gemeinden auch auf natürliche Weise Menschen verlieren. Leute werden alt und sterben; andere ziehen aus beruflichen Gründen weg. Durch solchen Verlust wird die Gemeinde schrumpfen, es sei denn, neue Leute kommen hinzu. Die Lektion liegt auf der Hand: Auch eine gesund wirkende Gemeinde muss wachsam bleiben.

Wenn deine Gemeinde beim obigen Test eher schlecht abgeschlossen hat, darfst du nicht verzweifeln. Es scheint tatsächlich düster auszusehen, aber das kann sich ändern, wenn der Wille zur Veränderung da ist. Eine Gemeinde muss sich nur geschlagen geben, wenn sich die Geschwister geschlagen geben wollen. Mit Gebet und gemeinsamer Arbeit kann man eine Gemeinde in neues Fahrwasser führen. Ich kenne eine Gemeinde in meiner Nähe, die kurz vor dem Aussterben stand, aber das Ruder herumreißen konnte. Zu einem Zeitpunkt bestand sie nur noch aus neun Mitgliedern, alle im Rentneralter. Der letzte verbliebene Älteste bat ein Ehepaar einer Nachbargemeinde um Hilfe. Sie kamen seiner Bitte nach, hatten aber eine Bedingung: Sie baten darum, dass der Älteste von seinem Amt zurücktreten und ihnen alle Freiheiten geben würde, Dinge zu verändern, um Wachstum zu ermöglichen. Der Älteste tat dies in Frieden und Demut, und heute besteht die Gemeinde aus 150 Geschwistern. Es gibt immer Hoffnung, wo ein Wille vorhanden ist. Der Schlüssel besteht in einer ehrlichen, schmerzvollen Selbsteinschätzung und Veränderung. Sei positiv und schau nicht nur auf den Ist-Zustand der Gemeinde, sondern vor allem darauf, wie sie aussehen könnte. Potenzial zu sehen und es zu nutzen ist eines der Geheimnisse von Gemeindewachstum.

Ziele setzen

Wenn die Analyse abgeschlossen ist, kommt der nächste Schritt. Man muss sich konkrete Ziele setzen. Den Ist-Zustand zu kennen ist gut, aber es ist mindestens genauso wichtig zu wissen, wo man hinmöchte. Eine alte Weisheit sagt: „Wenn du kein Ziel hast, wirst du genau dort ankommen." Das gilt auch für eine Gemeinde. Wenn man keine Ideen hat, wie die Gemeinde einmal aussehen soll, dann weiß man auch nicht, in welche Richtung man gehen muss. Wenn alles nur vor sich hinplätschert, werden sich kaum Außenstehende bekehren, und die Gemeinde wird nicht wachsen.

Aber es geht nicht nur darum, Ziele zu setzen, es müssen auch die richtigen Ziele sein. Das erfordert sorgfältiges Nachdenken. Wer zu hastig voranprescht, rennt leicht in die falsche Richtung. Aber wenn man sich die richtigen Ziele setzt, kann man voller Zuversicht gemeinsam vorwärtsgehen. Welche Ziele man sich auch setzt, sie sollten die folgenden Merkmale vorweisen:

⊕ *Sie sollten realistisch sein*

Das klingt zwar selbstverständlich, aber man lässt sich leicht vom eigenen Enthusiasmus mitreißen und setzt sich vorschnell unerreichbare Ziele. Man muss im Blick haben, ob man genug Mitarbeiter hat, ob die nötigen Begabungen vorhanden sind und vielleicht auch, ob das Geld dafür vorhanden ist. Deswegen ist Realismus so wichtig. Unrealistische Ziele werden zu Enttäuschungen führen, wenn man sie nicht erreicht. Lieber erreichbare Ziele setzen, um dann froh sagen zu können: „Mit Gottes Hilfe haben wir's geschafft!"

Per Definition sind realistische Ziele solche, die weder zu pessimistisch noch zu optimistisch sind. Man muss eine goldene Mitte treffen. Meine eigene Gemeinde besteht zurzeit aus 45 Geschwistern. Es wäre ein Fehler, sich vorzunehmen, dass sie in den nächsten fünf Jahren auf 500 Personen wachsen soll. Eine Zielfestlegung benötigt sowohl geheiligten, gesunden Menschenverstand als auch den Glauben an die Macht Gottes. Hilfreich können auch Zwischenziele sein, die man erreichen möchte. Auf diese Weise erkennt man Fortschritte und geht weiter in die richtige Richtung. So kann man als Gemeinde auch Ziele anstreben, die momentan außer Reichweite scheinen, aber hoffentlich in der Zukunft erreichbar sind.

⊕ *Sie sollten messbar sein*

Auch das scheint offensichtlich zu sein, aber meiner Erfahrung nach werden oft Ziele gesetzt, ohne dass man sich fragt: „Woher wissen wir, wann wir das Ziel erreicht haben?" Ziele müssen messbar sein, damit man weiß, wann man die Ziellinie überschritten hat und das Ziel Teil der Geschichte wird. Es ist einfach ermutigend, wenn man zurückschauen und sehen kann, was erreicht wurde.

Ein guter Maßstab ist ein zeitlicher Rahmen. Wie die Ziele selbst, so muss auch der Zeitrahmen realistisch sein. Manche Ziele kann man relativ schnell erreichen, während andere mehr Zeit benötigen und Teil eines kontinuierlichen Programms sind. Der Zeitrahmen muss so gesetzt werden, dass er nicht zu schnell

Ergebnisse verlangt. Manches braucht länger und sollte nicht übers Knie gebrochen werden, deshalb braucht man Geduld. Andererseits sollte man es sich auch nicht zu bequem machen und zu viel Zeit ansetzen, sonst geht das Gefühl der Dringlichkeit verloren.

Messbare Ziele verlangen eine konkrete Zielvorgabe. Wenn man sich zum Ziel setzt, häufiger zu evangelisieren, dann lässt das sehr viele subjektive Spielräume. Dieses Ziel ist zu vage. Ein besseres Ziel wäre, sich vorzunehmen, im nächsten Jahr 100 Menschen mit dem Evangelium zu erreichen oder dass die Gemeinde in den nächsten zwei Jahren um fünf Menschen wachsen soll. Solche Ziele sind messbar. Und messbare Ziele führen zu konkreten Ergebnissen und geben unseren Bemühungen einen Rahmen.

⊕ Sie sollten visionär sein

Wenn man Ziele setzt, sollte man das Potenzial einer Gemeinde, die vom allmächtigen Gott gebraucht wird, nicht unterschätzen. Ein Freund von mir sagte einmal, dass man Planungsgruppen mit Optimisten besetzen sollte. Ich stimme dieser Aussage zumindest in Teilen zu. Ganz sicher sollten die Menschen an der vordersten Front der Gemeinde Visionäre sein und Leute, die Glauben haben. Wir haben einen großen Gott, der selbst durch gefallene Geschöpfe wie uns mächtig wirken kann. Wir brauchen Gottes Vision für unser Umfeld und sollten dementsprechende Ziele setzen.

⊕ Sie sollten von Gebet begleitet werden

Ziele sollten unter Gebet formuliert werden. Als Ältester einer Gemeinde muss ich mich immer daran erinnern, dass die Gemeinde, der ich diene, die Gemeinde Gottes ist und nicht meine eigene. Wenn man für die Gemeinde Ziele setzt, muss man sich immer vor Augen halten, dass der Wille Gottes das Wichtigste ist. Das ist keine Entschuldigung für fatalistische Tatenlosigkeit. Vielmehr müssen wir jederzeit Gottes Leitung und Führung suchen, auf seine Stimme hören und dementsprechend vorangehen.

Jeder, der schon einige Zeit im Dienst steht, wird außerdem wissen, dass wir alle letzten Endes machtlos sind, wenn es um die geistliche Wirklichkeit geht. Gott ist derjenige, der an den Herzen arbeitet und Leben verändert. Seiner Führung zu folgen und sich seinen Plänen unterzuordnen ist deshalb der einzig gangbare Weg. Er gab uns einen Verstand, und den müssen wir einsetzen, wenn wir nachdenken und planen wollen. Aber wir dürfen bei allen Entscheidungsprozessen niemals Gott außen vor lassen. Im Gegenteil, wir sollten immer auf ihn und seine Weisungen hören.

➜ Sie sollten einmütig sein

Der letzte Punkt ist die Einheit: Ziele für eine Gemeinde sollten von allen Geschwistern der Gemeinde einmütig getragen werden. Besser noch, die Geschwister sollten alle die gleiche Sicht haben. Viele Leiter sind kreative Köpfe und verfolgen gute Evangelisationsstrategien, aber es fällt ihnen schwer, den Rest der Gemeinde mit ins Boot zu holen. In der Praxis wird es immer so laufen, dass die Ziele einer Gemeinde nur von wenigen erarbeitet werden, aber sie sollten der Gesamtgemeinde vorgestellt und es sollten alle dazu motiviert werden, die Ziele mitzutragen. Wenn sich eine ganze Gemeinde auf die Ziele einigen kann, ist die Sache schon halb gewonnen. Man sollte sich die Zeit nehmen und die Geschwister über den Stand der Dinge informieren. Diese Zeit ist gut investiert und wird der Gemeinde eine gemeinsame Sicht vermitteln.

Methoden festlegen

Wenn man das Ziel festgelegt hat, muss man im nächsten Schritt entscheiden, wie man diese Ziele erreichen kann. Viele Gemeinden sind sehr aktiv und meinen, sie würden ihrem Auftrag nachkommen, weil so viel geschieht. Das Gefühl kann jedoch täuschen. Zu viel Aktivismus kann sogar kontraproduktiv sein. Wenn man viele Aktivitäten durchführt und sich erst nachträglich einen Grund dafür überlegt, ist das so, als ob man den Karren vor das Pferd spannt. Viel besser ist zu entscheiden, was man erreichen will (indem man Ziele setzt) und dann Wege dafür findet. Wer ein schwerfälliges Aktivismus-Gebilde erschafft, wird merken, dass es kräftezehrend, kaum steuerbar und letztlich eine Verschwendung der Ressourcen einer Gemeinde ist. Es ist oft gar nicht so einfach, eine einmal angefangene Aktivität aufhören zu lassen. Aber man muss sicherstellen, dass man die angebotenen Aktivitäten auch wirklich braucht.

Dabei wird die Zeit kommen, in der man die vorher erwähnten heiligen Kühe schlachten muss. Es wird immer Dinge geben, die einfach nicht mehr funktionieren und deshalb aufgegeben werden müssen. Keine Gemeinde hat genug Leute, um diese am Laufen zu halten; sie sind unnötiger Luxus. Das Problem ist, dass einige der daran Beteiligten eine emotionale Bindung aufgebaut haben. Zum einen, weil sie schöne Erinnerungen an die Zeiten haben, als diese Dinge noch liefen, und zum anderen, weil sie sie einfach wirklich mögen.

Ich kann mich an eine Kinderstunde erinnern, die wir früher in meiner Gemeinde abhielten. Sie machte viel Spaß, und die meisten Mitarbeiter mochten die Arbeit sehr, obwohl es manchmal ein wilder Haufen war und hoch herging. Im Laufe der Jahre merkten wir jedoch, dass nicht viel Frucht entstand. Diese Kinderstunde verhalf uns zwar zu einem guten Ruf in der Nachbarschaft und machte unsere Gemeinde bekannt, aber die jungen Leute wurden keine Christen. Letzten Endes mussten wir Veränderungen vornehmen. Die Gruppe hatte ihren Zweck erfüllt, wir hatten Kontakte zu den Menschen vor Ort geknüpft, aber unser neues Ziel lautete, junge Menschen dazu zu bringen, Christus zu vertrauen, und die alte Methode führte einfach nicht zum Ziel. Es war schwer, die Kinderstunde zu beenden, aber wir begannen eine neue Gruppe mit einem neuen Format, die den von uns gesetzten Zielen viel besser entsprach. Manchmal muss man die heiligen Kühe erbarmungslos schlachten, und die Früchte werden sich schnell zeigen.

Wenn man die Methoden auswählt, mit denen man die gesetzten Ziele erreichen möchte, muss man sich eine Reihe von

Fragen stellen. Es sind einfache Fragen, aber durch sie kann man bestimmen, ob die gewählten Methoden geeignet sind oder nicht.

⊕ Passt die Methode zur Gemeinde?

Wenn es um die Festlegung von Methoden geht, muss man pragmatisch vorgehen und sich fragen, ob die Geschwister mit dieser Methode einverstanden sein werden. Schließlich sind Evangelisation und Jüngerschaft die Aufgaben der Gesamtgemeinde, nicht nur einiger weniger Spezialisten. Je mehr Geschwister sich engagieren, desto wahrscheinlicher ist es, dass man wirklich etwas bewirken kann. Deshalb ist man auf die Unterstützung der Gemeindemitglieder angewiesen.

Manchmal muss man die Menschen erst überzeugen, um sie für neue Ideen zu begeistern. Viele Menschen sind Gewohnheitstiere und müssen von Alternativen erst überzeugt werden. Oft lassen sich die Geschwister von ihren Leitern für Neues begeistern, aber nicht immer. Hier ist gutes Urteilsvermögen gefragt. Man muss entscheiden, ob man eine bestimmte Methode wirklich vorantreiben möchte, auch wenn einige Leute in der Gemeinde darüber sehr unglücklich sein werden, oder ob dieser Preis doch zu hoch ist. Alternativ kann man warten und die Geschwister ausführlicher informieren, in der Hoffnung, dass im Laufe der Zeit der Widerstand gegen diese neue Methode schwinden wird. Wenn dieser neue Weg jedoch bei den Geschwistern auch weiterhin keinen Anklang findet, ist es vielleicht besser, sich etwas anderes zu überlegen.

⊕ Haben wir genügend Mitarbeiter dafür?

Eine zweite praktische Frage ist, ob man für die vorgeschlagene Methode auch genug Mitarbeiter hat. Auf meinen Reisen sind mir viele gute evangelistische Ideen begegnet, deren Umsetzung aber viele Mitarbeiter bindet. In einer kleinen Gemeinde, in der die Menschen bereits viele Aufgaben übernommen haben, können einige der entwickelten Ideen einfach die Kräfte der Geschwister übersteigen.

➲ Haben wir die Begabungen dazu?

Selbst wenn man genug Leute hat, um einige der evangelistischen Aktivitäten durchzuführen, muss man sich immer noch fragen, ob man auch die richtigen Leute dafür hat – oder, genauer gesagt, ob die entsprechenden geistlichen Gaben vorhanden sind. Ich wiederhole noch einmal: Ich habe bereits viele tolle, innovative Ideen kennengelernt, aber sie erfordern Leute mit der richtigen Begabung. Diese Methoden können sehr effektiv sein, aber nur, wenn man die richtigen Leute hat, um sie durchzuführen.

➲ Wird diese Methode zielführend sein?

Diese Frage führt uns direkt zu unseren Zielen zurück (und genau da wollen wir hin). Bei jeder Idee, über die man nachdenkt, muss man sich immer wieder fragen, ob diese Methode wirklich zielführend ist. Wenn nicht, dann sollte man die Idee sofort verwerfen. Man wird sonst lediglich den Bestand an heiligen Kühen aufstocken, obwohl man den doch eigentlich verringern will!

➲ Ist dies die beste Methode?

Selbst wenn man auf eine Idee stößt, die wahrscheinlich funktionieren wird, muss man sich immer fragen, ob es auch die bestmögliche Methode ist. Damit muss man natürlich unter Umständen wieder von vorne anfangen; aber warum etwas entwerfen, das nur mittelmäßigen Erfolg bringen wird, wenn man etwas haben kann, das viel erfolgreicher sein wird?

Man darf nicht vergessen, dass eine richtige Methode immer mehr erreichen wird als eine falsche. Daher lohnt es sich, Zeit zu investieren und es direkt richtig zu machen. An dieser Stelle muss gesagt werden, dass es viel Fantasie und Kreativität erfordert, um gute Methoden zu finden, mit denen man die Menschen erreichen kann. Die Aufgabe der Leiter ist zu führen, aber nicht alle Leiter sind kreative Köpfe. Daher ist es sehr wichtig, den kreativsten Köpfen in der Gemeinde die Aufgabe zu übergeben, Methoden und Initiativen zu entwickeln. Eine meiner persönlichen

Schwächen ist ein Mangel an Kreativität. Ich habe kein Problem damit, mit Menschen über meinen Glauben zu sprechen, deshalb denke ich, dass mir die Gabe der Evangelisation geschenkt wurde. Ich kann meinen Glauben schlüssig erklären und meine Behauptungen mit überzeugenden Argumenten untermauern. Aber wenn es darum geht, frische Ideen für die Evangelisation zu entwickeln oder neue Wege zu finden, um soziale Kontakte zu knüpfen, komme ich an meine Grenzen. Zum Glück gibt es in meiner Gemeinde Menschen, die das gut können, und als Team sind wir richtig effektiv. Die Lektion ist klar. Wir müssen alle Gaben nutzen, die Gott uns geschenkt hat, und gemeinsam werden wir in der Lage sein, etwas zu bewirken. Es ist auch sehr wertvoll, wenn man sich in anderen Gemeinden umschaut. Ich predige in vielen Gemeinden, sowohl in Großbritannien als auch im Ausland. Ich nehme dann häufig Ideen mit, die wir in meiner Gemeinde nutzen können. Diese gegenseitige Befruchtung ist ein großer Vorteil, deshalb ist es gut, sich mit Menschen aus anderen Gemeinden zu treffen und nach übertragbaren Ideen Ausschau zu halten.

Umsetzung

Selbst wenn man eine Reihe von Methoden entwickelt hat, mit denen man die gesteckten Ziele erreichen möchte, ist die Arbeit noch nicht getan. Jetzt muss man diese Methoden auch umsetzen. Nach meiner Erfahrung ist dies die schwierigste Phase des gesamten Prozesses. Es ist eine Sache, die Menschen in der Gemeinde mit einer Liste von Zielen zu begeistern und die richtige Methodik zu entwickeln; es ist eine ganz andere Sache, die Menschen dazu zu bringen, etwas zu tun. Das dreifache Übel von Faulheit, Gleichgültigkeit und Angst ist ein großes Hindernis. Die Bibel benutzt für die Gemeinde das Bild einer kampfbereiten Armee (Eph 6,10-20), aber manchmal sind Ortsgemeinden nicht mehr als eine Ansammlung von Einzelgängern und Deserteuren. Die „schlummernden Heiligen" zu wecken und die „einsamen

Wölfe" zur Einheit zu rufen ist alles andere als einfach. Es bedarf erheblicher Führungsqualitäten, um alle zur Zusammenarbeit zu bewegen.

Doch die Umsetzung der Methoden ist komplexer als nur das Sammeln der Truppe. Wenn sich die neuen Methoden stark von den bereits vorhandenen unterscheiden, dann kann jede Neuerung eine drastische Veränderung bedeuten. Die bestehenden Strukturen können sich als unzulänglich erweisen, und unter Umständen müssen völlig neue Strukturen entwickelt werden.

Ich erkläre dies an einem einfachen Beispiel. Vor etwa 30 Jahren bemerkten viele unabhängige Gemeinden in England, dass der evangelistische Gottesdienst am Sonntagabend nicht die gewünschten Ergebnisse lieferte. Der Hauptgrund dafür war, dass die meisten Menschen, die man als Zielgruppe für diese Gottesdienste hatte, zur Hauptsendezeit lieber zu Hause blieben und fernsahen. Viele Gemeinden beschlossen deshalb, einen morgendlichen Familiengottesdienst einzuführen, als neue Methode, um Menschen zu erreichen. Das Problem dabei war nur, dass die Anbetungsstunde ebenfalls am Morgen stattfand und es so eine Überschneidung gab. Um die neue Methode anzuwenden, musste man die Gestaltung des Sonntagvormittags ändern. Einige Gemeinden taten dies, indem sie die Anbetungsstunde früher stattfinden ließen, während andere diese Stunde auf den Abend verlegten. Die traurige Wahrheit sah so aus, dass diese Verschiebung einige Gemeinden gespalten hat, obwohl das Endergebnis zweifellos richtig war. Das ist die Art von Veränderung, die neue Methoden erfordern.

Veränderungen sind niemals einfach, und viele Gemeinden kommen damit nicht gut klar. Trotzdem müssen sie es versuchen. Ohne die Bereitschaft, unzureichende Strukturen zu verändern und neue Strukturen einzuführen, werden die neuen Methoden niemals den Weg von der Entwurfsphase in die Realität schaffen. Wenn man mit der Umstrukturierung beginnt, merkt man vielleicht, dass man einige Anpassungen vornehmen muss. Keine einzelne Gemeinde kann alles tun. Wie groß eine

Glaubensgemeinschaft auch sein mag und wie viele begabte Geschwister ihr angehören mögen, es wird immer Machbarkeitsgrenzen geben. In dem Maße, wie neue Strukturen und Methoden in die Praxis umgesetzt werden und zu den Gesamtbelastungen der Gemeinde hinzukommen, müssen alte Strukturen aufgelöst werden. Man muss einfach Prioritäten setzen. Eine bestimmte Sache kann durchaus sinnvoll und wirksam sein, aber wenn die Ressourcen (menschliche und andere) einfach nicht zur Verfügung stehen, kann man sie nicht durchführen. Besser weniger gut machen, als viel zu machen, aber schlecht.

Im Folgenden ein paar hoffentlich hilfreiche Ideen, wie man Veränderungen umsetzten kann. Sie könnten das Zünglein an der Waage sein, ob neue Methoden scheitern oder nicht.

⊕ *Hin zur Mitarbeit aller Geschwister*

Wenn man ernst nimmt, was das Neue Testament lehrt, stellt man fest, dass jeder Einzelne etwas zum Gemeindeleben beizutragen hat (1Kor 12,12-30). Nicht jeder kann predigen, kreative Ideen entwickeln oder führen, aber jeder hat eine Gabe. Das größte Potenzial einer jeden Gemeinde sind zweifellos ihre Mitglieder, die Geschwister. Das Problem ist, dass in den meisten Gemeinden die 20-80-Regel gilt. Das bedeutet, dass 20 % der Geschwister 80 % der Arbeit erledigen. Somit lässt man den größten Teil der Gaben einer Gemeinde brachliegen. Teilweise liegt das daran, dass es in jeder Gemeinde Menschen gibt, die einfach nicht bereit sind, ihren Beitrag zu leisten. Aber das Problem kann auch auf Seiten der Leitung liegen. Einige Gemeindeverantwortliche sind nicht gut darin, die Gaben anderer zu erkennen oder sicherzustellen, dass jede Person in der Gemeinde eine Aufgabe bekommt. Faulheit im Gemeindeleben muss hinterfragt werden – sie ist Sünde. Die Leitung muss die Fähigkeiten der Geschwister erkennen und sie für die Mitarbeit gewinnen.

Jesus sagte zu Petrus, dass er seine Schafe weiden solle (Joh 21,15-17). Die Analogie der Schafe ist hilfreich, denn sowohl Schafe als auch die Gruppe der Gemeindemitglieder müssen

geführt werden. Es liegt in der Verantwortung der Gemeindeleitung, Mitglieder einer Gemeinde an Aufgaben heranzuführen,
die sie ausführen können. Je mehr Menschen an den neuen Methoden beteiligt sind, desto wahrscheinlicher ist es, dass diese
Methoden Erfolg haben werden.

⊕ Schlüsselpersonen identifizieren

Neben der Beteiligung möglichst aller Geschwister ist es ebenso
wichtig, Schlüsselpersonen zu identifizieren, die die Arbeit vorantreiben. Auch mit gutem Willen ist einfach nicht jeder in der
Lage, eine bestimmte Arbeit zu leiten, Weitblick zu haben und
die treibende Kraft zur Durchführung eines Projekts zu sein. Enthusiasmus ist prima, kann aber echte Fähigkeiten nicht ersetzen.
Es muss einen Kern fähiger und engagierter Menschen geben,
die Aufgaben ausführen und dafür sorgen können, dass alles gut
läuft. Es ist ein Teil guter Leiterschaft, solche Menschen ausfin-
dig zu machen. Ich spreche oft davon, nach Menschen zu suchen,
die ein Spiel gewinnen wollen und das auch spielend schaffen
können. Mit anderen Worten, man braucht Menschen, die die
Fähigkeit haben, Dinge zu verwirklichen, und denen man echte
Verantwortung übertragen kann, weil sie Dinge vorantreiben.

Man muss diese Schlüsselpersonen identifizieren und genügend Verantwortung an sie delegieren, sodass sie ihre Aufgabe
als erfüllend und anspruchsvoll erleben. Manchmal kann dies
auf Protest stoßen, weil man in Gemeinden Teamarbeit schätzt.
Auch ich schätze Teamarbeit. Aber beides kann sich wunderbar
ergänzen. Teams innerhalb der Gemeinde können von solchen
Schlüsselpersonen geleitet und motiviert werden. Sie bringen ein
Team in Bewegung und sorgen für Dynamik. Echtes Teamwork
widerspricht nicht Unternehmergeist und Führungsqualitäten.
Vielmehr wird ein gutes Team der Führungspersönlichkeit erlauben, ihre Arbeit zu tun und ihr die Unterstützung bieten, die sie
braucht, um Dinge voranzubringen. Es gibt kaum etwas kraftvol-
leres, als die „Macher" einer Gemeinde zusammenzubringen und
sie auf eine bestimmte Aufgabe „loszulassen". Vorausgesetzt, es

handelt sich um geistliche Menschen mit den richtigen Motiven, die sich der Gemeindeleitung unterordnen und bereit sind, mit anderen zusammenzuarbeiten. Sind sie das, so werden sie etwas in Bewegung setzen. Letzten Endes werden es diese Schlüsselpersonen sein, die wirklich etwas in Punkto Evangelisation bewirken. Mobilisiert man sie, werden Ergebnisse folgen.

➔ *Mit Stereotypen brechen*

Eine der Stolperfallen, die eine Veränderung verhindern können, ist die Angst, einen Präzedenzfall zu schaffen. Oft werden Leute einwerfen: „Das haben wir noch nie so gemacht." Das stimmt. Wenn man neue Strukturen entwickelt, um den neuen Methoden gerecht zu werden, wird man Ding tun, die man vorher noch nie so getan hat. Aber das ist nichts Negatives; es ist positiv, vorausgesetzt, dass Veränderungen zu größerer Wirksamkeit führen. Veränderungen um der Veränderung Willen sind keine gute Idee, aber eine Veränderung, die eine Gemeinde wirkungsvoller macht, schon. Die Geschwister müssen angeleitet werden, Veränderungen positiv anzunehmen und so Wachstum zu ermöglichen.

Wir müssen darauf achten, dass unser Denken nicht starr oder von Stereotypen beherrscht wird. Das Neue Testament sagt zwar einiges zu Gemeindestrukturen, aber nicht allzu viel. Es gibt nicht die eine vorgeschriebene Art und Weise, wie das Gemeindeleben auszusehen hat, und auch die frühe Gemeinde kannte eine große Vielfalt. Erickson erläutert: „Die einzigen Lehrabschnitte über Gemeindeleitung sind die Aufzählungen der grundlegenden Qualifikationen für Leitungsämter durch Paulus."[23] Einzelne Gemeinden im Neuen Testament waren frei, sich so zu strukturieren, wie es für ihre eigene Situation notwendig war, und das dürfen wir auch. Das neutestamentliche Christentum war flexibel, kreativ, voll Hingabe, erfinderisch, beziehungsorientiert und in der Lage, sich in jedes kulturelle Umfeld einzufügen. Um wirklich

---

23 Millard J. Erickson, *Christian Theology* (Ada MI: Baker Publishing, übera. Ausg. 2013) S. 1094.

neutestamentlich zu sein, müssen sich heutige Gemeinden daran orientieren. Man muss bereit sein, mit Stereotypen zu brechen. Man muss auch niemanden kopieren. Jede Gemeinde muss das tun, was in ihrer eigenen Situation angemessen ist.

⊕ *Mut beweisen*

In diesem ganzen Prozess ist es wichtig, mutig zu sein. Man muss den Mut aufbringen, etwas Neues auszuprobieren und zu seinen Entscheidungen zu stehen, auch wenn sie zunächst nicht allgemein beliebt sind. Ohne Mut kann man in einer Gemeinde nicht viel erreichen.

Auswertung

Der letzte Schritt im Prozess der Strategieentwicklung ist eine konsequente Auswertung. Wie viel auch immer man in die vorhergehenden Schritte investiert haben mag, man wird nicht alles richtig machen. Wir sind alle fehlbar, und irren ist menschlich. Es ist wichtig zu lernen, Fehler zu akzeptieren, sich selbst zu vergeben und weiterzumachen. Hinzu kommt: Unsere Gesellschaft verändert sich so rasant, dass einige unserer Methoden fast zwangsläufig scheitern oder weniger wirksam sein werden als erhofft. Das ist kein Problem, wenn man von vornherein flexibel bleibt. Wenn es beim ersten Mal nicht richtig funktioniert, dann muss man nach neuen Wegen suchen.

Eine gute Auswertung hängt von Ehrlichkeit und kritischem Hinterfragen ab. Aber dazu gehört mehr, als man denkt. Man muss dabei optimistisch sein und daran glauben, dass man im Laufe der Zeit eine Lösung finden wird. Wenn man nach dem Prinzip von Versuch und Irrtum einfach mal ein paar Dinge ausprobiert, werden sich manche Leute entmutigen lassen. Dagegen muss man sich schützen. Genau in dieser Phase zeigen sich die wahren Qualitäten einer Leitung. Weitsichtige Leiter sind in der Lage, Enttäuschungen aufzufangen, begeistert zu bleiben und bereit, frische Konzepte zu entwickeln oder umzugestalten, damit sie wirksamer werden. Dies erfordert Ausdauer und die Bereitschaft weiterzudenken, aber da die Alternative ausbleibendes Wachstum ist, lohnt es sich auf jeden Fall.

Wenn man seine Arbeit evaluiert, werden zwei Dinge helfen, die richtige Richtung beizubehalten. Erstens muss man seine ursprünglichen Ziele im Hinterkopf behalten. Manchmal kann man beim Entwickeln einer Strategie seine eigentlichen Ziele aus den Augen verlieren. Eine Gemeinde kann sich so sehr in Einzelheiten verstricken, dass ihre Vision verblasst und man den Wald vor lauter Bäumen nicht mehr sieht. Die Ziele, die man sich vorgenommen hat, dienen als Hilfen, damit man sich nicht verzettelt. Wenn man sich seine Ziele ständig vor Augen hält, wird man zwar nicht automatisch am Ziel ankommen, aber man wird sich in die richtige Richtung bewegen.

Zweitens muss man in der laufenden Arbeit beständig Erfahrungen sammeln und von ihnen lernen. Selbst wenn eine Methode nicht zum Erfolg führt, ist nicht alles verloren. Man hat wertvolle Erkenntnisse gewonnen, die man nutzen kann, um es beim nächsten Mal besser zu machen. Eine alte Redewendung besagt: „Die Geschichte lehrt uns, dass uns die Geschichte gar nichts lehrt." Da mag ein Körnchen Wahrheit drinstecken, aber nur, weil Menschen nicht bereit sind, aus ihren Fehlern zu lernen. Wenn man aus Fehlern lernt, kann man es beim nächsten Mal besser machen.

---

❷ ZUM NACHDENKEN

1. Gelingt es deiner Gemeinde, auf wirksame Weise gemeindefremde Menschen zu erreichen?
2. Welche Ziele würdest du für deine Gemeinde setzen und warum?
3. Wie würdest du diese Ziele erreichen?
4. Hast du Ideen, wie man die Geschwister deiner Gemeinde für die Evangelisation begeistern kann?

KAPITEL 11

Gute Argumente für echte Fragen

Vor einiger Zeit saß ich im Flugzeug in Richtung Islamabad, weil ich dort auf einer Konferenz sprechen sollte. In der Boeing 777 saßen neben mir ein eleganter, kleiner asiatischer Mann und seine etwas weniger gut gekleidete Frau. Sie waren ein angenehmes Paar, und wir führten ein gutes Gespräch, in dem es von der Rezession bis zu den kulturellen Unterschieden zwischen Europäern und Pakistanis ging. Schließlich erkundigte er sich nach dem Grund meiner Reise. Ich hielt meine Bibel hoch und erklärte es ihm. Dabei erwähnte ich einige Passagen, über die ich predigen würde. Dies führte zu einem längeren Gespräch über den Glauben. Es stellte sich heraus, dass er zwar pakistanischer Herkunft war, aber in Manchester lebte, wo er eine Reihe von Christen kennengelernt hatte. Er war dem Christentum gegenüber nicht feindselig gesinnt; in der Tat mochte er einige der Christen, denen er begegnet war, und war beeindruckt von ihnen. Allerdings hatte er einige Bedenken hinsichtlich der Unterschiede zwischen Christentum und Islam. Besonders beschäftigte ihn die Frage der leiblichen Auferstehung Jesu, da dies etwas ist, woran Muslime nicht glauben. Dies wurde dann zum Mittelpunkt unseres Gesprächs.

Antworten auf neue Fragen

Wenn wir uns auf den Marktplatz begeben, um den Menschen dort das Evangelium zu verkünden, wird man uns unweigerlich mit großer Skepsis begegnen. Ich habe selten jemanden kennengelernt, der sich direkt beim ersten Treffen für den christlichen Glauben entschieden hat. Meistens spreche ich mit Menschen, die entweder verunsichert sind und nicht wissen, was sie glauben sollen, oder die etwas ganz anderes glauben.

Wenn wir uns nicht die Zeit nehmen, uns mit verunsicherten Menschen zu befassen und die Fragen, die sie haben, zu klären, werden wir wenig erreichen.

In seinem ersten Brief fordert Petrus die Gläubigen auf, bereit zu sein, um für ihre Hoffnung Rede und Antwort zu stehen (1Petr 3,15). Das Wort, das Petrus hier verwendet, ist *apologia*, ein juristischer Begriff, der in Gerichtssälen verwendet wurde, wenn im Namen eines Mandanten ein Argument vorgetragen wurde. Petrus will uns damit sagen, dass wir als Christen für den Glauben einstehen müssen, wenn wir auf konkurrierende Weltanschauungen stoßen. Apologetik ist dabei unsere Waffe, um mit den vielen Fragen umzugehen, mit denen wir konfrontiert werden. Falls Menschen ihre Zweifel äußern, müssen wir bereit sein, ihnen ehrlich, mutig und mit Demut zu antworten – wie Petrus sagt: „Seid aber jederzeit bereit zur Verantwortung jedem gegenüber, der Rechenschaft von euch über die Hoffnung in euch fordert, aber mit Sanftmut und Ehrerbietung! Und habt ein gutes Gewissen, damit die, welche euren guten Wandel in Christus verleumden, darin zuschanden werden, worin euch Übles nachgeredet wird" (1Petr 3,15-16). Dabei ist erwähnenswert, dass Petrus nicht irgendein gelehrter Philosoph oder Akademiker einer Eliteuniversität war. Er war ein einfacher Fischer, der sich aber bewusst war, dass zu seiner Zeit viele Weltanschauungen kursierten. Apologetik ist nichts, das den fleißigen Lesern oder Intellektuellen unter uns vorbehalten sein sollte. Es liegt in der Verantwortung eines jeden Christen, zu wissen, wie er seinen Glauben verteidigen und erklären kann.

Während wir dies tun, müssen wir uns einige Punkte bewusst machen. Erstens kann es Zeiten geben, in denen wir keine zufriedenstellenden Antworten auf die Fragen haben, die uns gestellt werden. Vor einigen Jahren war ich auf einer Missionsreise auf Malta. Das GLO-Team, mit dem ich unterwegs war, hatte einen Stand an der Uferpromenade. Ich bemerkte eine Frau, die interessiert zu sein schien, und so wandte ich mich an sie, um ihr das Evangelium zu erklären. Sie sagte, dass sie als Kind zur Kirche gegangen sei, dann aber das Interesse verloren und sich vom Glauben abgewandt habe. Als ich sie nach dem Warum fragte, gab sie eine Antwort, die nicht der wahre Grund sein konnte. Behutsam fragte ich weiter nach, um den wirklichen Grund herauszufinden. Dann erzählte sie mir von einer Tragödie, die in ihr jeden Glauben an Gott völlig zerstört hatte. Sie hatte eine Tochter gehabt, die im Alter von drei Jahren an Leukämie verstorben war. „Warum hat Gott das zugelassen?", fragte sie mich. Natürlich hätte ich ihr sagen können, dass das alles auf die Erbsünde zurückzuführen sei. Aber eine solche Antwort wäre als platt, unbefriedigend und vielleicht sogar beleidigend empfunden worden. Sie hätte denken können, ich wolle damit andeuten, dass irgendeine ihrer Sünden den Tod ihres Kindes verursacht habe. Ich habe ihr damals einfach geantwortet, dass ich nicht wüsste, warum. Aber ich versicherte ihr, dass Gott sie liebt und dass Gott weiß, was es heißt, ein Kind zu verlieren.

Die Realität ist, dass wir manchmal keine Antworten auf schwere Fragen haben. In solchen Situationen sollten wir niemals so tun, als ob. Es ist besser, man gibt zu, die Antwort nicht zu kennen, als eine Antwort zu geben, die nichts bringt. Manchmal ist es gut, die Person um etwas Zeit zum Nachdenken zu bitten und dann später zu antworten. Aber man darf sich nicht vom eigenen Stolz zu unausgereiften Antworten verleiten lassen.

Man muss sich außerdem vor Augen halten, dass man zwar manchmal eine Diskussionsrunde gewinnen kann, aber sein Gegenüber dabei verliert. Durch unseren vermeintlichen Sieg haben wir den anderen vor den Kopf gestoßen. Wenn wir für den Glauben argumentieren, geht es nicht darum, den Fragenden durch Druck zur intellektuellen Unterwerfung zu drängen. Vielmehr wollen wir Schwierigkeiten ausräumen, die ihn daran hindern, an Gott zu glauben. Eine kämpferische Antwort auf Fragen wird nur weitere Probleme verursachen und zusätzliche Gräben schaffen. Ich habe einen Freund, der immer wieder auf Universitätscampussen mit Skeptikern diskutiert, insbesondere mit Atheisten. Er ist ein intellektueller Riese, aber auch ein freundlicher und sanfter Mann Gottes. Er hat mir einmal gesagt, dass sein vorrangiges Ziel bei einer Debatte nicht darin besteht, die Diskussion zu gewinnen, sondern den Menschen zu gewinnen. So manches Mal hätte er sein Gegenüber blamieren können, weil er dessen Argumente leicht hätte zerschlagen können, aber er tat es nicht, weil das verletzend gewesen wäre. Er schafft es, den richtigen Mittelweg zwischen intellektuellem Elan und Sanftmut zu finden.

Drittens müssen wir auch beachten, dass unsere Argumente nicht immer hübsch sauber verpackt präsentiert werden können. Das Christentum ist nichts, das wissenschaftlich bewiesen werden kann. Man wird einen Skeptiker nie ganz davon überzeugen können, dass es töricht und blind ist, den christlichen Glauben abzulehnen. Wir können jedoch durchaus zeigen, dass ein Mensch keinen intellektuellen Selbstmord begehen muss, um Christ zu werden, und dass das Christentum ein schlüssiger Glaube ist, der einige Antworten auf die tiefsten Fragen des Lebens gibt. Das Christentum ist die beste uns zur Verfügung stehende Erklärung für die Tatsachen.

Schließlich müssen wir uns im Klaren sein, dass wir einen Menschen nicht einfach zum Christen machen können, indem wir ihm gute Antworten auf seine Fragen geben. Es ist letzten Endes immer der Heilige Geist, der Menschen überführt und zum Glauben an Gott bringt. Aber der Heilige Geist gebraucht unsere Argumente, um den Menschen zu zeigen, dass der christliche Glaube stichhaltig ist, und offenbart ihnen dann, dass er wahr ist.

Es gibt natürlich viele Fragen, die die Menschen heute stellen. Bei Weitem zu viele, um sie in einem einzigen Buch, geschweige denn in einem Kapitel, zu behandeln. Aber ich möchte kurz auf die Fragen eingehen, die mir am häufigsten begegnen, um dann Antworten aufzuzeigen, die ich für glaubwürdig halte.

Warum sollte man überhaupt an Gott zu glauben?

Für viele Menschen in unserer postmodernen Welt stellt sich weniger die Frage, ob Gott existiert, sondern ob die Frage nach Gott überhaupt relevant ist. Die Gleichgültigkeit vieler Menschen gegenüber Gott und Religion allgemein sitzt tief. Vielen ist das einfach egal. Jemand sagte mir einmal: „Stephen, wenn du an Gott glauben willst, ist das in Ordnung, aber erwarte nicht, dass ich an ihn glaube; das ist nichts für mich, das Thema interessiert mich einfach nicht." Wir könnten natürlich alle möglichen Verse über das Gericht und die Hölle zitieren, aber das ist nicht wirklich hilfreich. In vielen Fällen waren es gerade die Drohungen mit ewiger Strafe, die Menschen das Christentum madig machten.

Dieser Gleichgültigkeit würde ich generell mit dem Hinweis begegnen, dass das Leben keinen letzten Sinn und Wert hat, wenn es Gott nicht gibt und wenn wir keine unsterblichen Wesen sind. Wenn es keine Unsterblichkeit gibt, dann werden die Menschheit und das ganze Universum irgendwann einfach verpuffen und sich in nichts auflösen. Mit den Worten von William Lane Craig ist die Menschheit dann nichts weiter als „eine dem Untergang geweihte Rasse in einem sterbenden Universum"[24]. Aber das zieht zwingend weitere Fragen nach sich: Hat die Existenz der Menschheit überhaupt einen Sinn? Hätte es einen Unterschied gemacht, wenn es die Menschheit nie gegeben hätte? Wenn wir, ebenso wie die Tiere, existieren und am Ende sterben, dann unterscheidet sich unser Leben qualitativ nicht von dem eines Hundes. Und

---

24 William Lane Craig, *Apologetics: an introduction*, Chicago IL: Moody Publishers 1989, S. 41.

wenn es keinen Gott gibt, dann würde eine bloße Verlängerung unserer Existenz unser Leben nicht sinnvoll machen. Ewig zu leben, ohne die Möglichkeit, auf eine höhere sinnvolle Ebene aufzusteigen, wäre letztlich bedeutungslos. Es hätte alles keinen Sinn. Nur die Existenz Gottes und die Möglichkeit, ihn zu kennen, kann dem Leben einen Sinn geben.

Es gäbe auch keine letzten Werte, wenn es keine Unsterblichkeit und keinen Gott gäbe. Wenn es keine Möglichkeit gibt, dass das in diesem Leben begangene Unrecht bestraft würde, warum sollte man dann überhaupt Gutes tun? Warum sollte man sich davor hüten, anderen Gewalt anzutun, wenn es niemanden gibt, dem man nach dem Tod Rechenschaft ablegen muss, und wenn deshalb keine Konsequenzen drohen? Wenn Gott nicht existiert, wie entscheiden wir, was richtig und was falsch ist? Verbrechen wie Vergewaltigung und Mord können nicht als falsch verurteilt werden. Man kann dann nur schließen, dass einige Individuen nicht wollen, dass solche Dinge getan werden. Aber letztlich wäre das eine rein subjektive Meinung. Hitler könnte dann auch nicht dafür verurteilt werden, dass er sechs Millionen Juden vergast hat. Wir halten es nicht für gut, was er getan hat, aber das ist lediglich unsere Meinung. Ohne einen Gott, der Recht und Unrecht unterscheidet und dessen Urteil der Maßstab ist, an dem alle Handlungen moralisch beurteilt werden können, gibt es keine Möglichkeit, zu sagen, was richtig oder falsch ist. Nur Gott kann uns Werte fürs Leben geben.

Zusammenfassend lässt sich sagen, dass es wenigstens zwei gute Gründe gibt, beim Thema Glaube an Gott nicht gleichgültig zu sein. Wenn es keinen Gott gäbe, dann hätte das Leben keinen letzten Sinn, und es könnte dann keine objektiven moralischen Werte geben. Als menschliche Wesen wären wir nichts weiter als ein Zellhaufen, der durch bloßen Zufall entstanden ist, ohne jeglichen Sinn oder Zweck. Menschen sind ohne Bedeutung und führen eine sinnlose Existenz. Wenn man sich erst einmal wirklich der Folgen der Nichtexistenz Gottes bewusst geworden ist – und theoretisch wäre dies ja möglich –, so wäre es eine unerträgliche Situation. Es würde auch die Welt als Ganzes unerträglich machen – und genau das passiert mittlerweile. Ravi Zacharias fasste die destruktive Kraft des Atheismus in der Gesellschaft so zusammen: „Die Infrastruktur unserer Gesellschaft ist geistlos und sinnlos geworden, denn das Fundament, auf dem wir sie gebaut haben, kann keine andere Art von Struktur tragen"[25]. Die Menschheit braucht daher Gott dringend, denn ohne Gott ist das Leben absurd. Vor diesem Hintergrund zeigt sich, dass Gleichgültigkeit gegenüber Gott letztlich keine Option ist.

Aber gibt es Gott?

Wenn man erklärt hat, warum die Frage nach der Existenz Gottes bedeutend ist und nicht einfach ignoriert werden kann, fragen die Leute als Nächstes, ob man überhaupt wissen kann, dass Gott wirklich existiert. Manchmal fragen sie dies, weil sie überzeugte Atheisten sind. Die meisten sind jedoch unsicher, ob jemand, der so ungreifbar und scheinbar fern ist wie Gott, tatsächlich existiert. Ihre Haltung kann man als Agnostizismus bezeichnen. Sie sind nicht wirklich davon überzeugt, dass es keinen Gott gibt, aber sie sind sich auch nicht sicher, dass es ihn gibt.

Solche Fragen beantworte ich meistens auf dreifache Weise. Zum einen erwähne ich die Tatsache, dass der Ursprung des Universums einer Erklärung bedarf. Es muss eine erste Ursache geben, die selbst nicht verursacht wurde. Natürlich behaupten viele Skeptiker, die Evolutionstheorie sei eine wichtige alternative Erklärung für die Existenz des Universums. Dies ist jedoch höchst problematisch. Wir dürfen nicht vergessen, dass die Evolutionstheorie genau das ist – eine Theorie, und zwar eine, die mich persönlich wegen ihrer vielen Mängel überhaupt nicht überzeugt. Man muss auch bedenken, dass die Evolutionisten zwar

---

25 Ravi Zacharias, *Can Man live without God?*, Nashville TN: W. Publishing Group 1994, S. 63; dt. *Kann man ohne Gott leben?* (Gießen/Basel: Brunnen Verlag 2005).

die Stufen der evolutionären Entwicklung bis zu den primitiven Gasen zurückverfolgen, aus denen sich alles andere entwickelt haben soll, aber den Ursprung der Materie oder des Lebens selbst nicht erklären können. Sie haben keine erste Ursache. Sie können zwar behaupten, dass alles vor etwa 13,5 Milliarden Jahren mit dem Urknall begonnen habe, aber die Ursache hinter dem Urknall können sie nicht erklären. Gewissermaßen müssen auch sie einen großen Glaubensschritt machen, wenn sie an dieser Theorie festhalten wollen. Ich möchte auch auf Folgendes hinweisen: Selbst wenn man die Evolutionstheorie beweisen könnte, würde das noch lange nicht beweisen, dass Gott nicht existiert. Das zu behaupten bedeutet, die Kategorien zu verwechseln. Wenn man über die Evolutionstheorie spricht, bezieht man sich auf einen Mechanismus; das ist jedoch etwas anderes als eine endgültige Erklärung. Mechanismus und Ursache sollten nicht verwechselt werden. Gott hätte sich ohne Weiteres dafür entscheiden können, die Evolution als sein Schöpfungsmittel zu benutzen. Der Evolutionist kann also bestenfalls behaupten, dass dies seine Erklärung dafür ist, wie sich das Leben entwickelt hat – es ist aber keine Erklärung dafür, warum es Leben gibt oder wie Materie überhaupt entstanden ist. Es ist auch eine Theorie, die von unterschiedlichen Seiten zunehmend kritisch hinterfragt wird und einer Neubewertung bedarf.

Wie kann man dann den Ursprung des Universums erklären? Damit das Universum entstehen konnte, muss es etwas gegeben haben, das seine Existenz verursacht hat, das aber selbst nicht verursacht wurde. Das kann man anhand eines Beispiels erklären. Wenn man einen rollenden Eisenbahnwaggon sieht, und dann noch einen und noch einen, ist es logisch zu schlussfolgern, dass sich am Ende dieser Reihe von Waggons eine Lokomotive befindet, die die Waggons schiebt, aber selbst nicht geschoben wird. Geht man nur weit genug in der Zeit zurück, muss man etwas oder jemanden haben, der das Universum geschaffen hat, der aber selbst nicht erschaffen wurde. Oder anders ausgedrückt, die Existenz des Universums muss von etwas abhängen, das völlig unabhängig und nicht verursacht ist. Per Definition muss dies Gott sein.

Eine weitere von mir benutzte Argumentationslinie dreht sich um das inhärente Design und die Ordnung, die im Universum vorhanden zu sein scheinen. Diese Art der Argumentation wurde vor etwa 200 Jahren von einem christlichen Philosophen namens William Paley wirksam eingesetzt. Er verglich das Universum mit einer Uhr, wobei letztere sehr viel einfacher ist als das Universum. Paley erklärte, dass er, wenn er zufällig eine Uhr fände und sie genauer untersuchte, einige Dinge daraus herleiten könnte, selbst wenn er bisher noch nie eine Uhr gesehen hätte. Er würde zu dem Schluss kommen, dass die Uhr etwas sei, das von einem intelligenten Wesen geschaffen sein müsse und nichts, das zufällig entstanden ist. Er würde zu dieser Schlussfolgerung kommen, weil die Uhr über viele Zahnräder und eine Feder verfügt, die so zusammenwirken, dass sich die Zeiger in perfekter Koordination miteinander bewegen. Wenn wir logisch schlussfolgern, dass etwas so Einfaches wie eine Uhr gestaltet wurde und deshalb einen Designer haben muss, dann muss das Universum, das unendlich viel komplexer und ausgeklügelter aufeinander abgestimmt ist, auch einen Designer haben.

Die Behauptung, das Universum sei einfach so entstanden, erscheint nicht sehr glaubwürdig. Wie William Dembski feststellte: „Scrabble-Steine können zwar von zufälligen, natürlichen Ursachen auf ein Brett geworfen werden, aber die Steine werden niemals so angeordnet sein, dass sie Wörter oder sinnvolle Sätze bilden."[26] Die Wahrscheinlichkeit, dass das Universum ein kosmischer Zufall ist, weder verursacht noch geplant, ist verschwindend gering. Damit ein Leben ermöglichender Planet wie die Erde Teil des Universums sein kann, müssen eine ganze Reihe von Konstanten vorhanden sein, die die Anfangsbedingungen schaffen, auf deren Grundlagen die Naturgesetze wirken. Diese

---

26 William Dembski (Hrg), *Mere Creation: Science, Faith & Intelligent Design* (Downer Grove, IL: Varsity Press 1998), S. 15 d. Einleitung (Dembski).

Bedingungen liegen in einem außerordentlich engen Wertebereich, der überhaupt erst Leben ermöglicht. Würden sich die Bedingungen nur geringfügig verändern, könnte kein Leben existieren. Wenn sich z. B. die Stärke der schwachen atomaren Kraft nur um einen Bruchteil von 10^{100} ändern würde, könnte es kein Leben geben.

Ebenso weisen viele Dinge im Universum ein komplexes Design auf. Das menschliche Auge z. B. kann ohne die Anwesenheit eines intelligenten Designers nicht angemessen erklärt werden. Sogar das Design des mikroskopisch kleinen Geißeltierchens, mit all seinen vernetzten Komponenten, bedarf einer Erklärung. Überall erkennt man ein offensichtliches Design. Mit jedem Beweis für Design können wir zu Recht erklären, dass es einen Designer gegeben haben muss.

Eine dritte Argumentationslinie, die ich häufig in Gesprächen verwende, ist das angeborene Moralempfinden des Menschen. Wir verhalten uns nicht nur in bestimmten Situationen intuitiv wir haben auch ein inneres Gespür dafür, was richtig, falsch und ehrenwert ist. Würde man einen Durchschnittsmenschen bitten, den Holocaust, das Attentat auf das World Trade Center am 11. September oder die Taten des Yorkshire Rippers zu beurteilen, würde er sofort sagen, dass dies sehr böse Taten waren. Die Person weiß vielleicht nicht, auf welcher Grundlage sie diese moralische Einschätzung vornimmt, aber sie würde intuitiv wissen, dass diese Taten falsch waren. Ein weiteres Indiz dafür ist, dass Menschen manchmal zum Wohle anderer große persönliche Opfer bringen. Dieses moralische Empfinden kann nicht durch bloße gesellschaftliche Prägung erklärt werden, da dieses Verhalten im Leben von Menschen aus allen Kulturen und Milieus auftritt, wenn auch nicht völlig einheitlich. Ebenso wenig können edle Gedanken und Handlungen ihren Ursprung in zufälligen evolutionären Prozessen haben. All das kann man jedoch sehr gut begründen, wenn man an die Existenz Gottes glaubt. Denn da Gott selbst ein moralisches Wesen ist, kann er uns mit einem moralischen Empfinden erschaffen erhaben – und genau das behauptet die Bibel.

Woher wissen wir, dass die Bibel wahr ist?

Selbst wenn die Menschen, denen wir Zeugnis geben, akzeptieren, dass es einen Gott gibt und dass die Menschheit Gott braucht, heißt das noch lange nicht, dass sie die Wahrheit über Gott akzeptieren, wie sie uns in der Schrift dargestellt wird. Das bringt uns zu der Frage, woher wir wissen, dass die Bibel wahr ist. Für viele Menschen ist die Bibel nur ein weiteres religiöses Buch, nicht anders als der Koran oder die Bhagavadgita. Warum glauben wir als Christen, dass die Bibel das Wort Gottes ist, und warum glauben wir, dass die vorliegenden Manuskripte richtig und wahr sind?

Ich würde diese Frage auf unterschiedliche Art und Weise angehen. Erstens würde ich mich mit den philosophischen Fragen befassen, was wahr und was nicht wahr ist. In unserer postmodernen, multikulturellen Gesellschaft wird die Existenz einer absoluten Wahrheit generell angezweifelt. Jeder Mensch hat seine eigene Wahrheit, und keine Wahrheit ist besser als die andere. Problematisch wird es jedoch, wenn sich zwei Wahrheitsansprüche widersprechen. Z. B. könnten einige Leute behaupten, dass Christen, Muslime und Hindus alle denselben Gott verehren. Aber wenn man sich anschaut, wie die jeweiligen Schriften dieser Weltreligionen das Wesen und den Charakter Gottes beschreiben, dann widersprechen sich die verschiedenen Darstellungen. Für den Christen ist Gott dreieinig, für den Muslim ist Gott einer, und für den Hindu gibt es viele Götter. Solch widersprüchliche Ansichten können nicht alle richtig sein. Etwas anderes zu behaupten ist genauso unlogisch wie die Behauptung, dass Rot und Blau eigentlich die gleiche Farbe sind. Eine solche Aussage mag politisch korrekt sein, ist aber letztlich sinnlos. Ein solches Argument kann nicht aufrechterhalten werden.

Im nächsten Schritt zeige ich, warum die Bibel sowohl das Wort Gottes als auch ein zuverlässig überliefertes Dokument ist. Zunächst erwähne ich, dass die Bibel tatsächlich selbst den Anspruch erhebt, das Wort Gottes zu sein. Das ist an sich kein Beweis, aber es ist der logische Ausgangspunkt. Als Nächstes erkläre ich, dass die Bibel von mehr als 40 Autoren mit sehr unterschiedlichen Hintergründen und kulturellen Perspektiven über einen Zeitraum von 1200 Jahren geschrieben wurde. Das Erstaunliche daran ist, dass sich ein einheitlicher roter Faden durch die gesamte Bibel zieht. Dieser Faden ist Gottes Heilsplan für die Menschheit.

Neben dieser bemerkenswerten Tatsache müssen wir uns auf die erfüllten biblischen Prophetien konzentrieren, die den Glauben an die Inspiration der Bibel erheblich stärken. Tatsächlich bezeugt die Schrift selbst, dass die Erfüllung dieser Prophetien ein Beweis für deren göttlichen Ursprung ist (Jer 28,9; 5Mo 18,21-22). Im Alten Testament gibt es drei Arten von Prophetien. Erstens gibt es Vorhersagen über das Kommen des Messias. Zweitens gibt es Vorhersagen über Könige, Nationen und Städte. Drittens gibt es Vorhersagen über die Juden. Diese Vorhersagen sind nicht vage, sondern sehr konkret, bis hin zur Nennung von Personen, Orten und konkreten Ereignissen. Insbesondere die Prophetien über die Geburt, das Leben und den Tod Jesu Christi sind so präzise, dass sie, obwohl einige von ihnen fast 1000 Jahre vor der Zeit Christi gemacht wurden, unmöglich als zufällig abgetan werden können.

Man sollte auch erwähnen, dass die Bibel zu einem großen Teil ein Buch ist, das tief in der Geschichte verwurzelt ist. Im Alten Testament lesen wir den Bericht über die Reise der Israeliten in das verheißene Land, die dort als Nation ein sesshaftes Leben führen wollten. Dabei haben sie mit vielen Stämmen, Volksgruppen und Reichen zu tun gehabt. Viele Ereignisse, Orte und Personen werden erwähnt. Dasselbe gilt für das Neue Testament. Es erzählt die Geschichte von Jesus und seinen Nachfolgern und ihren Taten vor dem Hintergrund des mächtigen Römischen Reiches und vieler bedeutender Weltereignisse. Das Erstaunlich ist, dass jede historische Person, jeder Ort und jedes Ereignis, das genannt wird, mit dem, was wir über die Geschichte der antiken Welt wissen, in Bezug gesetzt werden kann. Man findet Beweise dafür in den unzähligen archäologischen Ausgrabungen in den Ländern der Bibel. Die Beweise der Geschichte oder der Archäologie könnten nun die Glaubwürdigkeit der Bibel beschädigen oder sie stärken. Sie tun Letzteres, und kein Ereignis, keine Person, kein Ort der Bibel konnte bisher zuverlässig widerlegt werden. Auch dies verleiht dem Anspruch der Bibel, das Wort Gottes zu sein, zusätzliches Gewicht.

Das vielleicht stärkste Argument dafür, dass die Bibel das Wort Gottes ist, ist das Zeugnis Jesu zu diesem Thema. Jesus hat das Alte Testament unmissverständlich mit seinem vollen Gütesiegel versehen (Mt 5,18). Er zitierte ständig das Alte Testament und wandte es auf die Situationen an, in denen er sich befand. Er kündigte auch an, dass seine Nachfolger göttliche Hilfe erhalten würden, damit sie das, was sie sahen und hörten, zuverlässig an die nächsten Generationen weitergeben konnten. Das Zeugnis Jesu sowie die Aussagen der neutestamentlichen Autoren zeigen deutlich die göttlichen Eigenschaften des Neuen Testaments. Wenn Jesus Gott ist und diese Behauptung durch zahlreiche Beweise untermauert wird und wenn er die Bibel zum Wort Gottes erklärt hat, dann sollten wir sie auch als solches akzeptieren.

Es bleibt noch ein letztes Glied in der Argumentationskette. Woher wissen wir, dass der biblische Text, den wir in unseren Händen halten, inhaltlich mit dem ursprünglich verfassten Dokument übereinstimmt? Schließlich existiert heute keines der Originaldokumente (sog. Autographen) mehr. Das ist ein komplexes Thema, aber es gibt gute Argumente dafür, dass die vorliegenden Dokumente zuverlässig überliefert wurden.

In Bezug auf das Alte Testament gewinnen wir großes Vertrauen aufgrund der akribischen Kopiermethoden der alten Schreiber. Grundlage für den heutigen Text der hebräischen Bibel bildet der masoretische Text, und dieser ist der Mustertext, mit dem alle anderen Texte verglichen werden. Die Masoreten kopierten den Text in mühevoller Kleinarbeit. Während sie an einer Schriftrolle arbeiteten, achteten sie sorgfältig darauf, dass jede Seite der Schriftrolle genau kopiert wurde, Zeile für Zeile und Wort für Wort ... Sie prüften und kontrollierten jedes Blatt, bevor es an den Rest der Schriftrolle angenäht wurde. Wenn eine Schriftrolle fertiggestellt war, wurden weitere Kontrollen durchgeführt, es wurde sogar geprüft, wie oft jeder Buchstabe des Alphabets in der Rolle vorkam. Diese hohe Sorgfalt in den Detailfragen führt zu einem sehr hohen Grad an Genauigkeit bei der Kopiertechnik. Die Entdeckung der Qumran-Schriftrollen lieferte eine beachtliche Bestätigung für die Genauigkeit der Kopien, da nun Vergleichstexte vorlagen, die 1000 Jahre älter waren als die bisherigen masoretischen Texte.

Allein die enorme Anzahl von Manuskripten, die uns zur Verfügung stehen, stärkt unser Vertrauen in die Vollständigkeit und Echtheit der neutestamentlichen Dokumente. Es gibt etwa 13 000 Handschriften von ganzen Büchern oder Teilen davon, die miteinander verglichen werden können. Das ist weitaus mehr als bei jedem anderen Dokument der Antike. Wenn man die verschiedenen Manuskripte vergleicht, die z. T. an weit entfernten Orten gefunden wurden, beweist der Ähnlichkeitsgrad unter ihnen, wie alt die Dokumente gewesen sein müssen, von denen diese Manuskripte kopiert wurden. Dies alles liefert ein sehr klares Bild davon, wie zuverlässig die vorhandenen Kopien wirklich sind. Die verblüffende Materialfülle der Textüberlieferungen bekräftigt, warum wir volles Vertrauen in die Zuverlässigkeit des vorliegenden neutestamentlichen Textes haben können. Der Text, der uns in der Bibel heute vorliegt, entspricht dem, was die Autoren ursprünglich geschrieben haben.

Warum ist das Christentum der einzige Weg?

Ich stelle oft Folgendes fest: Meinem Gesprächspartner wird zwar langsam klar, dass das Christentum tatsächlich glaubwürdig ist, aber er besteht darauf, dass es nicht die einzige Wahrheit sein könne. In unserer postmodernen Gesellschaft hat nicht nur jede heilige Schrift ihre Gültigkeit, sondern was ein einzelner Mensch glaubt, ist für ihn persönlich wahr. Jeder hat seinen eigenen Weg zu Gott, aber am Ende kommen wir alle dort an, und niemand kann sagen, dass sein Weg der einzige sei. Dieser Weg ist lediglich für ihn selbst gut. Diese Toleranz der Vielfalt ist die Kernaussage der Postmoderne.

Es gibt mindestens drei Gründe, warum die oben gestellte Frage so schwierig zu beantworten ist. Erstens greift man mit einer solchen Frage den Kerngedanken unserer pluralistischen Gesellschaft an, und deshalb werden Christen, die an der Einzigartigkeit des Christentums festhalten, häufig als intolerante Fanatiker kritisiert. Zweitens geht es vielen Menschen, die an einer pluralistischen Weltsicht festhalten, weniger um Fakten und Beweise als um politische Korrektheit und Anerkennung durch andere. Drittens haben wir es mit einem zutiefst emotionalen Thema zu tun. Wer sagt, dass einige Glaubensrichtungen falsch sind, sagt damit gleichzeitig, dass viele aufrichtige und gläubige Muslime und Hindus auf ewig verloren zu gehen. Das ist die Wahrheit, aber es ist eine Lehre, die für die meisten Menschen heute inakzeptabel ist.

Ich würde dieses Thema in der gleichen Weise angehen, wie ich Fragen über die göttliche Natur der Schrift behandle. Letztendlich können zwei sich widersprechende Vorstellungen nicht gleichzeitig wahr sein. Wenn sie sich logisch widersprechen, dann muss eine davon richtig und die andere falsch sein. Auch wenn dies unserer toleranten Gesellschaft völlig gegen den Strich geht, macht es einfach keinen Sinn, anders zu argumentieren. Ich möchte auch darauf hinweisen, dass fast alle anderen Weltreligionen ebenfalls den Anspruch erheben, allein wahr zu sein. Wie Ravi Zacharias anmerkt: „Es ist das Grundprinzip jeder Religion, sich kompromisslos zu einer bestimmten Definition zu bekennen, wer Gott ist oder nicht ist, und dementsprechend zu definieren, was der Sinn des Lebens ist"[27].

---

27 Ravi Zacharias, *Jesus Among Other Gods: The Absolute Claims of the Christian Message* (Thomas Nelson Inc.: 2001) S. 7, dt. *Jesus – der einzig wahre Gott? Christlicher Glaube und andere Religionen,* (Gießen: Brunnen Verlag 2020).

Der Christ steht also nicht allein, wenn er die Einzigartigkeit seines Glaubens beansprucht.

An dieser Stelle würde ich argumentieren, dass das, was das Christentum unter allen anderen Religionen einzigartig macht, die Person Jesus Christus ist. Das Christentum ist einzigartig, weil Jesus einzigartig ist. Das lenkt den Blick des Skeptikers auf die Person Christi, und genau hier sollte der Fokus bleiben. Die Gültigkeit des christlichen Glaubens beruht auf der Person Christi und auf dem, was er getan hat. Wenn Christus als einzigartig erkannt wird, dann ist die Einzigartigkeit des Christentums selbstverständlich. Aber inwiefern ist Christus einzigartig?

Erstens ist Jesus einzigartig, weil er in die Welt kam, ohne von einem menschlichen Vater gezeugt worden zu sein. Er wurde von einer Jungfrau geboren. Das trifft auf keinen anderen Menschen zu. Die Jungfrauengeburt wird natürlich von vielen angezweifelt, aber solche Zweifel sind schwer aufrechtzuhalten. Maria und Josef hätten überhaupt keinen Nutzen von der Behauptung gehabt, dass das Baby Jesus nicht der leibliche Sohn Josefs war. Diesen äußerst schmerzhaften Skandal hätten sie nicht freiwillig in Kauf genommen, wenn Jesus nicht tatsächlich durch das Wirken des Heiligen Geistes empfangen worden wäre. Auch Zacharias und Elisabeth hätten nichts davon gehabt, ihrem Sohn, Johannes dem Täufer, zu gestatten, zugunsten seines jüngeren Cousins Jesus in die zweite Reihe zu treten, vor allem in einer Gesellschaft, in der die Rangfolge im Familienleben so wichtig war. Sie ließen bereitwillig zu, dass Johannes diese untergeordnete Rolle einnahm und später sogar durch das Schwert starb, weil sie wussten, auf welch wundersame Weise Jesus auf die Welt gekommen war. Jeder, der versucht, die Jungfrauengeburt zu leugnen, muss auch das Verhalten dieser beiden Paare erklären; aber es gibt keine glaubwürdige Alternative dazu. Das macht Jesus einzigartig, denn Mohammed, Krishna und Buddha kamen alle durch eine normale und übliche Geburt auf die Welt.

Zweitens ist Jesus einzigartig, weil er ein Leben von äußerster moralischer Reinheit führte. Seine Widersacher versuchten

immer wieder, ihn zu Fall zu bringen und Anklagepunkte zu finden, aber ihre Bemühungen waren vergeblich. Jesus selbst for-
derte seine Gegner heraus, ihn einer Sünde zu überführen, aber
sie konnten es nicht. In seinem Prozess traten falsche Zeugen auf
und erzählten alle möglichen Lügen über ihn, aber der Richter
urteilte dann, dass an ihm keine Schuld gefunden werden könne.
Diejenigen, die ihn am besten kannten, nämlich seine Jünger, be-
stätigten seine Reinheit. Petrus erklärt, dass Jesus keine Sünde be-
gangen hat (1 Petr 2,22), während Johannes schreibt, dass in ihm
keine Sünde ist (1 Jo 3,5).

Von Mohammed, Buddha oder Krishna konnte dies nach ihrem eigenen Bekenntnis nicht gesagt werden. Ihr Ringen ist auf
den Seiten ihrer eigenen Schriften festgehalten. In den Suren 47
und 48 wurde Mohammed aufgefordert, um Vergebung für seine
Sünden zu bitten. Die Bhagavadgita beschreibt die zweifelhaften Heldentaten Krishnas mit den Milchmädchen. Was Buddha
betrifft, so weist allein die Tatsache, dass er die vielen Wieder-
geburten durch Reinkarnation ertragen musste, auf viele unvoll-
kommene Leben hin. In jedem dieser Fälle war das Leben dieser Religionsgründer weder vollkommen noch heilig; Jesus aber
führte ein Leben in Reinheit, das ihm niemand in Abrede stellen
konnte.

Drittens ist Jesus einzigartig, weil er viele Wunder vollbrachte,
die historisch bezeugt sind. Natürlich gibt es Menschen, die an
den Wundern Christi zweifeln. Dieser Skepsis kann man begegnen, indem man darauf hinweist, dass an die Wunder zu glauben
weniger unvernünftig ist, als man zunächst meint. Die Wunder
Jesu geschahen in einem öffentlichen Rahmen, es gab viele Augenzeugen. Zu diesen Augenzeugen gehörten auch erklärte Gegner
Jesu, die die Gültigkeit diese Wunder natürlich nicht akzeptieren
wollten. Wären die Wunder echt, so würden sie den Anspruch
Christi, von Gott gekommen zu sein, klar bestätigen. Außerdem
gibt es sehr unterschiedliche Wunder Jesu: von der Beherrschung
der Natur über die Heilung von Krankheiten bis zur Totenaufer-
weckung. Die Wunder geschahen über einen längeren Zeitraum

von drei Jahren und wurden in einer Umgebung gewirkt, die sich nicht so kontrollieren ließ, wie es Magier bei ihren Bühnenshows tun. Einige von Jesu Wundern wurden im Nachhinein öffentlich bestätigt. Die Heilungen z. B. wurden von den Geheilten selbst als echt bestätigt. Es dürfte außerdem schwierig gewesen sein, Lazarus nach seiner Auferweckung davon zu überzeugen, dass dieses Wunder, das ihn ins Leben zurückgeholt hatte, gefälscht war.

Skeptiker könnten immer noch argumentieren, dass diejenigen, die die Wunder Jesu miterlebten, schlichte Menschen waren, die sich leicht durch geschickte Zaubertricks täuschen ließen. Selbst wenn dies zuträfe, wäre es immer noch schwer vorstellbar, wie ein Zimmermann aus Nazareth so ausgeklügelte Zaubertricks von der Größenordnung der Speisung der Fünftausend hätte ausführen und damit durchkommen können. Schließlich leugnete eigentlich niemand, dass etwas Wunderbares geschehen war, als Jesus seine Wunder vollbrachte. Es ist eine Tatsache, dass die Menschen, die zu Augenzeugen der Wunder Jesu wurden, keine leichtgläubigen Narren waren. Ich habe bereits erwähnt, dass unter den Menschen, die die Wunder Jesu miterlebten, viele seiner Feinde waren. Diese Gegner wollten unbedingt beweisen, dass alles nichts weiter als ein Schwindel war. Wenn sie ihre Einwände beweisen könnten, dann wäre Jesus für sie keine Bedrohung mehr. Deshalb beobachteten sie die Wunder nicht mit Offenheit und Bereitschaft zu glauben, sondern mit bitterem Zynismus, in der verzweifelten Hoffnung, Jesus als Betrüger entlarven zu können und ihn so zu demütigen. Aber trotz ihrer erbitterten Opposition gegen Jesus konnten sie nicht nachweisen, dass seine Wunder unecht waren. Wir haben keine Berichte, weder in der Bibel noch in anderen externen Quellen, die irgendeinen Zweifel an der Echtheit der Wunder aufkommen lassen. Es ist daher naheliegender zu glauben, dass sie tatsächlich geschehen sind. Und das macht Jesus einzigartig, denn die anderen Gründer der Weltreligionen haben keine Wunder vollbracht, die historisch bestätigt werden können.

Viertens ist Jesus einzigartig, weil er tatsächlich behauptete, Gott zu sein. Er tat dies auf verschiedene Weise. Im Gebet redete er Gott mit „Abba" an. Dies war ein Ausdruck der Vertrautheit, ähnlich dem heutigen „Papa", den kein Jude im Gebet zu verwenden gewagt hätte. Er behauptete, der Einzige zu sein, der den Menschen den Vater offenbaren könne (Mt 11,27), und dass er selbst die absolute Offenbarung Gottes sei (Joh 14,9). Er behauptete, Macht über dämonische Kräfte zu haben (Lk 11,20), Wunder vollbringen (Mt 11,4-5) und Sünden vergeben zu können (Lk 5,20). Jesus behauptete auch, dass er das ewige Schicksal der Menschen in seiner Hand habe (Lk 12,8-9). All diese Dinge kann nur Gott tun, und indem Jesus beanspruchte, sie ebenfalls zu tun, sagte er genau das über sich selbst aus. Das macht Jesus nicht nur einzigartig, sondern zwingt uns auch dazu, für uns zu entscheiden, wer er nun wirklich war. Wie C. S. Lewis feststellte: Wenn man an die Ungeheuerlichkeit der Behauptungen Jesu denkt, war er entweder „ein Größenwahnsinniger, zu dem Hitler im Vergleich der vernünftigste und bescheidenste aller Menschen war", oder „ein völliger Wahnsinniger, der an einer Form von Wahn leidet, die den ganzen Verstand des Menschen untergräbt", oder er war tatsächlich Gott.[28]

Fünftens ist Jesus einzigartig, weil er von den Toten auferstanden ist. Die Auferstehung ist zweifellos das größte Wunder, das mit dem Leben Christi im Zusammenhang steht. Es war ein einzigartiges Wunder und allein schon deswegen bemerkenswert, weil Jesus seinerseits die Auferstehung bereits lange vorher vorausgesagt hatte (Mt 16,21). Die zentrale Bedeutung der Auferstehung Jesu macht sie zur Zielscheibe von Skeptikern, von denen viele auch an der Echtheit der Augenzeugenberichte zweifeln. Deshalb muss man hier ansetzen, wenn man die Auferstehung Jesus verteidigen möchte.

Jeder der Evangelienschreiber sagt ausdrücklich, dass eine tatsächliche, leibliche Auferstehung stattgefunden hat und dass Jesus zum Leben erwachte und mit Hunderten von Menschen

---

28 C. S. Lewis, *God in the Dock: Essays on Theology and Ethics,* (Grand Rapids, Mi: Eerdmans 1970) S. 81; dt. *Gott auf der Anklagebank.*

sprach, bevor er schließlich zu seinem Vater in den Himmel auf-fuhr. Diese Berichte sind in dem, was sie behaupten, eindeutig. Sagten diese Männer die Wahrheit oder nicht? Es gibt nur drei Möglichkeiten: Erstens: Sie wurden selbst getäuscht. Zweitens: Sie wussten haargenau, dass er tot war, wollten aber die Welt absichtlich täuschen. Drittens: Sie zeichneten die Ereignisse, deren Zeugen sie geworden waren, sorgfältig und korrekt auf.

Wenn man die erste Möglichkeit vertritt und behauptet, die Jünger seien auf eine Täuschung hereingefallen, dann muss man einen gewaltigen Berg an Gegenargumenten aus dem Weg räumen. Erstens hatten sie 40 Tage lang Zeit, nämlich den Zeitraum zwischen Auferstehung und Himmelfahrt, um die die Fakten zu beurteilen. Auch war niemand näher am Geschehen dran als sie. Es ist höchst unwahrscheinlich, dass sie während dieser ganzen Zeit getäuscht wurden. Zweitens war es nicht nur eine Person, die behauptete, den auferstandenen Christus gesehen zu haben, sondern viele, weil es mehrere Erscheinungen des Auferstandenen gab. Darüber hinaus macht die leibhaftige Form der Begegnungen mit Jesus eine Art Halluzination höchst unwahrscheinlich. Dies schließt auch eine Wahnvorstellung der Augenzeugen mit großer Wahrscheinlichkeit aus. Drittens konnten die Feinde Jesu keine Leiche vorweisen, was die Glaubwürdigkeit der Augenzeugenberichte in den Evangelien erhöht. Wenn man bedenkt, dass die Präsentation des Leichnams Jesu alle christlichen Auferstehungsansprüche beendet hätte – was die jüdischen Obersten liebend gern gesehen hätten –, verstärkt ihre Unfähigkeit, dies zu tun, die Glaubwürdigkeit der Aussagen der Evangelien. All diese Schlussfolgerungen sind ein Beweis dafür, dass die Augenzeugen nicht getäuscht wurden.

Wenn die Evangelienschreiber und die Augenzeugen, die zur Verfügung standen, nicht getäuscht wurden, wäre es dann nicht möglich, dass sie Betrüger waren? Das würde natürlich bedeuten, dass sie genau wussten, dass Jesus nicht von den Toten auferweckt worden war, sondern dass sie absichtlich einen Mythos schufen, damit die Welt fälschlicherweise an die Auferstehung glauben würde. Auch hier steht man vor einem Berg von Gegenargumenten. Erstens: Wenn sie einfach logen, dann waren sie sehr töricht, denn viele von ihnen hätten dann für eine Lüge gelitten. Die Christenverfolgung unmittelbar nach der Entstehung der ersten Gemeinde bis hin zur Zeit Konstantins war oft hart und grausam. Tacitus beschreibt, wie Christen unter der Verfolgung durch Nero in Tierfelle eingenäht und wilden Hunden vorgeworfen wurden oder mit Pech bestrichen und als lebendige Fackeln angezündet wurden. Angesichts derartig unmenschlicher Verfolgung erscheint es höchst unwahrscheinlich, dass so viele Christen, darunter auch Bibelautoren wie Jakobus, Johannes und Petrus, bereit waren, für etwas zu leiden und zu sterben, von dem sie wussten, dass es eine selbst erdachte Lüge war.

Und zweitens: Wenn die Geschichte der Auferstehung eine bloße Erfindung gewesen wäre, muss man sich fragen, wie sich der christliche Glaube so weit verbreiten konnte. Tatsächlich gibt es innerhalb der Kirche keine andere Begebenheit wie die Auferstehungsgeschichte. Wäre alles nur ein Schwindel gewesen, hätte er brillant inszeniert sein müssen, aber dafür gibt es keine Anzeichen. Angesichts der frühen Christenverfolgung und der Vertreibung der ersten Gläubigen an alle Enden des Reiches, wäre eine solche Inszenierung unmöglich gewesen.

Drittens: Wäre die Auferstehung eine Lüge gewesen, spräche sie Bände über den Charakter derer, die versuchten, andere Menschen absichtlich zu täuschen. So verhalten sich nur Menschen mit der niedrigsten moralischen Gesinnung. Dies würde jedoch allem, was wir über diese Menschen wissen, völlig widersprechen. Im Großen und Ganzen handelte es sich um einfache und aufrichtige Menschen, denen es an der Arglist und Gerissenheit fehlte, die ein Schwindel dieses Ausmaßes erfordern würde.

Viertens gibt es Beweise, die mit der geografischen Lage der Ereignisse zu tun haben. In den ersten Predigten stützten sich die Christen weitgehend auf die Behauptung, Jesus sei auferstanden.

Die Pfingstpredigt fand wenige Tage nach der Auferstehung statt und wurde in derselben Stadt gehalten, in der Jesus begraben wurde. Die zeitliche und räumliche Nähe hätte einen Schwindel unmöglich gemacht, zumal die jüdische Führung ein persönliches Interesse daran hatte, die christlichen Predigten zu bekämpfen.

Nachdem wir zu dem Schluss gekommen sind, dass die Jünger Jesu weder selbst getäuscht wurden, noch andere täuschten, müssen wir uns nun genau ansehen, was sie eigentlich in Bezug auf die Auferstehung gesagt haben. Der Beweis für die Auferstehung Christi beruht auf vier Tatsachen, die alle historisch bezeugt werden können. Erstens, dass Jesus tot war; zweitens, dass er begraben wurde; drittens, dass das Grab, in dem er begraben worden war, später leer war; und viertens, dass Christus nach seinem Tod seinen Anhängern und anderen erschienen ist.

Die Tatsache seines Todes ist nicht schwer zu beweisen. Er wurde ausgepeitscht und qualvoll gekreuzigt; die Vermutung, dass er lediglich ohnmächtig geworden sei und sich später in der Kühle des Grabes erholt habe, ist absurd. In jedem Fall waren seine Vollstrecker Profis, die keine Fehler machten. Wenn es ihnen zu lange dauerte, bis ihre Opfer starben, brachen sie ihnen die Beine, damit sie erstickten und schnell starben. Als sie zu Jesus kamen, machten sich diese erfahrenen Henker nicht einmal mehr die Mühe, ihm die Beine zu brechen, weil sie erkannten, dass er bereits tot war. Außerdem stießen sie ihm einen Speer in die Seite, und laut den Evangelienberichten flossen Blut und Wasser heraus (Joh 19,34). Obwohl sich die Evangelienschreiber damals der Bedeutung dieser Tatsache nicht bewusst gewesen sein konnten, legt es nahe, dass Jesus an Herzversagen starb.

Die Tatsache seiner Grablegung ist ebenso leicht zu überprüfen. Wir lesen in der Schrift, dass Jesus im Grab Josefs von Arimathäa beigesetzt wurde. Josef war ein wohlhabender und prominenter Mann und überdies Mitglied des Sanhedrins, des jüdischen Parlaments. Es ist undenkbar, dass eine prominente Persönlichkeit wie Josef seinen Namen mit dem Skandal um Jesus und seinem Verbrechertod in Verbindung bringen ließe, wenn die Auferstehung nicht geschehen wäre. Die Mitglieder des Sanhedrins standen einfach zu sehr im Rampenlicht, um zuzulassen, dass man sie mit zweifelhaften Geschichten in Verbindung brachte, wenn man so eine Geschichte eindeutig als falsch hätte entlarven können.

Dann sind da noch die Berichte über das leere Grab. Auch diese können überprüft werden. Wenn ein Skeptiker die Auferstehung leugnet, müsste er einen alternativen Vorschlag machen, warum das Grab leer war. Angesichts der Tatsache, dass die römische Garde um das Grab herum stationiert war, ist der Gedanke, dass die Jünger den Leichnam gestohlen hätten, einfach absurd. Die einzigen anderen Personen, die den Leichnam wahrscheinlich hätten fortschaffen können, waren die jüdischen oder römischen Behörden, aber keine der beiden Seiten hätte etwas davon gehabt. Außerdem verkündeten die Jünger an Pfingsten die Auferstehung Jesu und zwar genau in der Stadt, in der er gekreuzigt und begraben wurde. Die jüdischen Führer hätten die Jünger nur allzu gern zum Schweigen gebracht worden war, denn ihr Einfluss auf die jüdische Bevölkerung war enorm. Auch den Römern war die Aufregung, die die Verkündigung der Auferstehung verursachte, ein Dorn im Auge. Beide Parteien hätten das Christentum für immer vernichten können, noch bevor es überhaupt begonnen hatte, indem sie einfach den Leib Jesu vorgezeigt hätten. Aber das ging nicht, weil sie den Leichnam nicht hatten. Angesichts des Mangels an alternativen Erklärungen für das leere Grab ist die einzig akzeptable, dass Jesus tatsächlich von den Toten auferstanden ist.

Schließlich gibt es noch die postmortalen Erscheinungen Jesu. Er erschien Einzelpersonen, kleinen Gruppen und 500 Menschen auf einmal. Die Bandbreite der Erscheinungen und die Tatsache, dass Jesus zu den Menschen sprach und mit ihnen aß, schließt die Möglichkeit aus, dass es sich bei diesen Erscheinungen um Halluzinationen handelte. Ein weiterer überzeugender Zeuge ist Paulus, der die ersten Christen zunächst massiv verfolgte, dann aber sein ganzes Leben dramatisch änderte und den Rest seines Lebens mit der Verbreitung des Evangeliums verbrachte. Eine solche Kehrtwende lässt sich nur durch eine Begegnung mit dem Auferstandenen erklären. Auch Jakobus gehörte zu den Skeptikern, obwohl er ein Bruder Jesu war. Aber auch er änderte seine Meinung, wurde ein Anführer der frühen Gemeinde und starb laut dem Historiker Josephus für seinen Glauben an Christus. Seine dramatische Umkehr lässt sich nur erklären, wenn man akzeptiert, dass er den auferstandenen Christus sah und überzeugt wurde. All diese Beweise führen zu einer Schlussfolgerung: dass Jesus starb und von den Toten auferweckt wurde. Seine Rückkehr vom Tod macht ihn zweifellos einzigartig, und dies wiederum macht das Christentum einzigartig.

Die Rolle des Heiligen Geistes in der Evangelisation

Selbst wenn alle diese Beweise vorgelegt und alle offenen Fragen beantwortet wurden, reicht das allein noch nicht aus, um Menschen zum Glauben an Christus zu führen. Ein guter Apologet kann zwar ein überzeugendes Argument für den christlichen Glauben darlegen, aber er kann einen Menschen nicht von seiner Sünde überführen. Das ist das Werk des Heiligen Geistes. Deshalb müssen wir nicht nur bereit sein, auf die vielen Zweifel einzugehen, die die Menschen umtreiben, sondern wir müssen auch beten und Gott bitten, die Skepsis unserer Zeit zu durchbrechen und zu den Herzen der Menschen durchzudringen. Nur so werden echte Bekehrungen möglich sein.

❷ ZUM NACHDENKEN

1. Welche der obigen Fragen hältst du für die relevanteste, und warum?
2. Welche dieser Fragen sind für dich am schwierigsten zu beantworten, und warum?
3. Gibt es weitere wichtige Fragen, die dir schon begegnet sind? Wenn ja, wie lauten sie und wie hast du sie beantwortet?

KAPITEL 12

Leben in einer fremden Welt

Vor einigen Jahren machten wir ein Sabbatjahr und lebten als Familie für sechs Monate in Tansania. Wir wohnten im *Moshi Christian Children's Centre*, einem Zufluchtsort für benachteiligte Kinder, darunter viele Waisenkinder. Es war ein besonderes Privileg, in dem Zentrum zu leben und einige der Kinder und das Personal kennenzulernen. Die Geschichte eines Jungen hat mich besonders bewegt: Seine Mutter hatte ihn als Baby einfach im Zentrum zurückgelassen. Zweifellos muss das Leben der Mutter hart gewesen sein, um sie zu solch einer Verzweiflungstat zu treiben. Möglicherweise empfand sie es auch als einen Akt der Barmherzigkeit, ihr Kind in die Obhut von jemandemzu geben, der sich um es kümmern konnte. Wenn das so war, dann war es eine edle Tat, die aus großem Schmerz geboren wurde. Dennoch war es schockierend, denn das Kind war so verletzlich und hilflos. Es spricht Bände über die schreckliche Ungleichheit in unserer Welt, wenn Menschen aufgrund lähmender Armut zu solchen Taten getrieben werden. Und es ist für mich nur schwer vorstellbar, wie sich ein Betroffener in solch einer Situation fühlen muss: Was muss der Junge empfunden haben, der mit solch einem Wissen aufwachsen musste?

Ich finde es interessant, dass die Bibel neue Christen als Babys beschreibt. Sie sind in geistlicher Hinsicht ebenfalls sehr verletzlich und brauchen in den ersten Wochen und Monaten ihres geistlichen Lebens ständige Pflege und Betreuung. Das hat einige Auswirkungen für diejenigen, die ihnen den Glauben bezeugt und sie bis zu ihrer Bekehrung begleitet haben. Wenn Neubekehrte geistliche Babys sind, dann sind die Christen, die sie zum Glauben geführt haben, ihre geistlichen Eltern. Das ist eine große Verantwortung! Welche Aufgaben fallen ihnen in ihrer „Elternrolle" zu?

In einem Brief an die Christen in Thessaloniki erinnerte Paulus diese junge Gemeinde daran, wie er ihnen das erste Mal das Evangelium verkündigt hatte. Seine Liebe zu ihnen war so groß, dass er und seine Gefährten das ganze Leben mit ihnen geteilt hatten (1 Thes 2,8). Als ihr geistlicher Vater fühlte er sich für diese Christen verantwortlich. Er blieb nicht auf Distanz, war nicht unnahbar, als sie ihre ersten Schritte im neugefundenen Glauben wagten. Auch wir müssen genau das lernen, wenn wir mit Menschen zu tun haben, die gerade Christen geworden sind. Sie brauchen reifere Christen an ihrer Seite, die sie begleiten. Das erfordert nicht nur Zeit, sondern auch ständiges Gebet für sie (1 Thes 1,2). Ein kurzer Blick in einen der paulinischen Briefe zeigt, wie viel er über seine Empfänger wusste und wie stark er Anteil am Leben der Menschen nahm, die er zu Christus geführt hatte. Wenn wir in unserem Umgang mit neugeborenen Christen diese Fürsorge nicht widerspiegeln, werden wir auf dem Weg viele Verluste erleiden.

Wie der Besuch eines fremden Planeten

Neugeborene Christen brauchen aber mehr als nur Begleitung oder jemanden, der ihnen das christliche Leben vorlebt; sie müssen auch behutsam in das vielfältige Leben einer Gemeinde eingeführt werden. Es ist unter einigen Christen in Mode gekommen, den Gemeindebesuch wie eine freiwillige Zusatzleistung zu behandeln. Das zeigt sich darin, dass sie von einer Gemeinde zur anderen wandern, je nachdem, welcher Gemeindestil ihnen gerade passt. Gemeinde ist jedoch viel zu wichtig dafür und muss ernst genommen werden. Paulus erinnert uns daran, dass Christus die Gemeinde geliebt und sich selbst für sie hingegeben hat (Eph 5,25). Er sagt uns auch, dass Christen wachsen und sich gegenseitig auferbauen, wenn sie als Gemeinde ihr Leben miteinander teilen (Eph 4,16). Doch obwohl die Gemeinde ein so wichtiger Faktor im Leben eines Christen ist, kann sie für einen neuen Christen fast schon einschüchternd wirken.

Jedes Jahr besuchen wir mit den Studenten des Missionskurses des *Tilsley Colleges* eine große Moschee im Herzen von Glasgow. Wir wollen so einen besseren Einblick in die anderen Weltanschauungen und Religionen wie den Islam ermöglichen. Außerdem erlaubt der Moscheebesuch ihnen, persönlich mit einigen Muslimen zu sprechen.

Ich finde es jedes Mal aufs Neue faszinierend, die Schülerinnen und Schüler zu beobachten, wenn sie in diese für sie so unbekannte Umgebung kommen. Sie fühlen sich unsicher. Die meisten von ihnen waren noch nie in einer Moschee, obwohl sie schon viel davon gehört haben. Was ihnen erzählt wurde, ist nicht immer richtig. Wenn sie dort ankommen, merken sie schnell, dass sie niemanden dort kennen, und spüren deutlich, dass sie nur Besucher sind. Die meisten Gläubigen dort haben einen anderen Kleidungsstil als meine Studenten. Es ist eine Umgebung voll seltsamer Geräusche und Gerüche; ein Ort, an dem alle anderen zu wissen scheinen, wie man sich verhalten soll. Es gibt viele unausgesprochene Regeln, die Fremde nicht verstehen, und Ereignisse, die Uneingeweihten rätselhaft sind. All dies führt dazu, dass die Schülerinnen und Schüler zutiefst verunsichert und verwirrt sind. Genau so fühlt sich ein neuer Christ, wenn er zum ersten Mal den Fuß in eine Gemeinde setzt.

Die Gemeinde ist wirklich ein seltsamer Ort, wenn man nicht daran gewöhnt ist. Wer in einer christlichen Familie aufgewachsen ist, ist sich meistens gar nicht bewusst, wie fremd dieser Ort auf Außenstehende wirken kann. Das liegt daran, dass wir in der Gemeinde aufgewachsen sind und uns automatisch dort zu Hause fühlen. Für jemanden, der es nicht gewohnt ist, in eine

Gemeinde zu gehen, ist es jedoch ein bisschen so, als käme er in ein fremdes Land mit einer fremden Kultur.

Erstens ist es in unserer Gesellschaft sehr selten geworden, dass Menschen gemeinsam singen; das macht man höchstens bei einem Fußballspiel oder Rockkonzert. In der Gemeinde hingegen wird viel gesungen, sowohl neue als auch alte Lieder. Die meisten Menschen sind es nicht gewohnt, über einen längeren Zeitraum still zu sitzen und einem Vortrag zuzuhören. In den meisten Gemeinden gibt es jedoch jede Woche eine Predigt und die ist oft ziemlich lang. Viele Leute machen sich nur schick, wenn sie zu einer Feier oder vielleicht zu ihrem Bürojob gehen. Einige Gemeinden haben dagegen noch eine Art Kleiderordnung, an die sich der Großteil der Gemeinde hält (obwohl sich das glücklicherweise ändert). Die meisten Menschen haben nur wenige enge Freunde, aber in sehr vielen Gemeinden, selbst in den großen, herrscht ein echtes Bewusstsein für Einheit, Freundschaft und Kameradschaft.

Ungeschriebene Gesetze

Dies ist jedoch nur der Anfang. Jede Gemeinde hat ihre eigenen ungeschriebenen Gesetze und ihre Geheimsprache. Die Menschen, die dort aufgewachsen sind, kennen und verstehen diese Regeln, aber ein Neuankömmling nicht. Vor einigen Jahren war ich eingeladen, in einer Gemeinde in Dänemark zu predigen. Bevor ich sprach, feierten wir das Abendmahl, etwas, das ich auch allwöchentlich in meiner Heimatgemeinde mache. In dieser Gemeinde wurden kleine Becher für den Abendmahlswein verteilt und keine Kelche herumgereicht. Aber da wir das in meiner Gemeinde ebenfalls tun, war ich mit dieser Form vertraut.

Der Mitarbeiter, der den Wein austeilte, kam zuerst auf mich zu, weil ich in der ersten Reihe saß. Ich nahm meinen kleinen Becher und schloss die Augen zum Gebet. In meiner Gemeinde halten alle ihren Kelch in den Händen, bis jemand ein Zeichen gibt, worauf dann alle gemeinsam den Wein trinken. Ich nahm einfach an, dass dies auch hier der Fall sein würde. Ich musste jedoch feststellen, dass es in dieser Gemeinde üblich ist, den Wein sofort zu trinken und dem Mitarbeiter den kleinen Becher direkt zurückzugeben. Ich hörte ein vorsichtiges Hüsteln und blickte auf – nur um zu sehen, dass der Diakon immer noch vor mir stand und darauf wartete, dass ich endlich weitermachte. Verlegen reichte ich ihm den Becher. Mich hatte einfach niemand vorher darauf hingewiesen, dass es in dieser Gemeinde so gehandhabt wurde.

Bei einer anderen Gelegenheit lud ich einen anglikanischen Freund zu einer Gemeinde ein, mit der ich einen Missionseinsatz durchführte. Mein Freund war es gewohnt, dass der Gottesdienst von einem Pfarrer geleitet wird, der vorne steht und die Besucher in allen Ritualen und dem Drumherum der Kirchentradition anleitet. In dieser Brüdergemeinde jedoch war es normal, dass der Gottesdienst von Laien mit freier Beteiligung abgehalten wurde. Die sehr entspannte Art des Gottesdienstes überraschte ihn. Außerdem begann der Gottesdienst mit einem Videoclip, dessen Zweck erst deutlich wurde, als er von einem etwas ungepflegt wirkenden jungen Mann erklärt wurde, der von seinem Platz aus eine Andacht hielt. Dann schlug jemand von hinten ohne Vorwarnung ein bestimmtes Lied vor.

Mein Freund griff nach seinem Gesangbuch und wurde ein wenig verlegen, als er bemerkte, dass dieses Lied gar nicht im Buch stand, sondern dass der Text vorne auf die Leinwand projiziert wurde. Er hatte noch nie einen so offenen Gottesdienst erlebt, bei dem die Gemeindemitglieder spontan in das Geschehen eingreifen und Gott mit Beiträgen und Liedern loben. So verunsicherte ihn diese Erfahrung. Plötzlich und ohne Vorwarnung standen alle zum Singen auf. Dies war eine dieser ungeschriebenen Regeln, die man stillschweigend voraussetzte, aber für meinen Freund steigerte sich das Unbehagen, als er eilig aufsprang. Ich musste über seine Unbeholfenheit schmunzeln, ahnte aber auch, wie seltsam diese Erfahrung für ihn sein musste.

Dies sind nur zwei Beispiele, die diesen Aspekt verdeutlichen. Selbst für gestandene Christen kann es irritierend sein, eine fremde Gemeinde zu besuchen. Auch sie haben Schwierigkeiten, die ungeschriebenen Regeln nachzuvollziehen und die besondere Sprache und Ausdrücke einer anderen Gemeinde zu deuten – wie viel schwieriger ist das erst für eine gemeindefremde Person.

Wir werden diese individuellen Sitten und Gebräuche einer Ortsgemeinde wohl niemals loswerden können. Es wäre sogar falsch, denn jede Gemeinde braucht gewisse Strukturen und muss eine eigene Form ihres Gemeindelebens haben. Letztlich wird eine Gemeinde die Menschen widerspiegeln, die dazugehören, und so wie jeder Mensch seine Eigenheiten und seinen persönlichen Geschmack hat, so entstehen auch in einer Ortsgemeinde solche Eigenarten. Es gibt jedoch eine paar Dinge, die wir beachten müssen, wenn Neubekehrte in unsere Gemeinde kommen.

Zunächst sollten wir den Ablauf des Gottesdienstes vorher erklären, damit es möglichst wenig Verwirrung oder Überraschungen gibt. Das ist eine einfache Sache, kann aber den Ausschlag dafür geben, ob sich jemand unwohl und fehl am Platz fühlt oder ob die ersten Begegnung eine interessante und zugleich positive Erfahrung wird. Wenn jemand zum ersten Mal in meine eigene Gemeinde kommt, wird einer der Verantwortlichen ihn willkommen heißen und ihm kurz den Gottesdienstablauf erklären. Dies ist schlichte Höflichkeit, hat aber den Effekt, dass sich unsere Besucher entspannter fühlen.

Eine zweite Sache ist wichtig: Wir müssen sicherstellen, dass das, was wir in der Gemeinde tun, wirklich biblisch ist. Natürlich wird es in jeder Gemeinde viele Traditionen geben, die nirgends in der Bibel erwähnt werden. Viele Gemeinden bitten z. B. jemanden, dass er an der Eingangstür alle Eintretenden begrüßt. Diese Praxis findet man nicht in der Bibel, obwohl ich sie für gut halte. Fast alle Gemeinden verwenden Gesangbücher oder häufig auch Beamer. Beides gab es zur Zeit des Neuen Testaments natürlich nicht. Solche Traditionen sind hilfreich und sinnvoll. Einige Gemeinde beharren jedoch auf Traditionen, die nicht mehr sinnvoll oder hilfreich sind. Man kann sie auch nicht biblisch rechtfertigen. Früher oder später werden Neubekehrte sich die Frage stellen, warum das so gemacht wird. Wenn es für solche Dinge keine biblische Rechtfertigung gibt, warum tun wir sie dann? Noch schlimmer ist, wenn es einer Ketzerei gleichkommt, diese Traditionen ändern zu wollen, weil sie so tief im Gemeindeleben verwurzelt sind. Wenn es zu viele mittlerweile bedeutungslose Traditionen gibt, wird dies zu Frustration und Verwirrung führen und Menschen davon abhalten, sich wirklich mit der Gemeinde zu identifizieren.

Ein Beispiel, das mir in den Sinn kommt, sind die Gottesdienstzeiten. Vor einigen Jahren war ich in einer Gemeinde, die jeden Sonntag um 11:30 Uhr einen Familiengottesdienst abhielt. Das erwies sich als eine schlechte Zeit, denn die meisten Familien wollten den Sonntag so gut wie möglich nutzen. Ein einstündiger Gottesdienst, der erst nach der Mittagszeit zu Ende ging, war keine große Attraktion. Es war daher unwahrscheinlich, dass Nichtchristen jemals zu diesem Gottesdienst kommen würden. Es wurde vorgeschlagen, den Gottesdienst früher stattfinden zu lassen, entweder um 9:30 Uhr oder um 10:00 Uhr. Dies bedeutete zwangsläufig, dass das Brotbrechen auf den Abend verschoben oder Bestandteil des Familiengottesdienstes werden müsste oder eine Mischung aus beidem. Leider gab es großen Widerstand gegen diesen Schritt, obwohl er so logisch war. Der Grund für den Widerstand lag nicht in biblischen Prinzipien – es gab keine dafür. Man sperrte sich, weil man die Dinge schon immer so gemacht hatte und die Tradition Vorrang vor gesundem Menschenverstand und der Heiligen Schrift hatte. Diejenigen, die in der Gemeinde aufgewachsen waren, hatten sich daran gewöhnt, aber für die Gemeindeglieder, die neu dazukamen, klang die ganze Angelegenheit völlig absurd. Kein Wunder! Solche nichtbiblischen Traditionen machen überhaupt keinen Sinn und schaden sogar. Es war unvermeidlich, dass dieser Konflikt viele der neuen Christen entmutigte und ihnen das Gefühl vermittelte, die Bibel würde nicht wirklich ernst genommen. Solche unglücklichen Situationen müssen um jeden Preis vermieden werden, da sie unweigerlich zu Enttäuschungen führen und geistliches Wachstum bei den Einzelnen und auch der Gesamtgemeinde behindern.

Weiter müssen wir neuen Christen erklären, warum eine Gemeinde überhaupt existiert. Neubekehrte Christen haben nicht nur Mühe, alle Traditionen des Gemeindelebens zu verstehen, es dauert auch eine Weile, bis sie wirklich begreifen, warum es Gemeinde überhaupt gibt. Sie sind sich bewusst, dass man von ihnen eine wöchentliche Teilnahme erwartet, und sie verstehen auch, welche Verpflichtung damit verbunden ist. Aber die große Frage lautet eigentlich, warum sie überhaupt dabei sein sollen. Die Bedeutung und die Rolle der Gemeinde müssen erklärt werden. Und Neubekehrte brauchen Hilfe, um das zu erkennen.

Obwohl in einer Gemeinde viele Dinge geschehen, gibt es vier Aspekte gemeindlichen Lebens, die besonders hervorgehoben und erklärt werden müssen. Es geht um die Lehre, die Gemeinschaft, die Anbetung und das Zeugnis; all diese Aspekte sind im Leben der frühen Gemeinde zu erkennen (Apg 2,42-47).

Lehre

Es liegt auf der Hand, dass der Lehre eine große Bedeutung innerhalb der Gemeinde zukommt. Das Christentum ist ein intelligenter Glaube, der auf Wahrheiten beruht, die durch die Bibel vermittelt werden. Wie unmodern das Predigen auch anmuten mag, es führt kein Weg an der Tatsache vorbei, dass Gottes Wort gelehrt werden muss, wenn der Leib Christi lernen soll, wie man mit Gott lebt und ihm dient. Für neue Christen wird die durchschnittliche Predigt jedoch oft ein bisschen zu hoch sein. Das lässt sich nicht vermeiden, weil auch der Rest der Gemeinde geistlich genährt werden muss.

Außerdem ist es wichtig, in der Gemeinde eine Kultur zu schaffen, in der man sich ernsthaft mit der Heiligen Schrift auseinandersetzt und gemeinsam intensiv daran arbeitet, die Bibel zu verstehen und anzuwenden. Wenn jedoch einige der

Junggläubigen vor ihrer Bekehrung nie eine Gemeinde besucht haben, kann es schon entmutigend sein, wenn man eine halbe Stunde stillsitzen und einer Predigt lauschen muss. Deshalb ist es wichtig, sie darauf vorzubereiten und ihnen zu helfen.

Es gibt ein paar Dinge, auf die wir sie hinweisen sollten, damit sie das Wichtigste aus der Predigt mitnehmen können. Z. B. können sie vor dem Gottesdienst beten und Gott bitten, ihnen zu helfen, das Gesagte zu verstehen. Sie können auch den Bibeltext vorher durchlesen und dann beobachten, wie der Prediger die Verse auslegt. Es ist auch hilfreich, während der Predigt die Bibel aufgeschlagen zu haben, um der Logik des Textes zu folgen. Wenn man sie ermutigt, sich während der Predigt Notizen zu machen, können sie diese später noch einmal durchgehen. Man kann ihnen auch raten, Fragen zu notieren, die ihnen während des Vortrags kommen. Am Ende des Gottesdienstes können sie den Prediger ansprechen und mit ihm über ihre Fragen sprechen. Das wird für beide Seiten nützlich sein. Es kann auch hilfreich sein, am Ende einer Predigt einen Frage-und-Antwort-Teil anzubieten; dies kommt reiferen Christen ebenso zugute wie neuen. Es ist auch sehr nützlich, wenn die Geschwister nach der Predigt in lockerer Runde über die Inhalte sprechen. In unserer Gemeinde sind die Themen der Hauskreise mit der vorherigen Sonntagspredigt verknüpft, sodass dies in strukturierter und systematischer Weise geschehen kann. Ein großer Fehler wäre es, dem Neubekehrten zu vermitteln, dass ihn der Gottesdienstbesuch noch überfordern würde. Es ist wichtig, schnell gute Gewohnheiten zu entwickeln. Und sich in einer Gemeinde intensiv mit der Bibel zu beschäftigen ist eine solche gute Gewohnheit. Nach meiner Erfahrung wachsen neue Christen, die zum Bibelstudium ermutigt werden, und sie werden geistlich gut gefestigt.

Auch wenn Neubekehrte auf diese Weise ermutigt werden, brauchen sie immer noch eine ihrem geistlichen Stand entsprechende Unterweisung. Ich persönlich denke, dass ein Jüngerschaftskurs in Form einer Zweierschaft ideal ist, aber wenn es mehrere neue Christen gibt, kann man auch Kleingruppen anbieten. Es gibt drei Gründe, warum dies wichtig ist. Erstens zeigt es den neuen Christen, dass sie geschätzt werden und es wert sind, dass man Zeit in sie investiert. Zweitens kann man auf ihre persönlichen geistlichen Bedürfnisse und auf ihre Fragen eingehen. Drittens wird die Person, die den Jüngerschaftskurs leitet, als geistlicher Mentor fungieren und kann als Vorbild einen christlichen Lebensstil vorleben.

Der Hauptzielrichtung eines solchen Jüngerschaftskurses besteht darin, Themen zu behandeln, die den Bedürfnissen des neugeborenen Christen entsprechen. Z. B. sollte man Neubekehrte nicht mit anspruchsvollen Themen wie Prophetie überfordern. Auch Grundsatzthemen über die Auslegung der Schrift (z. B. Dispensationalismus) sollte man zunächst weglassen. Auch eine Auseinandersetzung mit den neuesten evangelikalen Trends kann mehr verwirren als helfen. Sie stehen ja noch ganz am Anfang ihres geistlichen Lebens. Man sollte vielmehr über das praktische Leben als Christ sprechen, über das Gebet, die Gewissheit der Errettung und das Wirken des Heiligen Geistes, über Hingabe und Zeugnisgeben und das Überwinden von schlechten Gewohnheiten. Diese Grundlagen müssen schnell erkannt werden, damit die neuen Christen wachsen können, und das wird sie dann auch schützen. Einer meiner Freunde, ein Indienmissionar, wies mich darauf hin, dass man dort Neubekehrte zunächst über das Leben und die Lehren Jesu unterrichtet. Passagen wie die Bergpredigt haben viel über die grundlegenden Fragen des christlichen Lebens zu sagen. Ein solcher Fokus passt auch zu dem Gebot, das Jesus selbst in seinem Missionsbefehl gab: Wir sollen alles lehren, was er gelehrt hat (Mt 28,20). Das macht wirklich Sinn.

Wir müssen neue Christen nicht nur lehren, sondern sie auch ermutigen, selbst regelmäßig die Bibel zu erforschen und zu beten. Es gibt viele hilfreiche Bibellesepläne und Andachtshefte. Ich halte es auch für wertvoll, neue Christen zu ermutigen, die ganze Bibel in einem bestimmten Rhythmus zu lesen. Mit ihren 1189 Kapiteln wirkt die Bibel auf manche erschlagend, aber es gibt auch Bibellesepläne, die den Leser anhand einiger

Schlüsselkapitel durch die gesamte Bibel führen. So bekommt man einen guten Überblick in einem überschaubaren Rahmen. Aus praktischer Sicht würde ich auch dazu ermutigen, zunächst eine leicht verständliche Bibelversion wie die *Neue evangelistische Übersetzung* zu verwenden.

Anbetung

Ein weiterer wichtiger Aspekt des Gemeindelebens ist der Anbetungsgottesdienst. Auch hier öffnet sich dem neugeborenen Christen eine andere Welt. Für diejenigen von uns, die in der Gemeinde aufgewachsen oder schon lange Christen sind, kann der gemeinsame Anbetungsgottesdienst eine wunderbare Erfahrung sein. Was wir über Gott wissen, erfüllt uns mit Ehrfurcht, die uns zur Anbetung führt. Wir verstehen die Traditionen unserer Heimatgemeinde und können uns leicht in die Struktur des Gottesdienstes einfügen. Vielleicht schätzen wir vor allem die besondere Form des Gottesdienstes in unserer eigenen Ortsgemeinde. Für jemanden, der gerade Christ geworden ist und noch keine Erfahrung mit dem Gemeindeleben hat, kann die gemeinsame Anbetung dagegen eine ernüchternde und irritierende Erfahrung sein.

Die jungen Gläubigen verstehen sicherlich, dass Christus für sie gestorben ist und sie errettet hat, aber sie werden die Herrlichkeit Gottes wahrscheinlich noch nicht richtig zu schätzen wissen. Seine Attribute wie Allgegenwärtigkeit, Allwissenheit und Allmacht werden für sie ein Mysterium sein. Es wird etwas dauern, bis sie diese Eigenschaften kennengelernt haben und entsprechend würdigen können. Wenn das geschieht, werden auch ihre Ehrfurcht und ihr Wunsch nach Anbetung wachsen, aber das braucht Zeit. Sie werden mit der Art und Weise, wie andere anbeten, und dem Ablauf des Anbetungsteils des Gottesdienstes noch nicht vertraut sein.

Ich bin in der Tradition der Brüdergemeinden aufgewachsen, in der sich die Mitglieder beim Abendmahl mit spontan Beiträgen beteiligen können. In einem typischen Gottesdienst eröffnet jemand die Stunde, indem er einen Abschnitt der Heiligen Schrift liest, der dann das Thema für die Anbetungsstunde vorgibt. Die Teilnehmer, die mit dem Ablauf vertraut sind, können dann ihren Beitrag geben. Sie halten sich im Allgemeinen an das Thema, das am Anfang vorgegeben wurde. Natürlich gibt es dafür keine offizielle Regel, die besagt, dass man dieser Vorgabe unbedingt folgen muss, aber es ist schon zu einer Tradition geworden, die sich über viele Jahre bewährt hat.

Einmal begleitete mich ein gläubiger Freund zu unserem Abendmahlsgottesdienst. Er war mit dieser Tradition nicht vertraut. Er schlug ein Lied vor und betete im Anschluss daran. Was er in seinem Gebet sagte, war wahr und gut, ebenso wie das vorgeschlagene Lied. Aber es passte nicht zum unausgesprochenen Gesamtthema des Gottesdienstes. Das war nicht seine Schuld, denn er verstand die ungeschriebenen Regeln bei uns nicht. Einige der älteren Gemeindemitglieder schätzten seinen Beitrag zwar, verbuchten ihn jedoch insgesamt unter geistlicher Unreife. Dem war aber nicht so! Er kannte nur den Ablauf und Stil unseres Anbetungsgottesdienstes nicht. Jemand, der gerade Christ geworden ist und noch nie zuvor in einer Gemeinde war, wird sich in genau der gleichen Lage befinden.

Wenn es darum geht, junge Christen an das Konzept des Anbetungsgottesdienstes heranzuführen, gibt es eine Reihe von Dingen, die wir betonen müssen. Erstens müssen sie wissen, dass ein Gott hingegebenes Leben ein Akt der Anbetung in sich ist. Wenn das Leben, das wir außerhalb der Gemeinde führen, Christus verleugnet, ist das, was wir während eines Gottesdienstes tun, in Wirklichkeit irrelevant – und für Gott inakzeptabel. Anbetung ist daher etwas, was wir tagtäglich tun müssen.

Zweitens muss unsere Anbetung ehrlich sein. Wie viel oder wenig wir auch von Gott und seinem Willen kennen mögen, er kennt uns durch und durch und kann sogar unsere Gedanken lesen. Wer schon seit Jahren Christ ist, weiß, wie leicht sich eine gewisse Gleichgültigkeit in der Anbetung einstellen kann. Wenn man nicht aufpasst, singt man Lieder, ohne auf den Inhalt zu achten, oder sagt „Amen" am Ende von Gebeten anderer, denen man kaum zugehört hat. Wahre Anbetung bezieht den Verstand und das Herz mit ein, wenn wir unsere tiefe Dankbarkeit gegenüber Gott zum Ausdruck bringen. Dies muss mit völliger Aufrichtigkeit geschehen. Menschen, die gerade erst Christen geworden sind, müssen verstehen, dass selbst ein unbeholfener Dank, wenn er aus tiefstem Herzen kommt und aufrichtig gemeint ist, wichtiger ist als ausgefeilte Worte und theologisch korrekte Formulierungen.

Drittens müssen wir den neuen Christen vermitteln, dass Anbetung auch etwas mit dem Verstand zu tun hat. Natürlich sollte unsere Anbetung niemals kalt und rein rational sein, aber wenn wir unsere Wertschätzung für die Größe Gottes zum Ausdruck bringen wollen, müssen wir wissen, wer er wirklich ist. In diesem Sinne hat Anbetung viel mit Theologie zu tun. Wenn wir Gott nicht gut kennen, wird unsere Anbetung zu einer sich wiederholenden Reihe fader Plattitüden werden, die nichts über den Gott aussagen, den wir angeblich anbeten. Ich bin schon mehreren Paaren begegnet, die behaupten, ihre Beziehung sei Liebe auf den ersten Blick gewesen. Ich bezweifle nicht, dass sie sich auf den ersten Blick attraktiv fanden; aber Liebe ist etwas, das wächst, wenn man einen Menschen besser kennenlernt. Wenn wir Gott und sein wunderbares Wesen wirklich besser verstehen lernen, wird unsere Anbetung lebendig und intelligent. Wenn wir mit neugeborenen Christen Jüngerschaftskurse durchführen, müssen wir dies unbedingt beachten.

Viertens müssen wir vermitteln, dass zu wahrer Anbetung auch Emotionen gehören. Gott hat uns als Menschen mit Gefühlen geschaffen, und wir sollten diesen Gefühlen auch in unserer Anbetung Ausdruck verleihen. Mit Gefühlen zeigen wir unsere Begeisterung für Gott und können unsere Dankbarkeit betonen. Obwohl wir neugeborene Christen lehren müssen, ihre Gefühle angemessen auszudrücken, müssen sie ihre Gefühle auch zeigen dürfen. Gefühle sind nämlich ein natürliches Mittel, um auszudrücken, was wir für Gott empfinden. Wenn wir kein Gefühl der Ehrfurcht empfinden, wenn wir uns unserem majestätischen Gott nähern, und kein Gefühl des Staunens und der Begeisterung, wenn wir an all das denken, was er für uns getan hat, dann stimmt etwas grundsätzlich mit unserem Glauben nicht.

Gebet

Ein weiterer Bereich, in dem Anleitung notwendig sein wird, ist das Gebet. Auch hier gilt: Für Menschen, die schon lange Christen sind, ist das Gebet etwas Natürliches und Leichtes. Aber jemandem, der gerade erst Christ geworden ist, kann das Gebet zunächst sehr schwerfallen. Da Gebet jedoch das Herzstück des christlichen Lebens ist, ist dies ein Bereich, dem viel Aufmerksamkeit geschenkt werden muss.

Anfangen sollte man damit, dass man die Schönheit des Gebets betont. Durch Gebet kommen wir in die unmittelbare Gegenwart Gottes – ohne dass wir einen Mittler benötigen. In dem Augenblick, in dem wir beten, hört Gott jedes Wort und reagiert auf unsere Anliegen. Diese Gemeinschaft mit unserem Vater ist wesentlich für unsere geistliche Gesundheit, und genau deshalb ermutigt uns die Bibel, ständig zu beten (1 Thes 5,17). Dieses Wissen an sich macht es zwar nicht einfacher zu beten, aber es wird einen neugeborenen Christen ermutigen, ernsthaft daran zu arbeiten.

Es ist sehr hilfreich, regelmäßig gemeinsam mit neugeborenen Christen zu beten, damit sie selbst erleben, wie natürlich das ist. Es ist interessant, dass die Jünger Jesus baten, sie das Beten zu lehren (Lk 11,1). Sie waren religiöse Juden, die ihr Leben lang in ihrer örtlichen Synagoge Gebete gehört hatten. Als sie jedoch Jesus beten hörten, wurde ihnen klar, dass das Gebet viel mehr ist als nur das Wiederholen einiger wohlbekannter Sätze. Es geht um eine lebendige Beziehung zu Gott, in der wir miteinander kommunizieren. In ähnlicher Weise müssen wir neugeborene Christen im Gebet anleiten und es ihnen selbst vorleben.

Dabei sollten wir sie ermutigen, beim Beten respektvoll, aber auch entspannt und natürlich zu sein. Sie müssen keine formellen Worte verwenden, sondern einfach so sprechen, wie sie im normalen Leben auch sprechen. Je mehr sie beten, desto mehr wird es zur Gewohnheit werden, und die Worte werden ihnen leichter über die Lippen kommen.

Hier einige Ideen, die neugeborenen Christen eine gewisse Struktur für ihr Gebetsleben geben können:

- Mache es dir zur festen Gewohnheit, jeden Tag mindestens 15 Minuten mit Bibellesen und im Gebet zu verbringen. Stelle sicher, dass dies zur Priorität wird!
- Suche dir eine stille Ecke, in der du ungestört und ohne Ablenkungen beten kannst.
- Beginne diese Gebetszeit mit Dank. Danke Gott für alles, was er in deinem Leben getan hat, und bete ihn für sein Wesen und seinen Charakter an.
- Sprich deine Gebete laut aus, wenn du dich so besser konzentrieren und nachdenken kannst.
- Führe eine Art Gebetstagebuch. Schreibe deine Gebetsanliegen punktuell auf und notiere, wenn dein Gebet erhört wurde. Das wird dir helfen, beständiger zu beten, und dich ermutigen, weil du siehst, dass deine Gebete Wirkung erzielen.

Diese Punkte sind einfach und können neugeborenen Christen helfen, das Beten zur guten Gewohnheit werden zu lassen. Außerdem wird es sie in den ersten Monaten ihres christlichen Lebens ermutigen.

Zeugnis sein

Im vierten Bereich, in dem neugeborene Christen Hilfe brauchen, geht es um das Zeugnisgeben. Sie werden ziemlich schnell merken, dass ihr Umfeld ganz unterschiedlich auf ihren neu gefundenen Glauben reagiert. Einige ihrer Freunde werden sie belächeln und das Ganze für ein wenig albern halten. Andere werden ihnen widersprechen und sie offen kritisieren. Wieder andere werden eher verunsichert sein, aber manche werden sich auch sehr für sie freuen. Es ist wichtig, sie auf solche Reaktionen vorzubereiten und sie zu ermutigen, offen mit ihren Freunden über die getroffene Entscheidung zu sprechen. Wenn die Nachricht von ihrem neu gefundenen Glauben erst die Runde gemacht hat, können die unterschiedlichen Meinungen ihrer Freunde sie verletzen. Aber sie haben das erste Mal als Christ Stellung bezogen.

Neugeborene Christen müssen dabei lernen, nicht nur offen, sondern auch verständnlich über ihren Glauben zu sprechen. Das kann in der Tat zunächst einmal sehr herausfordernd sein, deswegen brauchen sie Unterstützung, wenn sie ihre ersten Schritte als Zeugen für Jesus Christus gehen. Es gibt natürlich viele Beispiele von Menschen, die gläubig werden und dann so begeistert von ihrem neuen Glauben sind, dass sie keinerlei Ermutigung brauchen. Sie sind unerschrocken und scheinen der ganzen Welt sagen zu wollen, dass sie an Jesus glauben. Wenn das so ist, ist das wunderbar, aber selbst dann brauchen sie immer noch etwas Hilfe, damit sie taktvoll vorgehen und ihr Zeugnis mit Gnade und Weisheit weitersagen.

Ich erinnere mich, wie ich vor einigen Jahren bei einem Einsatz in Irland einen jungen Christen kennenlernte, der aus einem kleinen Dorf in der Nähe des Einsatzortes stammte. Er war erst seit ein paar Jahren Christ und ein begeisterter Evangelist, hatte jedoch schon einen ziemlichen Scherbenhaufen hinterlassen. Fast alle Einwohner seines Heimatdorfes waren römisch-katholisch, und obendrein praktizierte man dort eine sehr konservative Art des Katholizismus. Nachdem dieser junge Mann Christ geworden war, wurde er immer zorniger auf die römisch-katholische Kirche. Jahrelang war er treu zur Messe gegangen, aber hatte in der ganzen Zeit nie eine klare Darstellung des Evangeliums gehört. Er war wild entschlossen, jedem Menschen seines Dorfes die Gute Nachricht weiterzusagen, damit auch sie zum wahren Glauben finden konnten. Seine Motive waren rein und sein Eifer bewundernswert. Aber seine Vorgehensweise ließ viel zu wünschen übrig. Er schrieb an amerikanische Verlage und bat um „anti-katholische" Traktate. Als er eines fand, kaufte er 10 000 Exemplare und verteilte sie an jedes Haus im gesamten Kreisgebiet. Das Traktat, das er verteilte, war äußerst beleidigend, und die gesamte Bevölkerung reagierte mit großer Empörung. Der junge Mann wurde schließlich zum Geächteten. Dieses Problem hätte vermieden werden können, wenn man ihm als junger Christ geholfen und ihm gezeigt hätte, wie man sein Zeugnis geben soll.

Es ist bei der Arbeit mit neuen Christen sehr wichtig, im Hinterkopf zu behalten, dass sie alle über Kontakte verfügen. Je länger jemand zur Gemeinde geht und sich in das Leben der Gemeinschaft einbringt, umso mehr wird sein christlicher Freundeskreis wachsen. Umgekehrt führt dies fast immer dazu, dass er weniger enge nichtchristliche Freunde hat. Wie bereits erwähnt, bitte ich die Studenten meiner Evangelisationsvorlesungen am *Tilsley College,* die Namen ihrer zehn engsten Freunde aufzuschreiben. Dann fordere ich sie auf, diejenigen zu kennzeichnen, die Christen sind. In den meisten Fällen ist die große Mehrheit ihrer engen Freunde Christen. In einigen Fällen kann man einen klaren Zusammenhang zwischen der Dauer ihrer Gemeindezugehörigkeit und der Anzahl von nichtgläubigen Freunden erkennen.

Wenn jemand gerade erst Christ geworden ist, sind wahrscheinlich die meisten seiner engen Freunde keine Christen. Dieses Umfeld kann natürlich zusätzlichen Druck ausüben, und deshalb müssen seine neuen Glaubensgeschwister lernen, ihn zu unterstützen, besonders in den ersten Tagen und Wochen seines Glaubenslebens. Gleichzeitig bietet es jedoch die große Chance, die Menschen seiner Umgebung mit dem Evangelium zu erreichen. Dazu gehört, dass er ihnen ein konsequentes christliches Leben vorlebt und taktvoll weitergibt, was Christus für ihn bedeutet, besonders wenn Fragen gestellt werden. Damit beides gelingt, muss die Gemeinde ihm aktiv mit Rat und Tat zur Seite stehen.

❷ ZUM NACHDENKEN

1. Welche Aspekte im Leben deiner Gemeinde würde jemand, der nicht in einem religiösen Umfeld lebt, am schwierigsten finden?

2. Beurteile von den vier oben erwähnten Aufgaben der Gemeinde, wie gut deine Heimatgemeinde in jedem Bereich arbeitet und was getan werden könnte, um einzelne Bereiche zu verbessern.

3. Welche praktischen Schritte könntest du selbst unternehmen, damit deine Gemeinde eine „besucherfreundliche" Gemeinde wird?

KAPITEL 13

Moralische und emotionale Altlasten

Ich bin schon länger zu der Überzeugung gelangt, dass Reisen weit weniger Spaß macht, als sich das die Menschen landläufig vorstellen. Es stimmt zwar, dass die moderne Technik das Reisen billiger und einfacher gemacht hat, aber viel angenehmer ist es damit nicht unbedingt geworden. Besonders unangenehm finde ich das Fliegen, und ich sitze häufig im Flugzeug. Flughäfen, vor allem Regionalflughäfen, sind langweilig, nervenaufreibend, teuer und mit viel zu wenig bequemen Stühlen ausgestattet. Billigairlines sind ein ähnlicher Härtetest, mit Sitzen, die sich nicht neigen lassen, und einer Beinfreiheit, die eine Zumutung für Menschen ist, die über 1,70 m groß sind.

Am meisten nervt mich, dass man beim Reisen auch noch Gepäck mitnehmen muss, was sehr lästig werden kann. Ganz gleich, wie ordentlich du deinen Koffer packst, die vielen Sicherheitskontrollen, die man nach dem 11. September weltweit zu durchlaufen hat, sorgen dafür, dass der Koffer am Zielort völlig durcheinander ist. Noch unangenehmer ist die Tatsache, dass man die größeren Gepäckstücke der Fluggesellschaft übergeben muss. Und wie die mit dem Gepäck umgehen, gibt Anlass zur Sorge. Einmal landete ich in Kopenhagen, nur um festzustellen, dass mein Koffer in Singapur war, und so musste ich vier Tage in den gleichen Klamotten herumlaufen. Ein anderes Mal kam ich aus dem Kongo zurück und nahm einen aufgerissenem

Weichschalen-Koffer in Empfang. Natürlich fehlten einige Teile. Ich erinnere mich noch daran, dass ich einen Inlandsflug von Addis Abeba in die nordäthiopische Stadt Kombolcha nahm, wo der Flughafen lediglich ein Weidefeld voller Rinder ist. Dabei wurde ich Zeuge, wie die Besatzung das Gepäck im hohen Bogen aus der Luke warf. Die Koffer landeten mit unüberhörbarem Getöse auf dem Acker. Man weiß nie, was mit dem Gepäck geschehen wird, und manchmal entsteht großer Schaden.

In unseren Gemeinden kann man beobachten, dass viele Menschen ebenso eine Menge Gepäck mit sich herumschleppen. Da gibt es manche Leichen im Keller und belastende Probleme aus dem früheren Leben. Die Gemeinde darf diese Altlasten nicht ignorieren. Der Ballast kann für den Einzelnen zu schwer werden, und einige Gemeinden haben sich schuldig gemacht, weil sie der Last einzelner Geschwister gegenüber genauso gleichgültig waren wie die Gepäckabfertiger im Flughafen. Ob es uns gefällt oder nicht, das Gepäck ist da, es wird nicht verschwinden und muss aufgearbeitet werden. Wenn es uns als Gemeinden mit der Evangelisation ernst ist, dann müssen wir lernen, gute Gepäckabfertiger zu sein.

Moralische Altlasten

Es gibt zwei Haupttypen von Altlasten, die bewältigt werden müssen und beide stellen uns vor eine große Herausforderung. Erstens gibt es moralische Altlasten und zweitens emotionale Altlasten. Moralische Altlasten sind jene Probleme, die das Leben eines Menschen aufgrund von Sünde beeinflussen. Ein großer Teil dieses moralischen Ballastes wird von unserer relativistischen Gesellschaft jedoch nicht als Problem wahrgenommen. Wir leben in einer Gesellschaft, in der Freizeitdrogen, Trunkenheit, Crossdressing[29] und vulgäre Ausdrucksweise als normal

---

29 A. d. V.: *Crossdressing* bedeutet, Kleidung zu tragen, die nach traditionellem Verständnis nicht zum eigenen Geschlecht passt.

angesehen werden und nicht als etwas moralisch Fragwürdiges. Das betrifft auch Homosexualität und vor- und außerehelichen Sex. In unserer postmodernen Welt ist sogar das Wort Moral aus der Mode gekommen. Menschen tun keine falschen Dinge, sie sündigen nicht, sie treffen lediglich Entscheidungen über ihren Lebensstil. Was der eine Mensch richtig findet, kann von einem anderen als falsch empfunden werden; aber das ist eine ganz private Entscheidung und keine Frage der Moral.

Wir als Christen haben eine ganz andere Sichtweise von Moral, wie in der Tat auch andere Weltreligionen. Wir glauben an einen objektiven Wertekanon, der auf dem Charakter Gottes beruht und uns in der Heiligen Schrift offenbart wurde. Problematisch wird es, wenn Menschen gläubig werden, die vorher überhaupt nicht mit einer christlichen Moral vertraut waren. Sie kennen diese Werte nicht und sind vielleicht schon in einen Lebensstil verstrickt, der von einem biblischen weit entfernt ist. Einige dieser Fragen, die den Lebensstil betreffen, können sehr tief gehen und sehr komplex sein. Vor Kurzem erhielt ich einen Anruf von einem guten Bekannten. Eine junge Frau namens Diana war in seine Gemeinde gekommen und hatte bekannt, dass sie Christ geworden sei und nun Gemeinschaft mit anderen Christen suche. Mein Freund, ein Ältester der Gemeinde, hieß sie herzlich willkommen. Er erklärte ihr, dass dieser Gottesdienst ein Abendmahlsgottesdienst sei und dass sie, wenn sie wirklich an Jesus glaube, herzlich eingeladen war, daran teilzunehmen. Mitten im Gottesdienst bemerkte er plötzlich, dass sie einige Bartstoppeln hatte. Nach dem Gottesdienst wurde klar, dass Diana als David geboren worden war, mehrere Jahre als Transvestit gearbeitet hatte, bevor sie eine operative Geschlechtsumwandlung durchführen ließ und nun als Frau lebte. Er hatte keinen Zweifel daran, dass sich Diana wirklich bekehrt hatte, er war sich nur nicht sicher, was er als Nächstes tun sollte, um sie geistlich zu unterstützen.

Man könnte sich nun wegen Diana und auch bei jedem anderen Neubekehrten, der mit Fragen des Lebensstils zu kämpfen hat, die Frage stellen: Haben sie wirklich Buße getan und sind sie wirklich zu Kindern Gottes geworden? Und wenn ja, warum ist ihr Lebensstil immer noch problematisch? Wir müssen uns jedoch davor hüten, komplexe Fragen zu schnell vom Tisch zu wischen oder zu vereinfachen. Erstens: Ihr Gegenüber ist sich vielleicht nicht bewusst, dass einige seiner Handlungen sündhaft sind, obwohl er nun wiedergeboren ist. Wir dürfen nicht einfach davon ausgehen, dass alle Neubekehrten eine feinjustierte jüdisch-christliche Ethik haben. Ein Freund von mir, der Christ wurde, lebte in einer langjährigen monogamen Beziehung mit seiner Freundin zusammen. Die Buße bei seiner Bekehrung war aufrichtig; er versuchte ernsthaft, mit sündhaften Dingen in seinem Leben zu brechen. Er war sich jedoch wirklich nicht bewusst, dass das Zusammenleben ohne Trauschein ein Problem ist. In seiner Umgebung war, wie in weiten Teilen des Westens, die Ehe eher die Ausnahme als die Norm. Sein Problem war nicht, dass er absichtlich gegen den Willen Gottes rebellierte, ganz im Gegenteil! Er hatte nur keine Ahnung, dass das, was er tat, Sünde war.

Ich glaube, dass diese Art von Problemen in Zukunft immer häufiger auftreten wird, und dafür fallen mir mehrere Gründe ein. Zum einen leben wir in einer Zeit, in der moralische Werte zunehmend relativiert werden. Menschen, die heute zum Glauben an Jesus Christus kommen, stammen vermehrt aus einem Hintergrund, in dem es keine Erkenntnis von richtig und falsch gibt. Diese Menschen haben Buße getan, weil sie erkannt haben, dass sie in irgendeiner Weise gesündigt haben. Ihre Vorstellung von Sünde wird jedoch vage sein, und es wird viele Dinge geben, die sie gar nicht als sündig empfinden, weil ihre Umgebung das nicht so vorgibt – wie z. B. uneheliche Partnerschaft und praktizierte Homosexualität.

Zweitens wird es in unserer erfahrungsorientierten Kultur immer mehr Menschen geben, die zwar Christen werden wollen, weil sie die Erfahrungen des Christseins schätzen, aber keine Buße tun wollen, um von der Schuld ihrer Sünden befreit zu werden. Mit anderen Worten, ihnen gefällt der Gedanke einer

Beziehung zu einem liebenden Gott, aber sie kehren nicht aus Ehrfurcht vor einem heiligen und gerechten Gott um, vor dem sich die Menschen einmal verantworten müssen. Dies wird häufig dann der Fall sein, wenn sie bei ihren christlichen Freunden sehen, wie gut diese mit Lebenskrisen und Leid im Leben umgehen können. Sie werden das Christsein attraktiv finden, weil sie ihre christlichen Freunde als attraktive Menschen empfinden. Das bedeutet nicht, dass Buße bei ihrer Bekehrung überhaupt keine Rolle gespielt hätte, sondern dass sie ein eher untergeordneter Aspekt war. Menschen, die sich unter diesen Umständen bekehren, werden unweigerlich eine Art Kulturschock erleben, wenn sie dann entdecken, dass sie einen heiligen Lebensstil führen sollen.

Die große Frage ist, wie wir mit Menschen umgehen, die zwar Christen werden, aber erheblichen moralischen Ballast mitschleppen. Menschen sind komplexe Wesen, und deshalb ist auch ihr Leben zwangsläufig komplex. Wer meint, dass diese Probleme einfach zu handhaben seien oder dass es einfache Antworten gäbe, war offensichtlich noch nie wirklich im Hirtendienst tätig. Ich möchte anhand einiger Beispiele veranschaulichen, mit welch komplexen Situationen wir es zu tun bekommen können.

Nachdem er eine Reihe von Gästegottesdiensten besucht hatte, wurde ein Familienvater namens Gerald Christ. Die Geschwister der Gemeinde freuten sich sehr. Sie begannen sofort mit einem Jüngerschaftskurs und hofften, diesen Neubekehrten bald taufen und in die Gemeinde aufnehmen zu können. Die Familie machte einen guten Eindruck, da Gerald wie ein glücklich verheirateter Mann wirkte und sogar Vater von vier sehr netten Kindern war. Geralds Frau zeigte persönlich wenig Interesse am Glauben, aber sie war beeindruckt von den Veränderungen im Leben ihres Mannes und meinte, dass sein Gemeindebesuch eine gute Sache sei. Bei einem Kurstreffen erwähnte Gerald, dass er und seine „Frau" eigentlich gar nicht offiziell verheiratet seien. Sie lebten seit 16 Jahren zusammen und hatten es nie für nötig gehalten zu heiraten. Man sagte Gerald, dass es wirklich besser sei, wenn er seine Partnerin ehelichte, bevor er Teil der Gemeinde würde, und so versprach er zögerlich, mit ihr zu reden. Sie reagierte sehr ärgerlich. Sie beharrte darauf, dass ein offizielles Dokument ihre Beziehung nicht verbessern würde, und machte klar, dass sie es als sehr verletzend empfand, dass er versuchte, eine Entscheidung zu widerrufen, die sie gemeinsam vor so langer Zeit getroffen hatten, nur weil die Gemeinde sich in ihre Beziehung einmischte. Ihre Einstellung gegenüber der Gemeinde verschlechterte sich, und nun begegnete sie dem neugefunden Glauben ihres Mannes mit Misstrauen.

In einem anderen Fall bekehrte sich ein selbstständiger Geschäftsmann namens Michael durch das Zeugnis eines Christen, der in der gleichen Branche arbeitete. Auch hier schienen die Voraussetzungen ideal zu sein. Dieser neugeborene Christ hatte einen guten Beruf, eine Familie und wirkte wie ein bodenständiges, verantwortungsbewusstes Mitglied der Gesellschaft. Es stellte sich jedoch heraus, dass Michael jahrelang seine Zahlen frisiert hatte, um weniger Steuern zahlen zu müssen. Diese Praxis war allgemein so üblich und anerkannt, dass er sich nie etwas dabei gedacht hatte. Er warf ein, dass man der Regierung sowieso nicht trauen könne, verantwortungsbewusst mit Steuergeldern umzugehen. Dass er die Zahlen bei der Steuererklärung zu seinen Gunsten manipuliert habe, sei sein gutes Recht gewesen, er müsse ja schließlich auch an sich und die Zukunft seiner Familie denken. Sein ganzer Lebensstil und das viele Geld, das er zu dessen Aufrechterhaltung brauchte, machten die frisierte Steuererklärung geradezu notwendig. Wenn er mehr Steuern zahlen würde, müsste er seine Ausgaben in vielen Lebensbereichen drastisch reduzieren, was seiner sowieso schon angeknacksten Ehe den letzten Rest geben könnte.

Im dritten Fall ging es um eine Frau Mitte 30, die gläubig wurde. Jean war zweimal verheiratet und geschieden. Wahrscheinlich war ihre eigene schwierige Kindheit mit ein Grund dafür, dass diese Beziehungen gescheitert waren. Ihr Vater hatte sie verbal und körperlich misshandelt, was zu tiefen Narben und emotionalen Schäden geführt hatte. Ihr fiel es schwer, Männern zu vertrauen und eine stabile Beziehung zu ihnen aufzubauen. Finanziell ging es ihr schlecht, und die Tatsache, dass sie zwei heranwachsende Jungen zu versorgen hatte, machte dies noch schwieriger. Jean hatte eine Affäre mit einem verheirateten Mann, dessen Ehe sich auf einem Tiefpunkt befand. Ihre Sehnsucht nach Sicherheit und Liebe zwang sie, diese Beziehung fortzusetzen, obwohl sie nicht davon überzeugt war, den Mann überhaupt zu lieben. Er plante, sich scheiden zu lassen. Als Jean sich bekehrte, waren die beiden gerade dabei, die letzten Pläne für ihre neue Ehe zu schmieden.

Im letzten Beispiel geht es um John, einen ledigen Mann Anfang 20. Er bezeichnet sich als homosexuell und hatte in der Vergangenheit eine Reihe von Beziehungen gehabt, war aber zum Zeitpunkt seiner Bekehrung mit niemandem liiert war. John empfand viele Menschen in seiner Gegend als homophob und pflegte daher zunehmend Umgang mit anderen homosexuell empfindenden Menschen. In Bars und Clubs, wo er Menschen mit seiner eigenen Orientierung traf, fühlte er sich sicherer und akzeptierter. Er nahm eine Hypothek auf, die ihn unter erheblichen finanziellen Druck setzte, und suchte deshalb einen Untermieter. Ob männlich oder weiblich, war ihm egal. Aber angesichts seines sozialen Umfeldes war es viel wahrscheinlicher, dass er einen männlichen, homosexuell empfindenden Untermieter finden würde. Als John Christ wurde, hatte er bereits jemanden gefunden, einen anderen homosexuellen Mann. Sie lebten aber nicht in einer Beziehung miteinander, es war lediglich ein Mietverhältnis. John begann, zur Gemeinde zu gehen, jedoch mit einem beträchtlichen Maß an Skepsis, da er immer der Ansicht gewesen war, dass eine Gemeinde eine durch und durch homophobe Einrichtung sei.

Wie sollen Gemeinden mit solchen Herausforderungen umgehen? Wie schnell sollten wir in unseren Jüngerschaftskursen die moralischen Altlasten im Leben der Menschen ansprechen? Sollten wir von diesen neuen Christen verlangen, dass sie erst ihr Leben in Ordnung bringen müssen, bevor sei ein offizielles Glied der Gemeinde werden dürfen? Darf man ihnen erlauben, sich im Gottesdienst zu beteiligen? Und wann dürfen sie am Brotbrechen teilnehmen?

Antworten auf diese Fragen zu finden ist ausgesprochen schwierig. Es sind sehr komplexe Situationen und jede Entscheidung hat tiefgreifende Auswirkungen. Es gibt keine Patentlösung, wenn es um das individuelle Leben von Menschen geht. Jede Gemeinde wird auch bestimmte Gewohnheiten haben, die man berücksichtigen muss. In meiner Gemeinde ist es z. B. möglich, sich taufen zu lassen und am Abendmahl teilzunehmen, ohne Gemeindemitglied zu werden. In anderen Gemeinden ist die Taufe gleichbedeutend mit einer Mitgliedschaft, und Christen können nicht am Abendmahl teilnehmen, ohne vorher Mitglied der Gemeinde zu werden. In einigen Gemeinden ist es tatsächlich sogar so, dass viele ihrer Besucher ohnehin keine Christen sind. Gleichwohl gibt es einige Grundsätze, die man trotz aller Unterschiede und Eigenheiten von Gemeinden nennen kann. Sie helfen uns, die wichtige Frage zu beantworten: Was machen wir mit neuen Christen, die viele moralische Altlasten mit sich herumschleppen?

⊕ *Nicht weglaufen*

Als Erstes müssen wir sicherstellen, dass wir vor den Problemen nicht weglaufen. Leider tun viele Gemeinden genau das. Sie scheuen sich vor der Mühe, Antworten auf schwierige Probleme zu finden, und haben nicht den Mut, in den sauren Apfel zu beißen, wenn sie sich mit dem Leben der Menschen beschäftigen. Das führt dazu, dass sie versuchen, das Problem loszuwerden. In der Praxis sieht das unterschiedlich aus. Man erklärt einer Person z. B., dass sie nicht erwünscht sei oder kommuniziert ihr dies durch die Blume, indem man ihr mehr oder weniger die kalte Schulter zeigt.

Dies ist die vermeintlich bequemste Methode. Wenn eine Gemeinde dies tut, dann muss sie sich nicht länger mit den Problemen herumschlagen, die durch Evangelisation verursacht werden. Es ist eine saubere und übersichtliche Art der Gemeindeführung, ohne unangenehme Kunden, mit denen man sich auseinandersetzen müsste. Aber dieser Ansatz offenbart zwei grundlegende Probleme. Erstens ist ein solches Verhalten überhaupt nicht christusgemäß, sondern völlig unchristlich. Jesus zögerte nie, Menschen in Not zu helfen. Er wurde deswegen sogar als Freund der Sünder bezeichnet. Menschen abzulehnen, weil sie Probleme mitbringen, bedeutet gleichermaßen, dass wir uns von der christlichen Barmherzigkeit abwenden. Zweitens ist es eine sehr kurzsichtige Strategie. Angesichts des moralischen Verfalls unserer Gesellschaft ist es unwahrscheinlich, dass unsere evangelistischen Bemühungen zu vielen Bekehrungen von Menschen führen, die wenig oder gar keine moralischen Altlasten haben werden. Die meisten Menschen führen ein Leben fernab von biblischen Normen, weil sie in einer Gesellschaft leben, die die Bibel völlig ignoriert. Wenn die Gemeinden darauf bestehen, solche Menschen nicht zu integrieren, werden sie wohl kaum Wachstum erleben. Folglich sind Gemeinden, die in dieser falschen Weise intolerant sind, die ersten, die wahrscheinlich aussterben. Die sterile Atmosphäre, die in diesen Gemeinden herrscht, tötet alles Leben ab.

⊕ Biblische Maßstäbe

Worauf wir in unseren Gemeinden jedoch auch achten müssen, ist die Aufrechterhaltung biblischer Standards. Intoleranz ist keine Lösung, aber faule Kompromisse auch nicht. Jede Generation einer Gemeinde muss sich der Gefahr bewusst sein, dass sie sich der Welt anpasst. Diese Gefahr ist dann besonders groß, wenn sehr viele Neubekehrten ihre moralischen Altlasten mitbringen. Leider ist eine unglückliche Auswirkung vieler Erweckungen, dass Gemeinden in unmittelbarer Folge davon zunehmend unmoralisch geworden sind.

Es gilt hier, ein Gleichgewicht aufrechtzuerhalten. Die Gemeinde muss Neubekehrte mitsamt ihren Altlasten liebevoll aufnehmen und gleichzeitig die klare Botschaft vermitteln, dass wir als Christen ein Gott wohlgefälliges Leben führen sollen. Wenn die Standards, die eine Gemeinde von jedem Mitglied erwartet, zu sinken beginnen, wird sie unweigerlich ihren Anspruch als moralische Autorität verlieren. Dies wiederum wird zu einem langsamen Niedergang führen. Eine Gemeinde ohne moralische Standards wird nicht in der Lage sein, sich von der Welt um sie herum zu unterscheiden. Sie wird daher nicht in der Lage sein, Menschen aus der Welt herauszurufen. Keine Standards zu haben ist daher ebenso unbiblisch und kurzsichtig wie Intoleranz gegenüber Neubekehrten mit Altlasten.

Beides zu berücksichtigen ist natürlich mit praktischen Problemen verbunden. Es bedeutet, dass Verantwortliche einer Gemeinde von der Kanzel hohe moralische Werte lehren müssen, während sie zugleich den Menschen, deren Leben in einem moralischen Chaos steckt, Einfühlungsvermögen und Verständnis entgegenbringen müssen. Mancher empfindet das als Widerspruch und Heuchelei. Das ist es aber nicht; die Spannung zwischen diesen beiden Positionen ist jedoch nicht einfach zu handhaben. Die Leiter einer Gemeinde müssen ihre Gemeindemitglieder um Vertrauen bitten, und diese müssen es ihnen auch gewähren, wenn sie mit diesen schweren Fragen ringen. Große Weisheit und beharrliches Gebet sind hier Grundvoraussetzungen. Das beste Vorbild, wie man mit dieser Spannung umgehen kann, liefert uns Jesus. Während seines irdischen Wirkens hatte er nicht nur engen Kontakt zu Menschen, die bis zum Hals in einem moralischen Schlamassel steckten, er nahm sich auch ihrer Probleme an, während sie ihre ersten Schritte zum Glauben machten. In Johannes 8 lesen wir, dass man eine Frau zu Jesus brachte, die in flagranti beim Ehebruch ertappt worden war. Die Pharisäer, die sie zu ihm gebracht hatten, wollten von Jesus wissen, ob sie für ihre Sünde gesteinigt werden solle, wie es das Gesetz Moses verlangte, oder nicht.

Jesus wehrte brillant ihren Versuch ab, ihn in eine Falle zu locken; danach richtete er seine Aufmerksamkeit auf die Frau. Seine Worte an sie waren schön und kraftvoll zugleich. Zuerst sagte er ihr, dass er sie nicht verurteile, obwohl er um ihre Schuld wusste. Das erinnert an Jesu Aussage, dass er nicht gekommen ist, um zu richten, sondern um zu retten (Joh 3,17; 12,47). Nachdem er dies gesagt hatte, bestand Jesus aber auch darauf, dass die richtige Reaktion auf seine Barmherzigkeit darin bestünde, nicht länger zu sündigen. Hier haben wir ein Bild von Christus, der vergibt und sich weigert zu verurteilen. Aber gleichzeitig besteht er darauf, dass ein heiliges Leben ein Muss ist und dass echte Fortschritte erwartet werden. Dieses Gleichgewicht ist nicht leicht aufrechtzuerhalten, aber eine Gemeinde muss lernen, hier Christus nachzuahmen.

⊕ *Daran denken, dass sie Babys sind*

Drittens dürfen wir nicht vergessen, dass Menschen, die gerade erst Christen geworden sind, geistliche Babys sind (vgl. 1Petr 2,2). Es wäre völlig unvernünftig, von einem Baby zu erwarten, dass es Auto fährt, einen sicheren Arbeitsplatz hat oder seine Einkommenssteuererklärung richtig ausfüllt. Das alles kann man erst, wenn man ein gewisses Maß an Reife erreicht hat. Babys und Kindern muss man erst beibringen, was richtig und falsch ist, sie müssen erst für gewisse Werte sensibilisiert werden. Deshalb geben Eltern ihren Kindern nicht die Freiheit, große Entscheidungen selbst zu treffen, weil sie dazu einfach noch nicht in der Lage sind.

Die Bibel vergleicht neugeborene Christen mit geistlichen Säuglingen. Sie sind häufig noch nicht in der Lage, reife und kluge Entscheidungen bezüglich eines guten Lebensstils zu treffen. Sie wollen offensichtlich Christus nachfolgen und haben Buße getan, aber das bedeutet nicht, dass sie einschätzen können, was angemessenes und unangemessenes Verhalten ist. Sie werden wahrscheinlich Fehler machen und auch mal hinfallen, ganz so, wie es normale Babys auch tun. Hinzu kommt, dass Erwachsene, die Christen werden, ihr christliches Leben nicht in einem Vakuum beginnen. Vielmehr beginnen sie zu einem Zeitpunkt, an dem sich bereits schlechte Gewohnheiten und die Einschätzung von richtig und falsch gefestigt haben. In diesem Sinne gibt es eine Menge abzulegen, bevor sie wirklich anfangen können, einen christlichen Lebensstil einzuüben.

Wir sollten also nicht überrascht sein, wenn Menschen, die gerade erst Christen geworden sind, es noch sehr schwer finden, ein geheiligtes Leben zu führen, und nicht so leicht mit sündigen Verhaltensmustern ihrer Vergangenheit brechen können. Die Gemeinde sollte sie nicht verurteilen, sondern die Rolle der geistlichen Eltern übernehmen und sie anleiten, damit sie ein Leben in Heiligung beginnen können. Vielleicht wird das einige Zeit dauern! Geistliche Reife und die daraus resultierende Urteilsfähigkeit entstehen nicht über Nacht. Ich habe schon mit Christen zu tun gehabt, die noch jahrelang nach ihrer Bekehrung mit großen moralischen Herausforderungen zu kämpfen hatten. Ohne die moralischen Standards aufzugeben, die eine Gemeinde von ihren Mitgliedern erwartet, muss sie Geduld zeigen. Und wenn ein Mensch, der gerade erst Christ geworden ist, Fehler macht, sollte man sich auf gar keinen Fall gemeinsam auf ihn stürzen. Wenn ein Neubekehrter sich betrinkt, auf sexuellem Gebiet stolpert oder sich unweise verhält, bedeutet das nicht, dass er doch kein Nachfolger Christi ist. Vielmehr bedeutet es, dass er als geistlicher Säugling noch Anpassungsschwierigkeiten hat und noch nicht allein mit seinem neu gefundenen Glauben zurechtkommt. Mit diesen Fragen muss man liebevoll und sensibel umgehen.

⊕ *Das ganze Bild im Blick haben*

Viertens besteht eine Gemeinde aus vielen Individuen. Deshalb muss man jeden Fall individuell betrachten. Als Gemeinde müssen wir uns bewusst sein, dass beim Umgang mit neugeborenen Christen und ihren Problemen sehr komplexe Umstände eine Rolle spielen können. Außerdem darf man nicht vergessen, dass durch diese Probleme auch andere Menschen betroffen sein können. Nehmen Sie den Fall Gerald als Beispiel. Obwohl er unverheiratet mit einer Frau zusammenlebte und sie sogar gemeinsame

Kinder hatten, darf man nicht vergessen, dass seine Frau keine Christin war und man daher nicht von ihr erwarten konnte, eine biblische Sicht von Ehe zu haben. Sicherlich wäre es gut, wenn die Verantwortlichen der Gemeinde Geralds Frau erklären würden, warum sie die Ehe so wichtig finden. Sie hätten jedoch keine Autorität, sie zum Heiraten aufzufordern. Auch sollte Gerald nicht von ihnen gezwungen werden, seine Frau unter Druck zu setzen, da dies ihre Beziehung ernstlich gefährden könnte. In einer solchen Situation gibt es keine richtige Antwort, aber eine Menge falsche. Meiner Meinung nach wäre es falsch gewesen, Gerald die Gemeindezugehörigkeit zu verweigern, obwohl seine Beziehung eindeutig falsch ist. In seinem Fall musste man das ganze Bild im Blick haben. In vielen Situationen wird man nicht die perfekte Lösung für jeden Beteiligten finden, weil es sie einfach nicht gibt; aber man kann sehr wohl vermeiden, erheblichen Schaden anzurichten und das sollte das Ziel sein.

➔ *Akute und chronische Probleme*
Ein letzter Punkt, den wir bedenken müssen, ist, ob es sich bei einer Sünde um eine ständige Gewohnheit handelt oder einfach um einen Fehltritt des neuen Christen. In gewisser Hinsicht sollte es keinen Unterschied machen, denn Sünde ist Sünde. Andererseits muss die Absicht einer Person in Betracht gezogen werden. Nehmen wir einmal das Beispiel Trunkenheit. In unserer Gesellschaft ist exzessiver Alkoholkonsum durchaus üblich geworden. Viele nutzen das Wochenende, um sich erst volllaufen zu lassen und dann ihren Kater auszukurieren. Es besteht ein Unterschied zwischen jemandem, der sich regelmäßig betrinkt und das auch mit voller Absicht tut, und jemandem, der gelegentlich etwas trinkt und vielleicht bei einer Gelegenheit zu viel konsumiert hat. In beiden Fällen kommt es zu einem gewissen Grad an Trunkenheit. Aber der erste Fall ist mit Sicherheit ernster als der zweite und muss seelsorgerlich unterschieden werden. Ich kenne eine Reihe neugeborener Christen, die in Familien aufwuchsen, in denen Alkohol im Überfluss vorhanden war und wo

Familienangehörige oft betrunken waren. Wenn sich ein Neubekehrter regelmäßig betrinkt, wäre das ein Grund zu großer Besorgnis, und die Gemeinde müsste sicherlich eingreifen. Wenn dieselbe Person jedoch gelegentlich einen Fehler macht und zu viel trinkt, dann müsste man meiner Meinung nach auch berücksichtigen, in welchem Umfeld diese Person bisher gelebt hat. Dann wäre meines Erachtens ein wenig Verständnis angemessener als Gemeindezucht. Ich sage nicht, dass es für einen Christen akzeptabel ist, sich zu betrinken, und ich sage auch nicht, dass dies keine seelsorgerliche Aufmerksamkeit erfordert. Aber ich unterscheide zwischen einem chronischen Problem und einem gelegentlichen Fehltritt.

Diese Richtlinien helfen uns jedoch nicht bei der Frage weiter, wie man Neubekehrten mit vielen moralischen Altlasten beistehen kann. Diese Probleme sind oft nicht so einfach lösbar. Deshalb sollten wir uns manchmal auf Schadensbegrenzung konzentrieren, da es keine perfekte Lösung gibt. Wenn diese Richtlinien jedoch angewandt werden, werden sie einer Gemeinde helfen, voranzukommen. Man muss jeden Fall individuell betrachten und einen Weg finden, wie die Gemeinde und der Neubekehrte sich gegenseitig auferbauen können.

Ein entscheidendes Element, das man nicht aus den Augen verlieren darf, ist die Notwendigkeit, dass diese neuen Christen in ihrem Glauben wachsen. Diese Probleme lassen sich am besten lösen, wenn der neue Christ beginnt, geistlich zu reifen. Der Schlüssel zu diesem Wachstum und dem daraus entstehenden biblischen Lebensstil liegt darin, dass reifere Christen Vorbild für das christliche Leben sind und ihren jungen Brüdern und Schwestern in Christus als Mentoren zur Seite stehen. Es gibt nichts Besseres als einen christlichen Freund, der einem jungen Christen so nahesteht, dass er schnell merkt, was nötig ist, und der ihn ermutigt, Schritte in Richtung geistlicher Reife zu machen.

Emotionale Altlasten

Eine weitere Altlast ist emotionaler Natur. Auch dieses Phänomen kann verstärkt wahrgenommen werden. Ich bin seit Lan-
gem der Meinung, dass viele Menschen, emotional gesehen, wie
durch Narbengewebe zusammengehalten werden. Das Leben in
der modernen Welt fordert seinen Tribut von den Menschen.
Arbeitsdruck, Familienkrisen, zerbrechende Ehen, Missbrauch
und Trauer haben viele Menschen verwundet und verletzt zurückgelassen. Und sehr viele der Menschen, die Christen werden, bringen diese Verletzungen mit auf ihren Glaubensweg.
Tatsächlich sind die Kirchen und Gemeinden im Laufe der Geschichte von der Gesellschaft oft als Ort der Fürsorge wahrgenommen worden, als Zufluchtsort, an dem die Opfer des Lebens Trost und Annahme finden dürfen. Das ist gut, denn es
zeigt, dass die Gemeinde Jesu ihre Aufgabe erfüllt hat, sich um
diejenigen zu kümmern, um die sich sonst niemand kümmern
möchte. Aber das hat auch dazu geführt, dass die Gemeinden
oft Menschen anziehen, die emotional angeschlagen sind. Wenn
wir es mit der Evangelisation ernst meinen, sollten wir nicht
überrascht sein, wenn wir am Ende zumindest einige neue Gemeindemitglieder mit Problemen haben, unter Stress und Ehe-
problemen leiden und Depressionen haben, die Seelsorge und
Antidepressiva erfordern.

Die seelsorgerlichen Lasten, die viele Gemeinden mittlerweile
bewältigen müssen, sind gewaltig und nehmen immer mehr
zu – es ist wie ein Fass ohne Boden. In unserer postmodernen
Zeit sind die Menschen sehr mit ihren eigenen Bedürfnissen beschäftigt und haben den großen Wunsch, diese Bedürfnisse mit
anderen zu teilen. In der Tat wurde in einer kürzlich erschienenen Ausgabe des *Time*-Magazins vor der wachsenden Narziss-
mus-Welle gewarnt, die ein fester Bestandteil der Generation der
sogenannten Millennials ist.[30] Dieser Wunsch, sich zu „öffnen"
und Gefühle zu teilen, ist so stark, dass Talkshows die Probleme

---

30 *Time*, 20. Mai 2013, S. 28–35.

der Menschen zu einer voyeuristischen Kunstform gemacht haben. Seine Probleme vor Einzelnen oder vor einem Publikum auszubreiten ist die Therapieform dieses neuen Jahrtausends. Meine älteste Tochter erzählt mir, dass eine der beliebtesten Sendungen unter ihren Altersgenossen die *Jeremy-Kyle-Show*[31] ist.

Jeder, der in der Leitung einer Gemeinde involviert ist, wird bestätigen, dass immer mehr Geschwister ihre Lasten vor die Gemeindeverantwortlichen bringen möchten, in der Hoffnung, Hilfe zu finden. Viele Dinge werden nicht mehr einfach stillschweigend hingenommen. Menschen, die schweigend leiden, gibt es immer weniger. Die Offenheit unserer Kultur hat jedermanns Leichen aus dem Keller geholt und in den Blick der Öffentlichkeit gerückt.

Ähnlich wie einige Gemeinden Mühe haben, mit all den auftauchenden moralischen Altlasten umzugehen, taumeln sie unter dem Gewicht der emotionalen Altlasten. Manche Leiter behandeln dieses „Reisegepäck" seelisch verletzter Menschen ziemlich grob, da sie wenig Verständnis für die Bedürfnisse derer haben, denen sie dienen. Ich habe schreckliche Geschichten von Betroffenen gehört, die bei den Verantwortlichen ihrer Gemeinde um Hilfe gebeten haben, um dann gesagt zu bekommen, dass sie sich „zusammenreißen" und aufhören sollten, sich selbst in den Mittelpunkt zu stellen. Manchmal reagieren Leiter so, weil sie sich aufgrund der großen Not von ihrer wachsenden Hirtenverantwortung überfordert fühlen. In anderen Fällen liegt es leider einfach daran, dass die Verantwortlichen manchmal ungeduldig sind und es ihnen an echtem Mitgefühl mangelt.

Wie fangen wir an, mit den enormen Herausforderungen des Hirtendienstes umzugehen? Das ist ein riesiger Themenkomplex,

---

31 A. d. Ü.: *Die Jeremy-Kyle-Show* ist eine britische Talkshow, in der die Gäste ihre Probleme und Konflikte vor einem Studiopublikum austragen. Die Sendung wurde 2019 nach dem Todesfall eines Gastes vom Sender abgesetzt.

denn wenn wir uns nicht liebevoll um die Neubekehrten kümmern, die in unseren Kirchen und Gemeinden Schutz suchen, werden sie zu dem Schluss kommen, dass sie doch fehl am Platz sind. Einmal so abgefertigt, werden sie wahrscheinlich nie mehr in den Kreis der Geschwister zurückkehren, da sie die Botschaft vermittelt bekommen haben, die Gemeinden nähmen nur die Menschen auf, die ohne Altlasten und Probleme kommen. Wie gehen wir also mit diesen emotionalen Problemen um?

⊕ Nicht vor den Problemen wegducken

Wenn wir uns um emotional geschädigte Menschen kümmern, müssen wir als Erstes dafür sorgen, dass wir niemanden ignorieren. Es passiert schnell, dass wir versuchen, Menschen mit emotionalen Problemen zu meiden, genauso, wie wir es manchmal bei Menschen mit moralischen Altlasten tun. Dies sollte jedoch niemals geschehen. Manchmal kommen Menschen mit Problemen zu uns, die Unbeteiligten banal und unbedeutend erscheinen mögen. Für die Person selbst, die darunter leidet, kann es jedoch durchaus ein großes Problem sein. Es sollte daher nicht als belanglos abgetan werden. Dann gibt es Probleme, die viel schwerwiegender sind und viel Nachdenken und Aufmerksamkeit erfordern. Dem muss man nachkommen, weil wir wissen, dass jeder Mensch in Gottes Augen wertvoll ist und von ihm geliebt wird. Kurzum: Wir sollten niemand einfach ignorieren.

⊕ Sich auf einen langen Weg vorbereiten

Zweitens muss man berücksichtigen, dass man es mit Menschen zu tun hat und nicht mit Maschinen. Maschinen lassen sich oft schnell reparieren. Mein Auto ist zwar alt, aber es kann mit gelegentlichen Ölwechseln und ein wenig Wartung weiter gut funktionieren. Und wenn etwas kaputt geht, können es meine Freunde in der örtlichen Werkstatt in wenigen Stunden reparieren. Bei Menschen ist das nicht so einfach. Wir sind hochkomplexe Wesen mit einem ebenso komplexen Gefühlsleben. Einige Menschen schaffen es, nach Problemen wieder auf die Beine zu kommen und weiterzumachen, andere schaffen es einfach nicht. Einige der Menschen, die in unsere Gemeinden kommen, werden emotionale Narben tragen, die tief sitzen und seit Jahren Schmerzen verursachen. Es ist völlig unrealistisch zu meinen, dass diese Probleme nach einigen Wochen liebevoller Gemeinschaft unter Geschwistern verschwinden. Sicherlich ist die Wärme des Gemeindelebens für Not leidende Menschen eine große Hilfe, aber es kann Jahre dauern, bis die Narben abheilen. Die Arbeit des Hirtendienstes ist in der Tat sehr langfristig angelegt und wird viel Geduld und Ausdauer erfordern.

⊕ Jeden Menschen mit Feingefühl behandeln

Es versteht sich von selbst, dass man Fingerspitzengefühl braucht, um sich um seelisch verletzte Menschen zu kümmern. Sie leiden bereits und brauchen keine schnelle Abfertigung oder eine Haltung, die besagt: „Du bist mir eine Last." Einigen von uns fällt es schwer, sensibel zu sein, aber es ist eine Herzenshaltung, die man erlernen kann. Ohne Feingefühl wird der emotionale Ballast, den unsere Gemeindemitglieder mit sich herumtragen, eher zunehmen als abnehmen. Gemeinden sollten Zufluchtsorte sein, wo emotional geschädigte Menschen sich sicher fühlen und Vertrauen gewinnen können, um zu lernen, mit den Problemen umzugehen, die sie quälen.

⊕ Gott nicht aus dem Blick verlieren

Es ist entscheidend, dass wir Gott bei unserem Hirtendienst nicht aus dem Blick verlieren. Die Menschen, denen wir dienen, wurden schließlich von Gott erschaffen, deshalb weiß er besser als wir, was sie brauchen. In seiner Allwissenheit weiß Gott genau, welche Umstände den Schaden verursacht haben und sicherlich auch, was Heilung bringen wird. Ich habe mich schon oft in Situationen wiedergefunden, wo ich wirklich nicht mehr wusste, wie ich einer Person hätte helfen können. Manchmal wusste ich noch nicht einmal, was ich sagen sollte. Dass wir als Menschen begrenzt und fehlbar sind, schränkt die Wirksamkeit unseres

Hirtendienstes stark ein. In manchen Situationen sind das Gebet und das Hören auf Gott der einzige Weg nach vorn. Aber wenn wir dies tun, müssen wir auch darauf vertrauen, dass Gott handeln kann und will und der seelisch verletzten Person, um die wir uns kümmern, Heilung bringen kann. Der Glaube ist daher ein wesentlicher Bestandteil des Hirtendienstes. Wir sollten schnell bereit sein, für etwas zu beten, und beharrlich im Gebet bleiben, denn die endgültige Lösung kommt von Gott allein.

➔ *Hüte dich vor dem Monster der Abhängigkeit*

Aus praktischer Sicht ist es wichtig zu berücksichtigen, dass Gemeinden sich zwar um seelisch verletzte Menschen kümmern müssen, aber dass sie auch Weisheit bei der Entscheidung brauchen, in welchem Maß sie Hilfe leisten können und wie diese Hilfe aussieht. Es gibt zwei potenzielle Probleme, die sich aus dem Umgang mit emotionalen Altlasten ergeben können. Erstens ist es möglich, dass Leiter so in die Probleme der Menschen verwickelt werden, dass sie ihre anderen Pflichten vernachlässigen. Das kann ein sehr reales Problem sein, denn manche Menschen nehmen die gesamte verfügbare Zeit eines Leiters in Anspruch und verlangen trotzdem nach mehr. Zweitens kann sich eine seelisch verletzte Person derart in sich selbst verlieren, dass sie in ihren Problemen eine falsche Sicherheit sieht und nicht mehr nach Lösungen suchen will. Darüber hinaus wird ihre Selbstbezogenheit sie daran hindern, irgendeinen Beitrag zum Gemeindeleben zu geben. Diese Probleme müssen daher angegangen werden.

Das bedeutet nicht, dass wir weniger Mitgefühl für seelisch verletzte Menschen aufbringen sollten, das sollte nie geschehen. Aber wir müssen weise sein, sonst werden auf lange Sicht alle Beteiligten verlieren. In meiner Gemeinde haben wir versucht, eine Richtlinie für den Hirtendienst auszuarbeiten. Wir sind bereit, jedem seelsorgerlich zu helfen und so viel Zeit mit ihm zu verbringen, wie nötig ist, aber unter der Voraussetzung, dass die Person bereit ist, an ihren Problemen zu arbeiten. Obwohl wir uns voll und ganz bewusst sind, dass man hier langfristig denken muss, erwarten wir ein gewisses Maß an Fortschritten. Darüber hinaus wollen wir bei den Menschen, denen wir helfen, wenigstens den Wunsch erkennen, Teil der Gemeinde zu sein und mitanzupacken. Ihr Beitrag mag zwar klein sein, aber wir wollen, dass Menschen bereit sind, zu geben und nicht nur zu empfangen. Wenn diese Bedingungen erfüllt sind, dann freuen wir uns, wenn wir Zeit in sie und ihr schwieriges Leben investieren können. Wenn nicht, dann werden wir nicht viel Zeit und Energie dafür einsetzen. Das mag hart klingen, aber es ist eine realistische Sicht und hat sich als notwendig erwiesen.

❷ ZUM NACHDENKEN

1. Beurteile, wie gut deine Gemeinde mit den Altlasten der Menschen umgeht und warum das so ist.
2. Wie könnte in deiner Gemeinde eine Kultur der Toleranz entwickelt werden, ohne die moralischen Standards zu senken?

KAPITEL 14

Abschließende Gedanken

Meine Familie fährt sehr gerne an den Strand, aber leider ist das wegen des Wetters in Schottland nicht so oft möglich. Wenn die Sonne jedoch scheint, fahren wir nach Ayr hinunter, wo es einen schönen Strand und einige nahegelegene, gemütliche Restaurants gibt, wo man gut essen kann. In den seltenen Fällen, in denen meine Familie mir die Wahl des Lokals überlässt, führe ich sie in ein Restaurant nicht weit von der Strandpromenade, wo ein gutes Steak mit Getränk nicht in den Bankrott führt. Dieses besondere Lokal befindet sich in einem alten Kirchengebäude, das mit einem hohen Spitzdach und schönem Steinmauerwerk ausgestattet ist. Wenn wir rechtzeitig kommen, können wir auf einer Erhöhung sitzen, direkt unter der alten Kanzel. Ich mag die Atmosphäre dieses Ortes sehr, bin aber immer etwas traurig, wenn ich daran denke, dass dieses Gebäude einst ein Ort der Anbetung war, jetzt aber nur noch eine Gaststätte mit Atmosphäre ist.

Heutzutage ist das nicht ungewöhnlich. Großbritannien ist übersät mit ehemaligen, jetzt verlassenen Kirchengebäuden, die zu Bingo-Hallen oder schicken Apartments umgebaut wurden. Diese Gebäude waren nie für diese Art der Nutzung vorgesehen, aber mit dem Niedergang des Christentums ist ihr ehemaliger Zweck nicht mehr relevant. Die große Frage lautet nun: Ist ein weiterer Niedergang unvermeidlich oder nicht? Jesus fragte: „Doch wird wohl der Sohn des Menschen, wenn er kommt, den

Glauben finden auf der Erde?" (Lk 18,8). Das ist eine Frage, die sich jetzt jeder Christ stellen muss.

Evangelikale sind oft gut darin, händeringend den schrecklichen Zustand der Welt zu beklagen. Das mag zwar manchen erleichtern, aber eigentlich ist es wertlos. Was wir brauchen, ist reales und entschiedenes Handeln. Im Jahr 1914 wurde Lord Kitchener zum Kriegsminister ernannt, um den Kampf gegen die Deutschen zu führen. Sein Motto war: „Großbritannien braucht dich"; niemand aus jener Generation konnte sich dem strengen und herausfordernden Gesichtsausdruck Kitcheners und seinem drohenden Zeigefinger auf den Tausenden von Plakaten entziehen, die im ganzen Land verbreitet wurden. Aber sein Aufruf zur Mobilisierung funktionierte, und etwa 3 000 000 meldeten sich zum Wehrdienst.

Die Gemeinde Jesu braucht heute einen ähnlichen Weckruf. Wir befinden uns mitten in der größten Schlacht der Menschheitsgeschichte, einer Schlacht, die seit dem Sündenfall unaufhörlich in jedem Winkel der Erde ausgefochten wird. Es ist der Kampf um das geistliche Leben von Menschen. Gott hat in seiner großen Barmherzigkeit auf der ganzen Welt Erweckungen bewirkt. In der Tat hat sich das Gleichgewicht der weltweiten Gemeinde verändert; nun befinden sich die globalen Zentren des Christentums in Afrika, Lateinamerika und Asien. In Großbritannien wäre eine Erweckung längst überfällig. Obwohl eine Erweckung das souveräne Werk Gottes ist, sind wir als seine Gemeinde einer sterbenden Welt die Botschaft der Hoffnung und des Lebens durch den Tod Christi schuldig. Diese Botschaft ist die einzige Hoffnung für unsere Welt.

Wie ich versucht habe, in diesem Buch aufzuzeigen, stehen viele Gemeinden vor einem Problem. Wir haben den Kontakt zur Bevölkerung verloren, zu den Menschen, zu denen wir mit dem Evangelium gesandt wurde.n Das muss sich ändern, wenn es für unsere Freunde, Kollegen und Nachbarn, die Jesus Christus nicht kennen, eine Hoffnung geben soll. Wir müssen jetzt handeln!

Allerdings wird es nur dann zu Taten kommen, wenn Christen bereit sind zu evangelisieren. Leider habe ich die Erfahrung gemacht, dass vielen Christen einfach die Motivation fehlt, wenn es um die herausfordernde Aufgabe geht, das Evangelium weiterzusagen. Allzu viele Christen lassen Gelegenheiten verstreichen, anstatt den Mund aufzumachen und etwas zu sagen, das Freunde und Kollegen zum Nachdenken über ihre geistliche Lage bringt. Nur wenige machen sich die Mühe, bewusst Möglichkeiten zu schaffen, in denen sie dieses Thema ansprechen können. Wenn sich diese Situation nicht ändert, dann werden die kommenden Tage für viele Gemeinde in Europa düster werden. Die Situation ist ernst, und wir müssen jetzt handeln.

❷ ZUM NACHDENKEN

1. Was sind die größten Hindernisse in deiner Gemeinde für wirksame Evangelisation, und wie kann man damit umgehen?
2. Was könnest du tun, um mehr Menschen in deiner Gemeinde zur Evangelisation zu ermutigen?

ANHANG

Sonderfälle

Bisher haben wir uns in diesem Buch mit einigen allgemeinen Grundsätzen von Evangelisation befasst. Es gibt jedoch spezifische Gesellschaftsgruppen, die schwieriger zu erreichen sind. Deshalb verdienen sie besondere Aufmerksamkeit. Dieser Anhang wird sich mit einigen von ihnen befassen. Wir werden uns mit der besonderen Herausforderung befassen, Männer zu erreichen und Menschen mit anderem religiösen Hintergrund. Männern fällt es viel schwerer, sich zu bekehren, als Frauen, deshalb verdienen sie besondere Aufmerksamkeit. Außerdem muss man über einige spezielle Fragen nachdenken, wenn es darum geht, Menschen aus anderen Religionen zu erreichen. Als Nächstes werden wir uns dann damit befassen, wie man junge Menschen erreicht; nicht, weil sie besonders schwer zu erreichen sind, sondern weil es strategisch wichtig ist, sie zu erreichen. Die meisten Christen in Europa kamen zum Glauben, als sie jung waren.

Männer erreichen

Als Jesus sein öffentliches Wirken begann, wählte er zwölf Männer als seine Jünger aus. Viele Bibelgelehrte weisen darauf hin, dass die Zahl zwölf von Bedeutung ist, da sie der Anzahl der Stämme Israels entsprach. Ich möchte jedoch darauf hinweisen, dass es ebenso bedeutend ist, dass die Jünger alle Männer waren.

Ich behaupte nicht, dass hier irgendein Geschlechterkampf im Spiel war; schließlich gab es auch Frauen, die Jesus nachfolgten, und sie wurden von ihm herzlich angenommen. Bedeutsam ist jedoch, dass es für diese Männer ganz natürlich wurde, Jesus nachzufolgen. Einige von ihnen waren schillernde Persönlichkeiten. Es gab ungestüme Fischer mit rauen Händen wie Petrus, kampflustige und ehrgeizige Männer wie Jakobus und Johannes und sogar einen Fanatiker, Simon den Zeloten. Für sie hatte die Nachfolge und Anbetung Jesu nichts „Un-Männliches"; sie konnten in ihrem Glauben wachsen und dabei gleichzeitig „echte Männer" sein.

Vor diesem Hintergrund ist es vielleicht überraschend, dass so wenige Männer in unserer Kultur auf den Ruf des Evangeliums antworten und Christen werden. In weiten Teilen Europas denkt man, dass Gemeindebesuch und Christentum etwas für alte Leute, Frauen und Kinder seien, aber nicht für Männer. Die Gemeindestatistiken bestätigen dies. In den meisten Gemeinden gibt es weniger Männer als Frauen, und in einigen Gemeinden beträgt die Männerquote sogar nicht mehr als 20 %.

Es gibt eine Reihe von Gründen, warum zumindest einige Gemeinden für Männer unattraktiv sind. Erstens appelliert ein Großteil der christlichen Lehre an den „weicheren" Teil unserer menschlichen Natur. Wir werden ermutigt, sanft und freundlich zu sein, zu verzeihen und die andere Wange hinzuhalten. Die Bibel sagt uns, dass wir einander lieben und demütig leben sollen, indem wir die Bedürfnisse der anderen vor unsere eigenen stellen. Diese Tugenden scheinen auf den ersten Blick für Frauen attraktiver zu sein als für Männer. Oft fördern Gemeinden einen sanft-zurückhaltenden und mitfühlenden Lebensstil, und das ist etwas, womit viele Männer ihre Schwierigkeiten haben.

Dann ist da noch ein Problem, das ich als „homoerotische Liederlyrik" bezeichne. Stell dir vor, du wärst ein richtiges Alphatier, und jemand hätte dich zu einem Gottesdienst eingeladen. Während des Gottesdienstes sollst du über einen Mann namens

Jesus singen. Du schaust nach vorne auf die Leinwand und liest folgende Textzeilen:

- Jesus, lover of my soul, from you nothing I withhold
- Jesus, sweet Jesus, what a wonder you are
- May the fragrance of Jesus fill my life
- Jesus, your name is like honey on my lips

Im Deutschen wären das Liedzeilen wie:

- Es gibt keinen Ort, wo ich lieber wär als in deinem liebenden Arm
- Aus deinem Mund höre ich das schönste Liebeslied
- Wie bist du mir so zart gewogen, wie sehnet sich dein Herz nach mir
- Schönster Herr Jesus ...

Wie würdest du dich oder der durchschnittliche Mann sich bei diesen Texten fühlen? Wenn Lieder schon etwas peinlich erscheinen, wie sieht es dann erst mit den Aktivitäten der Gemeinde aus? Nehmen wir einmal an, du entschließt dich, Christ zu werden und dich an den Diensten der Gemeinde zu beteiligen, aber was würdest du gerne machen? In der typischen Gemeinde gibt es folgende Optionen: Aufsicht im Kinderraum, Sonntagsschule, Jungschar, Kaffee kochen, Seniorenbesuche, Willkommen-Team, Deko-Team, Gebäudedienst. All das sind sehr gute Dienste, aber nur wenige werden wohl den typischen Mann ansprechen.

Was können wir angesichts der oben beschriebenen Probleme tun, um gezielt Männer zu erreichen und das Evangelium und die Gemeinde für sie attraktiver zu gestalten? Das ist ein riesiges Thema; ganze Bücher sind dazu geschrieben worden. An dieser Stelle kann ich aus Platzgründen nur einige Dinge erwähnen, die vielleicht ein wenig Licht ins Dunkel bringen könnten. Erstens brauchen wir positive Vorbilder im Leben der Gemeinde oder müssen diese fördern. Wir brauchen echte christliche Männer, die ihren Glauben mutig mit ihrer Männlichkeit verbinden. Nichts wird andere Männer mehr beeindrucken als ein Mann, der ein echter Anführer ist, ein richtiger Kerl, der gleichzeitig klar Jesus nachfolgt. Durch sein ehrliches, direktes Auftreten wird er Anerkennung bekommen, sodass andere Männer auf ihn hören und ihm vertrauen.

Zweitens müssen die Gemeinden Veranstaltungen anbieten, die speziell für Männer interessant sind. Häufig wird dazu ein Sportprogramm angeboten, da dies viele Männer interessiert. Es gibt jedoch auch gesellige Veranstaltungen, die speziell auf Männer zugeschnitten werden können, wie z. B. Quizabende, Filmklubs, Motorradtouren, Angel- und Campingausflüge, Vater-Sohn-Events oder auch Veranstaltungen, die den Intellekt ansprechen, wie z. B. die im englischsprachigen Raum bekannten Debattierklubs.

Drittens ist es wichtig, unter den Brüdern der Gemeinde ein Gefühl für Kameradschaft zu fördern, das offen für Außenstehende ist. Männer brauchen ein Gefühl der Zugehörigkeit. Sie brauchen Gleichaltrige, mit denen sie offen und ehrlich reden und mit denen sie auch Spaß haben können. Das gilt unabhängig davon, ob sie Christen sind oder nicht. Das Evangelium kann leicht im Rahmen einer Männergruppe aus Christen und Nichtchristen weitergegeben werden, die einfach nur die Gemeinschaft genießen und eine gute Zeit miteinander haben.

Viertens ist es wichtig, die Bedeutung der Rolle zu betonen, die Männer im Leben haben, und zu zeigen, wie das Evangelium diese Rollen beeinflussen kann. Z. B. sind viele Männer sowohl Ehemänner als auch Väter. Aber ein erheblicher Teil der Männer füllt diese Rollen nicht wirklich gut aus. Unsere ganze Gesellschaft ist geschädigt durch untreue Ehemänner und abwesende Väter.

Ein wichtiger Teil bei der Verkündigung des Evangeliums sollte sein, die wichtige Bedeutung des Ehemann- und Vaterseins zu betonen. Dabei sollten wir auch deutlich machen, wie das Evangelium in diesen sehr praktischen Lebensbereichen eine große Veränderung bewirken kann. Denn Gottes Kraft befähigt uns, der Mann zu sein, der wir sein sollen. Dies kann sehr praxisnah durch Veranstaltungen unterstützt werden, in denen diese Rollen konkret vermittelt werden.

Männer mit dem Evangelium zu erreichen wird nie leicht sein. Wenn man sich jedoch ein bisschen Mühe gibt und überlegt, wie man Männer besser erreichen kann und was man sagen sollte, wenn sich eine gute Gelegenheit ergibt, dann werden wir wahrscheinlich eine größere Wirkung sehen.

Menschen mit anderen Glaubensüberzeugungen erreichen[32]

In den letzten Jahrzehnten hat die ethnische Vielfalt in ganz Europa und sicherlich auch Großbritannien und Deutschland zugenommen. Auch wenn die Einwanderung derzeit ein wichtiges politisches Thema ist, werden sich die Dinge wahrscheinlich nicht ändern, da unsere niedrige Geburtenrate, der Fachkräftemangel, die durchlässigen Grenzen und der anhaltende Einfluss der Globalisierung weitere Einwanderung unvermeidlich machen. Was auch immer wir von dieser Situation halten mögen, sie stellt sicherlich eine großartige Gelegenheit für die Verkündigung des Evangeliums dar. In Großbritannien leben etwa zwei Millionen Muslime, 600 000 Hindus, 400 000 Sikhs, 250 000 Juden, 212 000 Buddhisten und 220 000 Menschen aus anderen Religionen. Zumindest einige dieser Menschen wären in ihren Herkunftsländern kaum mit dem Evangelium zu erreichen gewesen.

Obwohl wir bei uns Religionsfreiheit genießen und auch die Freiheit, unseren Glauben zu verkünden, ist es nach wie vor nicht einfach, Menschen anderer Religionen zu erreichen. Bevor wir darüber nachdenken, wie wir das Evangelium wirksam vermitteln können, müssen wir uns zuerst einmal einen Überblick darüber

---

32 Geschrieben mit Unterstützung von Derek Malcom, dem Gründer von *Firm Foundations*.

verschaffen, womit wir es zu tun haben. Dies gilt insbesondere dann, wenn wir Muslimen ein Zeugnis sein wollen. Es gibt Tendenzen, Muslime zu dämonisieren und so zu tun, als seien sie alle willenlose und gefährliche Extremisten. Der radikale Islam stellt natürlich eine erhebliche Bedrohung für den Weltfrieden dar, und es gibt viele Extremisten auf der ganzen Welt und auch in Europa.

Und es gibt innerhalb der islamischen Theologie tatsächlich Spielraum für gewalttätiges Verhalten. Trotzdem ist die Mehrheit der Muslime in Europa nicht radikal. Sie sind gesetzestreue Bürger, die gut in diese Kultur integriert sind und den zunehmenden Extremismus selbst mit großer Sorge sehen. Das geht vielen Muslimen so, die in Europa leben, denn sie sind vor der Tyrannei in ihren islamischen Heimatstaaten geflohen und schätzen die Freiheit der westlichen Welt ungemein. Es ist wichtig, dies klar zu sehen, sonst werden wir kaum echte Beziehungen zu ihnen aufbauen können, um sie mit dem Evangelium zu erreichen.

Wir müssen also nicht nur den richtigen Blickwinkel auf die Menschen bekommen, sondern auch versuchen, die anderen Religionen richtig zu verstehen. Das ist wichtig, denn unser Verständnis der anderen Religion wird uns weitgehend darin beeinflussen, wie wir das Evangelium weitergeben. Es gab unter Christen immer schon ein breites Meinungsspektrum zu diesem Thema. Einige Christen haben eine völlig negative Einstellung zu allen anderen Religionen und halten sie in jeder Hinsicht für völlig falsch oder sogar für dämonisch. Andere haben eine verständnisvollere Sicht und bewunderten die Aufrichtigkeit, mit der viele muslimische, hinduistische und buddhistische Gläubige an ihrem Glauben festhalten. Einige Christen sind sogar so weit gegangen zu behaupten, dass Jesus zwar der vollkommene Weg zu Gott sei, aber dass es dennoch weniger gute Wege gebe, die zwar nicht ideal seien, aber durch die man trotzdem Gottes Anerkennung gewinnen könne. Diese extreme Perspektive hat zu einer Art Universalismus geführt, nach dem jeder aufrichtig

Glaubende in den Himmel kommt, indem er seiner persönlichen Religion folgt, auch wenn er nicht an Christus glaubt.

Das Thema ist natürlich komplex, aber es ist wichtig, genau zu schauen, was die Bibel tatsächlich sagt. Wenn wir uns die Evangelien ansehen und insbesondere die Geschichte der Geburt Jesu, sehen wir etwas sehr Interessantes. Unter denen, die kamen, um das Jesuskind zu sehen und anzubeten, war eine Gruppe von Weisen oder Magiern. Es handelte sich wahrscheinlich um persische Mystiker, die infolge des babylonischen Exils in irgendeiner Weise mit dem Judentum in Berührung gekommen waren. Sie waren keine Juden, und ihr Wissen rührte unter anderem daher, dass sie die Sterne gedeutet hatten. Dies mag die falsche Methode zur Wahrheitsfindung gewesen sein, doch diese Männer hatten begriffen, dass eine sehr wichtige Person geboren worden war. Sie reisten viele Kilometer, um Jesus zu sehen und anzubeten. Diese interessante und merkwürdige Geschichte sollten wir im Licht von Apostelgeschichte 4,12 betrachten. Dort lesen wir, dass die Erlösung in niemand anderem als in Jesus zu finden ist, denn es gibt keinen anderen Namen unter dem Himmel, der den Menschen gegeben ist, durch den sie gerettet werden können. Eindeutig ist Jesus der Weg der Errettung, und keine andere Religion kann Hoffnung auf Rettung oder Verdienste vor Gott bieten. Dennoch scheint die Geschichte um Jesu Geburt zu zeigen, dass Gott in seiner Gnade in der Lage ist, durch allgemeine Offenbarungen zu kommunizieren, und dies kann bestimmte Aspekte der Glaubenssysteme anderer Religionen einschließen. Das heißt nicht, dass diese Religionen richtig sind, das sind sie nicht! Aber vielleicht gibt es Spuren von Wahrheit in dem, was sie glauben, die als Anknüpfungspunkte und Wegweiser für das Evangelium dienen können. Wenn ich z. B. mit Muslimen spreche, ist es hilfreich zu wissen, dass auch sie an einen Gott glauben, der sich selbst offenbart. Sie glauben daran, dass es Sünde und ein Gericht gibt, und sie glauben auch an die Historizität der Person Jesu Christi. Wir müssen hier natürlich Vorsicht walten lassen, denn die islamische Vorstellung von Gott und Sünde unterscheidet sich von der christlichen, und Jesus wird auch nur als der vorletzte Prophet gesehen. Dennoch sind solche Themen ein guter Ausgangspunkt für Gespräche, den wir nutzen sollten.

Wir sollten uns auch bewusst sein, dass viele Menschen anderer Religionen einige unserer Werte teilen; z. B. sorgen auch sie sich um die zunehmende Säkularisierung der europäischen Gesellschaft, das Auseinanderbrechen von Familien, das maßlose Streben nach Materialismus, den Abkehr vom Glauben und die Verhöhnung von Religion im Allgemeinen. Mit diesen Sorgen können wir uns durchaus identifizieren. Sie bieten einen guten Gesprächseinstieg, können gegenseitiges Verständnis bewirken und helfen, eine Beziehung aufzubauen.

Wenn es darum geht, mit Menschen anderer Glaubensrichtungen zu sprechen, müssen wir einige grundlegende Dinge beachten. Erstens müssen wir unserem Gegenüber echten Respekt entgegenbringen. Viele dieser Menschen besitzen eine andere kulturelle Perspektive und ein anderes Identitätsgefühl. Wenn wir nicht zeigen, dass wir sie als wertvolle Personen schätzen, wird es schwierig, die Art von Beziehung zu entwickeln, die einen echten Dialog möglich macht. Zu diesem Respekt gehört sicherlich die Bereitschaft, die Religionsfreiheit aller Menschen zu verteidigen. Einige Christen sind sehr auf Religionsfreiheit für Christen bedacht, aber weniger begeistert von der Freiheit anderer. Eine solche Haltung ist keine Grundlage für eine echte Beziehung.

Zweitens ist es auch wichtig, dass wir die Schwächen des Christentums nicht vertuschen. Es wurden im Namen des Christentums viele Dinge getan, die wahre Christen als Schande erachten. Da wären die Kreuzzüge, das Apartheidregime und die spanische Inquisition, um nur ein paar zu nennen. Es ist sicherlich wahr, dass Jesus sich all diesen Dingen entschieden widersetzt hätte, doch diejenigen, die diese Übel begingen, taten sie in seinem Namen, und das lässt sich nicht leugnen. Es sollte auch darauf hingewiesen werden, dass die Christen nicht die Einzigen waren, die Gräueltaten verübten. Muslime beteiligten sich am Sklavenhandel, am Völkermord an den Armeniern, an der Verfolgung der Sikhs und an vielen schrecklichen Kriegen. Das entschuldigt nicht die Sünden des Christentums, trägt aber zu einer ausgewogeneren Sicht historischer Ereignisse bei. Wir müssen unserem Gesprächspartner offen sagen, dass wir diese Taten für böse halten und dass kein wahrer Christ sie jemals gutheißen könnte. Zusammen mit dieser Aufrichtigkeit muss es einen Respekt vor der Religion und der Hingabe der anderen geben. Das bedeutet nicht, dass wir mit ihren Glaubensinhalten einverstanden sind – das sind wir nicht. Aber den Glauben eines anderen Menschen zu beleidigen und herabzusetzen ist niemals gut.

Vor allem aber müssen wir einfach die Liebe Christi zeigen. Ich habe einmal eine öffentliche Debatte zwischen einem Christen und einem Moslem gesehen. Die Argumente des Christen waren offensichtlich viel besser als die seines Opponenten. Beeindruckender war jedoch die Art und Weise, wie diese Debatte geführt wurde. Der Christ agierte warmherzig, freundlich und sehr höflich. Er bemühte sich sogar während der Debatte, eine Beziehung aufzubauen. Im Anschluss wurde der Bruder des Muslims interviewt. Interessanterweise kommentierte er, dass der Christ wirklichen Respekt gegenüber seinem Bruder gezeigt habe. Diese Haltung ist genau die, die wir brauchen, wenn wir anderen Menschen das Evangelium weitersagen wollen.

Nachdem wir über Art und Weise nachgedacht haben, müssen wir nun den Inhalt unserer Verkündigung überdenken. Ein entscheidender Vers ist hier Johannes 14,6. Jesus sagte: „Ich bin der Weg, die Wahrheit und das Leben, niemand kommt zum Vater als nur durch mich." Dies ist eine eindeutige und unmissverständliche Aussage. Sie stellt eine direkte Aufforderung an Menschen aller Religionen dar, Christus nachzufolgen. Ohne ihn gibt es keinen Zugang zu Gott und keine Erlösung. Weil dies so ist, müssen wir mit Menschen anderen Glaubens immer wieder über Jesus und die Beweise für seine Gottessohnschaft sprechen. Wenn wir Christus in den Vordergrund stellen, wird das andere ansprechen (Joh 12,32).

Wenn wir mit unseren Freunden aus anderen Religionen über Jesus sprechen wollen, gibt es einige Dinge, die wir beachten müssen. Erstens: Taten sprechen lauter als Worte. Es spielt keine Rolle, was wir sagen, wenn unsere Lebenspraxis nicht von Christus geprägt ist. Zweitens: Geduld ist eine Tugend. Wenn ein Mensch sein Leben lang an eine ganz andere Religion geglaubt hat, ist es unwahrscheinlich, dass er sich durch ein kurzes Gespräch überzeugen lässt. Es kann Dutzende, wenn nicht Hunderte von Gesprächen über viele Monate und Jahre hinweg erfordern. Drittens ist es immer wichtig, sich auf die Gemeinsamkeiten zu besinnen und sie als Gesprächseinstieg zu nutzen. Viertens sollte man daran denken, dass Kultur eine riesige Rolle spielt. Ein Muslim z. B. ist von einer ganz anderen kulturellen Sichtweise und einem Lebensstil geprägt, die beide tief in seinem Glaubenssystem verankert sind. Dies muss man bei allen Gesprächen berücksichtigen. Fünftens: Achte auf wichtige nonverbale Hinweise. Wenn ein Muslim zu dir nach Hause kommt und du Schweinefleisch isst und Alkohol trinkst, wird dies sofort zum Stolperstein. Wenn du deine Bibel auf dem Boden liegen hast oder etwas auf ihr liegt, stellt das für ihn deine Einstellung zu Gottes Wort in ein negatives Licht. Sechstens: Vergiss nie, der Schlüssel zu anderen ist immer die Liebe.

Wenn du Kontakt zu Menschen mit anderem religiösen Hintergrund hast, ist es wichtig, gute Hilfsmittel zu finden, die dir helfen, ihren Glauben zu verstehen und auch zeigen, wie man ihnen den Glauben praktisch bezeugen kann. Sei dir bewusst, dass Unwissen eine Gefahr darstellen kann, weil man unter Umständen von falschen Annahmen ausgeht. Z. B. denken einige Christen, dass alle Muslime im Grunde genommen gleich sind. Doch das ist falsch. Innerhalb des Islams gibt es nicht nur die beiden großen Zweige der Sunniten und Schiiten, es gibt auch viele Sekten und Volksgruppen, die sich stark voneinander unterscheiden, auch wenn sie sich alle als Muslime bezeichnen. Wir müssen wirklich verstehen, mit wem wir sprechen, wenn wir richtig und sinnvoll kommunizieren wollen.

Religionslose erreichen

Einige Missionswissenschaftler glauben, dass die drei großen Kräfte, die die Welt im 21. Jahrhundert beherrschen werden, das Christentum, der Islam und der militante Atheismus sein werden. Sicherlich sehen wir in Europa alle diese Kräfte am Werk, und die wohl mächtigste innerhalb unserer Kultur ist der Atheismus. In einer Welt, in der Religion eine Schlüsselrolle spielt, ist es alarmierend zu sehen, wie stark und selbstbewusst der Atheismus in der europäischen und britischen Kultur geworden ist. Wir sollten das auch nicht nur als ein westliches Phänomen betrachten, denn in einem kürzlich erschienenen Bericht heißt es, dass über 1 Milliarde der Weltbevölkerung überhaupt keinen religiösen Glauben hat.[33]

Wenn wir über dieses Thema nachdenken, ist es wichtig, dass wir die richtige Definition finden, denn es gibt ein sehr breites Spektrum an nichtreligiösen Menschen. Auf der einen Seite gibt es missionierende und kämpferische Atheisten wie Richard Dawkins und auf der anderen Seite Menschen, die einfach nur keine Religion praktizieren. Das sind sehr verschiedene Personengruppen mit unterschiedlicher Motivation, die aber alle unter die breite Kategorie der Religionslosen fallen.

Wenn wir uns mit Definitionen befassen, beginnen wir mit dem Atheismus, das heißt dem Bekenntnis zu dem Glauben, dass Gott nicht existiert. In diesem Sinne befinden sich Atheisten am äußeren Spektrum der Religionslosen. Es ist nicht nur so, dass sie Zweifel haben, es ist mehr als das: Sie bekennen sich zu dem Glauben, dass es keinen Gott gibt. Auch hier gibt es ein breites Spektrum an Einstellungen. Einige Menschen bezeichnen sich als Atheisten, weil sie glauben, dass es wenig Beweise

---

33 http://www.dailymail.co.uk/news/article-2250096/You-wouldnt-believe-atheism-worlds-biggest-faith-Christianity-Islam.html; abgerufen am 9.12.2020. (Titel zu Dt. etwa: *Sie werden es kaum glauben: Aber keine religiöse Zugehörigkeit zu haben ist mittlerweile der drittgrößte „Glauben" nach Christentum und Islam.*).

für Gott gibt, aber es handelt sich eher um eine vorsichtige philosophische Festlegung. Sie haben nichts gegen religiöse Menschen, sie denken nur, dass diese sich irren. Dennoch können sie religiöse Positionen respektieren und sogar einen gewissen Wert in der Religion sehen. Ein gutes Beispiel dafür ist der Journalist Matthew Parris, ein Atheist, der das Christentum für eine große Kraft des Guten in Afrika hält.[34] Einige Atheisten vertreten ihren Glauben jedoch militant und wollen die ganze Welt zu ihrer atheistischen Agenda bekehren. Sie sind zum Teil leidenschaftlich, weil sie glauben, dass Religion eines der größten Übel der Welt sei und deshalb bekämpft werden müsse. Treffende Beispiele dafür sind Richard Dawkins und der verstorbene Christopher Hitchens.

Dann gibt es die Agnostiker. Oft sind das ehrlich suchende Menschen, die sich einfach nicht sicher sind, was sie glauben sollen. Sie vertreten keinen dogmatischen Atheismus und behaupten nicht mit Gewissheit, dass es keinen Gott gibt. Vielmehr vertreten sie die Auffassung, dass Gott nicht erkennbar sei oder dass es nicht genügend Beweise für oder gegen die Existenz Gottes gebe.

Schließlich gibt es Menschen, die man einfach als „säkular" bezeichnen kann. Sie sind nicht ausdrücklich an eine philosophische Position wie Atheismus oder Agnostizismus gebunden; sie legen einfach keinen Wert auf religiösen Glauben und leben in einer Welt, in der Religion keine Bedeutung hat.

Wenn wir religionslosen Menschen das Evangelium bezeugen wollen, gibt es drei Hindernisse, auf die wir möglicherweise treffen. Erstens gehen viele religionslose Menschen davon aus, intellektuell überlegen zu sein. Das liegt daran, dass viele behaupten, ihre Weltanschauung basiere auf Wissenschaft und empirischen Erkenntnissen, anders als bei religiösen Menschen, deren Weltanschauung auf dem Glauben beruhe. Dies führt uns zu einer zweiten und damit verbundenen Problematik. Wenn wir uns auf

---

34 John Lennox, *Gunning for God,* S. 78, dt. *Gott im Fadenkreuz* (SCM R. Brockhaus, 2016).

einen Dialog mit religionslosen Menschen einlassen, begegnet uns oft die Haltung, dass wir von einer völlig anderen Grundlage her argumentieren würden als sie. Ihr Bereich sei der der Wissenschaft, der Logik, der Fakten und der Wahrheit. Sie würden den religiösen Bereich als den Bereich des Glaubens, der Vermutungen und der Subjektivität bezeichnen.

Eine dritte Herausforderung wird sein, welche Beweise und Erklärungen als gültig akzeptiert werden. Viele religionslose Menschen, insbesondere Atheisten, vertreten bewusst oder unbewusst einen philosophischen Naturalismus, das heißt einen Glauben, nach dem es nur eine physische, materielle (natürliche) Welt gibt. Dies ist eine sehr reduktionistische und einschränkende Perspektive, die sich jedoch als Hindernis für unsere Bemühungen herausstellen kann. Vor einigen Jahren sprach ich mit einem jungen Atheisten, der glaubte, die Wissenschaft liefere endgültige Antworten auf die Fragen des Lebens. Er war von der Evolutionstheorie überzeugt, und wir diskutierten einige Zeit miteinander darüber. Ich brachte einige wichtige Einwände gegen die Evolution vor, die er nur schwer zu beantworten vermochte. Er antwortete mir jedoch, dass selbst, wenn er nicht beweisen könne, dass die Evolution wahr sei, etwas Ähnliches wahr sei, weil es nur eine rein materielle Erklärung für das Leben geben könne. Dies war ein deutliches Bekenntnis zum Naturalismus. Er war für keine andere Erklärung offen, nach der die Entstehung des Lebens außerhalb der natürlichen Welt liegt.

Wie kann man konfessionslosen Menschen den Glauben bezeugen? Was muss gesagt werden, um ihre Skepsis zu durchdringen? Als Erstes müssen wir den Mythos entlarven, dass es einen grundsätzlichen Konflikt zwischen dem Glauben an Gott und der Wissenschaft gibt. Allein schon die Tatsache, dass einige der großen Begründer der Wissenschaft damals (Newton, Kepler, Faraday) und auch führende Wissenschaftler heute (Lennox, Collins, Heap, Meyer) ebenfalls an Gott glauben, lässt vermuten, dass es keinen grundsätzlichen Konflikt gibt. In gewissem Sinne liefert die Wissenschaft eine Erklärung für Mechanismen, die man beobachten kann, aber sie nennt uns keine Ursachen dafür. Der Glaube dagegen befasst sich mit der Frage nach der Ursache.

Nachdem wir das angesprochen haben, müssen wir uns auch mit der Wissenschaft richtig auseinandersetzen. Christen haben sich oft der Missbilligung von Wissenschaft schuldig gemacht und auch einen falschen Konflikt zwischen Glauben und Wissenschaft konstruiert. Einige Christen gehen z. B. davon aus, dass wir der Schrift automatisch untreu sind, wenn man bestimmte Aspekte der Evolutionstheorie akzeptiert.[35] Das ist offensichtlich falsch. Die Darstellungen des 1. Buch Mose stammen aus einem vorwissenschaftlichen Zeitalter, und es ist problematisch, wenn man versucht, wissenschaftliche Aussagen in die Worte von Mose hineinzulesen. Dies verdunkelt die Tatsachen, schwächt die Argumentation und hindert uns daran, zum Kernthema vorzudringen. Ich vermeide es in Gesprächen, zu intensiv über die Evolution zu diskutieren, sondern weise nur darauf hin, dass sie keine Erklärung für die Ursache liefert und als Theorie erhebliche Schwächen aufweist. Ich nehme mir jedoch nicht allzu viel Zeit, um diese Theorie zu widerlegen (was auch sehr schwierig und mühsam ist). Ich betone meinen Glauben an einen Schöpfergott, der dieses komplexe Universum entworfen hat und es weiterhin aufrechterhält. Ich mache mich aber nicht über die Wissenschaft oder Wissenschaftler lustig. In der Tat glaube ich wie Newton an die Bedeutung der Wissenschaft, gerade weil sich hinter dem geordneten und rational verständlichen Universum ein Schöpfer verbirgt.

Als Nächstes müssen wir unser Gegenüber auffordern, den Beweisen zu folgen, wohin auch immer sie führen mögen. Dazu gehören nicht nur wissenschaftliche Beweise, sondern auch Beweise aus der Geschichte, der Philosophie und der menschlichen Intuition. Das ist tatsächlich ein wichtiges Argument für unsere Sache. Wie Paulus ausführt, trägt die Schöpfung selbst Kennzeichen eines Beweises für Gott (Röm 1,20). Wenn wir ehrlich mit

---

35 A. d. V.: z. B. Mikroevolution, Mutationen usw.

den Beweisen umgehen wollen, gibt es viel zu entdecken, und dies muss deutlich gemacht werden. Wir sollten uns besonders auf den historischen Jesus konzentrieren. Diese Beweise sind nicht nur sehr einleuchtend, sie führen uns auch zum Kern der christlichen Botschaft.

Zuletzt müssen wir diese Botschaft vorleben, denn unser eigenes Leben ist die stärkste Verkündigung. Wenn es um die wirklich großen Themen des Lebens geht, wie Krankheit, tragische Ereignisse, Gerechtigkeit und Tod, hat der Atheismus nicht viel zu sagen. Der Kontrast dazu ist unser Leben: Ich hatte eine gute christliche Bekannte, die in relativ jungem Alter an MS erkrankte. Sie war intelligent und sehr begabt. Nun verbrachte sie einen großen Teil ihres Lebens im Rollstuhl, bevor sie schließlich pflegebedürftig wurde und dann starb. Doch ihr ganzes Leben strahlte Hoffnung, Freude und Selbstbewusstsein aus. Sie hatte eine echte Lebensperspektive, und der Tod war für sie nur die Befreiung von ihrem geschundenen Körper für ein ewiges Leben im Paradies. Angesichts einer solchen Erfahrung bietet sich einem religionslosen Menschen nur kalte und leere Verzweiflung.

Junge Menschen erreichen[36]

Wenn Sie in einer durchschnittlichen evangelikalen Gemeinde die Gemeindemitglieder fragen würden, wann sie Christen geworden sind, würde die Mehrheit angeben, diese Entscheidung schon in jungen Jahren getroffen zu haben. Wahrscheinlich waren sie jünger als 15 Jahre und hatten durch eine Kinder- oder Jugendgruppe irgendeinen Bezug zum Gemeindeleben oder kannten jemanden gut, der zur Gemeinde gehörte. Deshalb müssen wir darüber nachdenken, wie wir junge Menschen für Christus gewinnen können. Das ist nicht die am schwierigsten zu erreichende Gruppe unserer Gesellschaft; es gibt sogar eine echte

---

36 Geschrieben mit Unterstützung von Allison Hill, GLO-Administratorin und Schulmitarbeiterin.

Offenheit für geistliche Dinge. Angesichts dessen, dass in diesem Lebensabschnitt so viele Menschen Christen werden, könnte man sogar sagen, dass dies die wichtigste Gruppe für Evangelisation ist. Außerdem hat bei ihnen der Zynismus des Erwachsenenalters noch nicht eingesetzt.

In den letzten Jahrzehnten hat sich für Kinder und Jugendliche das Leben stark verändert, und jede Evangelisationsstrategie muss diese Veränderungen berücksichtigen. Während es immer noch viele liebevolle und stabile Familien gibt, die das Gefüge der Gesellschaft zusammenhalten, gibt es auch vermehrt Familien, die sehr dysfunktional sind. Es gibt heute mehr alleinerziehende Mütter und Väter, Schlüsselkinder, abwesende Väter und straffällige Jugendliche als jemals zuvor. Es wäre falsch zu denken, dass jeder junge Mensch, der in den Wirkungsbereich deiner Gemeinde hineinkommt, mit sozialen Defiziten zu kämpfen hat, aber bei vielen ist das die Realität, und darauf müssen wir vorbereitet sein.

Wenn wir darüber nachdenken, wie wir junge Leute erreichen können, müssen wir uns ihre Welt vor Augen malen. Die heutige Generation von Kindern erlebt eine aufgewühlte Welt, über die sie aufgrund der Medienüberflutung sehr viel mitbekommen. Dabei sehen sie die Welt durch eine idealistische Brille; doch da sie immer früher „älter" werden, sind sie viel weniger naiv, als oft vermutet wird. Aber bald verlieren sie ihre Arglosigkeit, denn die Verwirrung und die Heuchelei in unserer Gesellschaft bleiben ihnen nicht verborgen. Dabei haben sie nicht immer die emotionale Reife, um mit dem, was sie wissen und sehen, angemessen umzugehen. Ihr Leben wird von Gruppenzwang, Popkultur und den Massenmedien beeinflusst, und sie bewegen sich täglich in einer hochgradig sexualisierten und technozentrischen Gesellschaft. Wenn sie älter werden, nimmt die Bedeutung der Erwachsenen ab, während sie zunehmend Selbstvertrauen, Reife und Unabhängigkeit gewinnen.

Wenn es darum geht, junge Menschen mit dem Evangelium zu erreichen, lautet das Schlüsselwort „Beziehung". Gemeinden tappen oft in eine Falle. Sie gehen davon aus, dass ein spekta-kuläres Multimedia-Programm etwas ist, das jungen Menschen den Glauben näherbringt. Solche Präsentationen können durch-aus wichtig sein, sind aber viel weniger bedeutsam als die Liebe, die wir jungen Menschen entgegenbringen können. Wenn sie unterhalten werden wollen, gehen sie ins Kino; die Gemeinde dagegen muss ein Ort von echten und verlässlichen Beziehun-gen sein. Und wenn das vorhanden ist, werden sie diesen Wert erkennen. Wir sollten auch bedenken, dass viele junge Menschen keine positiven und tiefen Beziehungen zu Erwachsenen haben, besonders wenn ihr familiärer Hintergrund zu wünschen übrig lässt. Und hier kann jedes Gemeindemitglied eine wichtige Rolle spielen, wenn es darum geht, ein geistlicher Onkel, eine Tante, eine Großmutter oder sogar ein Vater oder eine Mutter zu sein.

Obwohl altersspezifische Programme wie z. B. die Jungschar oder der Teenkreis wertvoll sind, ist eine ungewollte Nebenwir-kung davon, dass man die Generationen voneinander abschottet. Daher ist es wichtig, dass Kinder Teil des Gemeindelebens sind, damit sie von verschiedenen Geschwistern der Gemeinde etwas mitbekommen und sich zugehörig fühlen können – und zwar nicht nur zu einer „Kinderveranstaltung", sondern zur ganzen Gemeinde. Als Gemeinden müssen wir über generationenüber-greifende Angebote nachdenken, denn Kinder und Jugendliche kennen intuitiv den Wert von Familie und werden diesen im Ge-meindeleben wiedererkennen.

Wenn Gemeinde für junge Leute eine positive Erfahrung sein soll, gibt es einige Dinge, die wir unbedingt beachten müssen. Erstens müssen wir sicherstellen, dass sie ernst genommen wer-den. In der Heiligen Schrift sind Kinder sehr wichtig, und ein wirklich biblisches Christentum muss das berücksichtigen. Kin-der sollen gesehen und gehört werden, und wenn Gemeindemit-glieder Kinder geringschätzen oder ausgrenzen oder auch nur den Eindruck erwecken, dass sie ihnen lästig sind, dann werden sie nicht bleiben. Wir müssen uns daran erinnern, dass sich Jesus, als er das Gleichnis vom verlorenen Schaf erzählte (Mt. 18,10), auf Kinder bezog. Man muss jedem Einzelnen von ihnen nachgehen, und wir sollten nicht aufgeben, bis sie dazugehören.

Zweitens müssen wir Vorbilder für den Glauben sein. Kinder lernen durch Beobachtung und Erfahrung, sie haben hohe Erwartungen an Erwachsene. Wenn sich unsere Lebenspraxis von dem unterscheidet, was wir sagen, oder noch schlimmer, wenn sich unser Leben von dem Verhalten unterscheidet, das wir von ihnen einfordern, dann kann der Schaden immens sein. Es gibt kaum etwas Schlimmeres, als einen Christen in der Gemeinde zu haben, der mürrisch, egoistisch, jammernd, arrogant oder intolerant ist. Wie können wir erwarten, dass Kinder Jesus ähnlich werden, wenn die Erwachsenen, die eigentlich ein Vorbild für sie sein sollten, es nicht sind? Gemeinden sollten nicht erwarten, dass die Kinder das geistliche Niveau der Erwachsenen übertreffen. Dabei ist es besonders wichtig, dass hier Männer christliches Leben „vorleben", da Kinder oft von Frauen umgeben sind und keine Verbindung zwischen Mannsein und Gemeinde kennen können.

Drittens dürfen wir Kinder niemals herablassend behandeln oder in einer negativen Weise bevormunden. Sie leisten einen positiven Beitrag zur Gemeinschaft, und jede Gemeinde voller Kinder wird auch voller Leben, Farbe, Getümmel und Lachen sein. Sie hassen es, von Erwachsenen herablassend behandelt zu werden. Ebenso hassen sie es, in eine Form gepresst zu werden und das Gefühl vermittelt zu bekommen, dass sie nur dazugehören, wenn sie sich wie Erwachsene verhalten, und dass sie nicht sie selbst sein dürfen. Wir müssen auch erkennen, dass ihre offene Herangehensweise, ihr Mangel an politischer Korrektheit und ihre unbefangene Sichtweise das Leben der Gemeinde ungemein bereichern können. Warum sollten Kinder nicht eine prophetische Stimme in der Gemeinde sein?

Wenn wir in die Zukunft schauen, müssen wir bedenken, dass Kinder die Gemeinde von heute sind und nicht nur die Gemeinde der Zukunft. Wir müssen viel in sie investieren, sei es unsere Zeit, unser Geld, unsere Energie oder unsere Emotionen.

Es ist wichtig, nicht nur *für* Kinder zu beten, sondern auch *mit* ihnen zu beten und ihnen zu zeigen, wie eine lebendige Beziehung zu Christus aussieht. Erlaube Kindern, sich wie Kinder zu verhalten, und verwechsele pubertäres Verhalten nicht mit einem Mangel an Geistlichkeit. Bringe die nötige Flexibilität auf, um die Gemeinde zu einer sinnvollen und lohnenden Erfahrung für Kinder zu machen. Es ist kein Zufall, dass das Neue Testament Gemeinde als eine Familie beschreibt. Leider haben wir sie oft wie ein Unternehmen, eine Schule, einen Verein oder manchmal sogar ein Altersheim werden lassen. Eine Gemeinde muss eine Familie sein, zu der sich jeder zugehörig fühlt, egal, wie alt er ist, und in der jeder Gemeinschaft mit dem anderen hat. Wenn die Gemeinde ein Ort ist, in dem jeder lernen und wachsen kann, wird diese Vision Erwachsene und Kinder gleichermaßen berühren.

Buchempfehlungen

Hilfreiche Bücher zu den Themen Apologetik, Kultur und die Postmoderne, andere Religionen und religiöser Pluralismus, Evangelisation:

William Lane Craig:
Theo:logisch. Warum der christliche Glaube vernünftig ist (2017, cvmd)
On guard. Mit Verstand und Präzision den Glauben verteidigen (2015, cvmd)

John Lennox:
Hat die Wissenschaft Gott begraben? Eine kritische Analyse moderner Denkvoraussetzungen (2009, SCM)
Gott im Fadenkreuz. Warum der Neue Atheismus nicht trifft (2013, SCM)

David Gooding & John Lennox:
Was ist der Mensch? Würde, Möglichkeiten, Freiheit und Bestimmung (2020, CV Dillenburg)
Was können wir wissen? Können wir wissen, was wir unbedingt wissen müssen? (2020, CV Dillenburg)
Was sollen wir tun? Was ist das beste Konzept für Ethik? (2021, CV Dillenburg)
Was dürfen wir hoffen? Antworten einfordern – Den Schmerz des Lebens ertragen – Was ist Wirklichkeit? (geplant 2021, CV Dillenburg)

David & Norman Geisler: *Evangelisation im Dialog – Menschen zu Jesus führen* (2017, CV Dillenburg)

Norman Geisler & Patrick Zukeran: *Wie kann ich meinen Glauben verteidigen? Von Jesus Apologetik lernen* (2021, CV Dillenburg)

Timothy Keller: *Warum Gott? Vernünftiger Glaube oder Irrlicht der Menschheit?* (2018, Brunnen)

Timothy Keller: *Glauben wozu? Religion im Zeitalter der Skepsis* (2019, Brunnen)

Josh McDowell: *Die Tatsache der Auferstehung* (2013, CLV)

Peter J. Williams: *Glaubwürdig – Können wir den Evangelien vertrauen?* (2020, CV Dillenburg)

Nachwort zur englischen Buchserie

Das vorliegende Buch ist die Neuausgabe eines früheren Titels[37], das im Jahr 2002 von *Partnership* veröffentlicht wurde. Nun gehört es zu einer Serie in Gemeinschaftsproduktion von *OPAL Trust* und *Partnership*, unter Mitwirkung von *GLO Europe* und dem *Tilsley College* (siehe S. 237).

Bis jetzt sind folgende Serientitel unter der Überschrift *Learning to ...* im Englischen erschienen:

- **David Clarkson und Stephen McQuoid,** *Learning to Lead: Next Generation,* OPAL Trust, 2013.

- **Stephen McQuoid,** *Learning to Share the Good News: Evangelism and the Local Church,* OPAL Trust & Partnership, 2019. Das ist das vorliegende Buch: *Die Gute Nachricht GUT weitergeben – Evangelisation.heute.*

- **Jeremy McQuoid und Stephen McQuoid,** *Learning to Preach,* OPAL Trust & Partnership, 2019.

- **David Clarkson und Stephen McQuoid,** *Learning to Care,* OPAL Trust & Partnership, über Seelsorge, erscheint 2021.

Diese Bücher sind ein Beispiel für die Zusammenarbeit von Organisationen, die einer größeren Gruppe unabhängiger

---

37 Unter dem Titel: *Sharing the Good News in C21: Evangelism in a local church context.*

Ortsgemeinden dienen, die in Großbritannien und etwa 150 Ländern auf der ganzen Welt zu finden sind.

Zweck dieser Serien ist, Gemeindeverantwortlichen und Mitarbeitern in Ortsgemeinden hilfreiches Material zur Verfügung zu stellen. Weil viele Gemeinden Wert auf Teamleitung legen und gleichzeitig die Mitarbeit von jedem einzelnen Gemeindeglied fördern wollen, geschieht der Dienst in solchen Gemeinden meistens durch ehrenamtliche Leiter und andere Freiwillige. Viele dieser Geschwister hatten wenig Zeit und Gelegenheit für eine offizielle Ausbildung für ihre Aufgaben. Sie studieren mit großem Eifer die Schrift, leben in einer engen Beziehung zum Herrn und haben schon viele Erfahrungen im Dienst für den Herrn gesammelt. Aber zum größten Teil sind sie Autodidakten, die durch „Learning by doing" wertvolle Erfahrungen gesammelt haben. Solche Leiter und Mitarbeiter sind für das Leben und den Dienst der Gemeinde von großer Bedeutung. Man kann den Dienst in Gemeinde und Mission unmöglich allein von ausgebildeten, bezahlten Mitarbeitern ausführen lassen, denn das würde prinzipiell viel zu viele Einschränkungen nach sich ziehen. Aber viele dieser ehrenamtlichen Mitarbeiter sind sich nur allzu bewusst, dass sie vieles besser machen könnten, wenn sie für ihre Aufgaben besser vorbereitet und bei ihrem Dienst begleitet würden. Der Zweck dieser Serie besteht darin, relevantes und hilfreiches Material zur Ausbildung und Schulung von Leitern und Mitarbeitern bereitzustellen. Für einige Themen der Serien wird das Material in gedruckter Form zur Verfügung stehen; manche Themen werden durch audiovisuelle Materialien unterstützt sowie durch einen entsprechenden Schulungskurs in englischer Sprache, der online zugänglich ist (wie dies bei Learning to Lead der Fall ist, siehe https://www.glo-europe.org/tilsley_old/learningtolead.html für weitere Einzelheiten).

Während das Ziel dieser Serie primär darin besteht, ehrenamtlichen Mitarbeitern zu helfen, haben wir keinen Zweifel daran, dass auch diejenigen, die das Privileg einer offiziellen Ausbildung für ihren Dienst hatten, von den Büchern dieser Reihe profitieren können, und wenn auch nur in Form einer „Auffrischung"!

Die Bücher dieser Reihe wurden weder mit Profitabsichten produziert, noch erhalten Autoren und Herausgeber eine Vergütung für ihre Arbeit. Überschüsse aus dem Verkauf werden zur Finanzierung weiterer solcher Publikationen und zur Subventionierung des Vertriebs von Büchern in der sogenannten Dritten Welt verwendet, sodass Gemeindeleiter und andere auch dann von den Publikationen profitieren können, wenn sie sich diese eigentlich nicht finanziell leisten könnten.

OPAL [Overseas Publishing and Literature] Trust veröffentlicht Literatur für die sogenannte Dritte Welt. Die Gesellschaft stellt Missionaren und nationalen Mitarbeitern in vielen Ländern weltweit Bibeln und andere gute christliche Literatur zu erschwinglichen Preisen zur Verfügung und verfügt über ständige Buchdepots in Sambia und den USA sowie im Vereinigten Königreich.

Partnership besteht seit mehreren Jahrzehnten, um unabhängige evangelikale Ortsgemeinden zu ermutigen, zu stärken und zu unterstützen, die sich dem biblischen Evangelium, der Teamleitung und dem gemeinschaftlichen Dienst aller Gemeindeglieder verpflichtet fühlen. Dies geschieht unter anderem durch Veröffentlichungen (einschließlich der dreimal jährlich erscheinenden Zeitschrift „Partnership Perspectives"), die insbesondere Gemeindeleitern und anderen ehrenamtlichen Mitarbeitern helfen sollen. Die Organisation steht in engem Kontakt mit etwa 350 Gemeinden im Vereinigten Königreich.

GLO Europe ist eine christliche Missionsorganisation, die sich dafür einsetzt, die Gute Nachricht von Jesus in eine verlorene Welt zu tragen. Ihre Vision lautet, europaweit Teams von Gemeindegründern aufzubauen und sie und die Ortsgemeinden durch Kurzzeiteinsätze zu unterstützen. Die Organisation setzt sich auch dafür ein, Christen für die Mission und den Dienst zu schulen und auszurüsten, damit sie Gott und ihren Glauben effektiv weitergeben können.

Das *Tilsley College* ist der Ausbildungszweig von *GLO Europe* und hat seinen Sitz in Motherwell in Schottland. Es bietet eine Reihe von ein-, zwei- und dreijährigen akkreditierten Kursen zu sehr günstigen Gebührensätzen an (alle mit hohem Praxisanteil), Teilzeitstudien durch offenen Zugang zum regulären Lehrbetrieb des Colleges, Abendkurse in lokalen Gebieten *(Joshua Training)* und Online-Kurse.

David Geisler / Norman L. Geisler
Evangelisation im Dialog
Menschen zu Jesus führen

Pb., 288 S., 13,5 x 20,5 cm
Best.-Nr. 271 403
ISBN 978-3-86353-403-5

Zeugnis zu geben beinhaltet normalerweise, die Wahrheit dar-
zulegen und jemanden dahin zu führen, sie zu verstehen und zu
akzeptieren. Aber die Kenntnisse der christlichen Grundlagen
haben sich verändert und ebenso die Bedürfnisse der dem Glauben noch fern Stehenden. Mit einer Leidenschaft für Menschen
lassen uns die Autoren David und Norman Geisler an einem an-
sprechenden, dialogorientierten Ansatz zur Evangelisation teil-
haben und erläutern ihn unter den folgenden Gesichtspunkten:

- Was traditionelle Modelle der Evangelisation in der heutigen
  Kultur unwirksam macht
- Warum Evangelisation mit einer beziehungsorientierten
  Vor-Evangelisation beginnen muss
- Wie man Fragen stellt, aufmerksam zuhört und versteht, was
  jemand glaubt
- Möglichkeiten, die realen Hindernisse für den Glauben he-
  rauszufinden, um eine Brücke zur Wahrheit zu bauen
- Wie man mit verschiedenen Charakteren in einen Dialog tre-
  ten kann

Norman L. Geisler / Patrick Zukeran
Wie kann ich meinen Glauben verteidigen?
Von Jesus Apologetik lernen

Pb., 224 S., 13,5 x 20,5 cm
Best.-Nr. 271 680
ISBN 978-3-86353-680-0

Jesus war der ultimative Verteidiger der Wahrheit und des Glaubens. Lernen Sie direkt von ihm, wie sie ihre Überzeugungen wirksam verteidigen können.

Es gibt viele Bücher zum Thema Apologetik, aber wie hat Jesus selbst den Glauben verteidigt? Dieses Buch zeigt, wie unser Erlöser Menschen überzeugte. Zaghafte Christen – oder streitlustige Skeptiker – können in den Gleichnissen, Predigten und Prophezeiungen Jesu entscheidende Argumente für seine Göttlichkeit finden. Die Autoren bieten überzeugende Hilfen, wie Christus Neugierige in die Entscheidung stellte. Durch einen neuen Blick auf die Botschaft und die Wunder der Bibel wird Christi fürsorgliche Herangehensweise im Umgang mit Zweiflern neu lebendig. Ein Buch, das vielen helfen wird, überzeugend von Jesus zu reden.

David Gooding / John Lennox
Was ist der Mensch?
Würde, Möglichkeiten, Freiheit
und Bestimmung

Gb., 400 S., 15,1 x 22,8 cm
Best.-Nr. 271 651
ISBN 978-3-86353-651-0

Wie sollen wir unseren Weg finden in einer sich rasant verändernden Welt? Traditionelle Ideen und Werte werden radikal infrage gestellt. In dieser Buchreihe bieten Gooding und Lennox eine faire Analyse religiöser und philosophischer Versuche, die Wahrheit über die Welt und unseren Platz in ihr zu finden. Dabei hören sie auf die Bibel als Gottes Offenbarung, aber auch auf andere führende Stimmen unserer Zeit. Dabei wird deutlich: Es geht nicht nur darum, die großen Fragen des Lebens zu beantworten, sondern auch darum, bessere Fragen zu stellen als bisher. Die Buchreihe „Die Suche nach Wirklichkeit und Bedeutung" stellt sich dieser Herausforderung.

In diesem ersten Buch gehen die Autoren dem Wert des Menschen nach. Wie können wir unser menschliches Potenzial entfalten? Welche Grenzen gibt es für unsere Entscheidungen? Woran können wir uns orientieren? Dabei analysieren die Autoren das Wesen und die Grundlagen der Moral in den unterschiedlichen Weltanschauungen und weisen auf die Gefahren hin, die unsere Freiheit beschneiden.